Schadensersatz bei ungerechtfertigter Inanspruchnahme
vorläufigen Rechtsschutzes nach der VwGO

Europäische Hochschulschriften
Publications Universitaires Européennes
European University Studies

Reihe II
Rechtswissenschaft

Série II Series II
Droit
Law

Bd./Vol. 2381

PETER LANG
Frankfurt am Main · Berlin · Bern · New York · Paris · Wien

Jonas Adrian Müller

Schadensersatz bei ungerechtfertigter Inanspruchnahme vorläufigen Rechtsschutzes nach der VwGO

PETER LANG
Europäischer Verlag der Wissenschaften

Die Deutsche Bibliothek - CIP-Einheitsaufnahme

Müller, Jonas Adrian:

Schadensersatz bei ungerechtfertigter Inanspruchnahme vorläufigen Rechtsschutzes nach der VwGO / Jonas Adrian Müller. - Frankfurt am Main ; Berlin ; Bern ; New York ; Paris ; Wien : Lang, 1998

(Europäische Hochschulschriften : Reihe 2, Rechtswissenschaft ; Bd. 2381)
Zugl.: Göttingen, Univ., Diss., 1996
ISBN 3-631-33177-0

D 7
ISSN 0531-7312
ISBN 3-631-33177-0

Meiner Familie

Vorwort

Der Arbeit liegt eine Dissertation zugrunde, die im Sommer 1995 von der Juristischen Fakultät der Georg-August-Universität angenommen wurde. Besonderen Dank schulde ich Herrn Prof. Dr. Andreas Sattler für die geduldige Betreuung meiner Arbeit. Danken möchte ich auch Herrn Rechtsanwalt Andreas Janßen, der in für ihn belastungreicher Zeit die Arbeit kritisch gegengelesen hat.

Inhaltsverzeichnis

Einleitung

In der vorliegenden Arbeit soll der Frage nachgegangen werden, ob und inwieweit Schadensersatzansprüche bei ungerechtfertigter Inanspruchnahme vorläufigen Rechtsschutzes nach der VwGO anzunehmen sind.

Im Privatrecht kann ein Geschädigter Schadensersatz nach § 945 ZPO verlangen, wenn ihm gegenüber einer Maßnahme des einstweiligen Rechtsschutzes vollzogen wurde, die sich später als von vorneherein ungerechtfertigt erweist. Im öffentlichen Recht ist ein Schadensersatzanspruch bei ungerechtfertigter Inanspruchnahme vorläufigen Rechtsschutzes ausdrücklich nur in § 123 III VwGO i.V.m. § 945 ZPO vorgesehen.

Schadensersatzanprüche im Prozeß sind neben Fristbestimmungen, Beweislast- und Präklusionsvorschriften Instrumente der Risikoverteilung bei der Rechtsdurchsetzung. Wer sich eines Schadensersatzanspruches bei ungerechtfertigter Inanspruchnahme vorläufigen Rechtsschutzes ausgesetzt sieht, trägt das Risiko, daß die vorläufige Entscheidung nicht mit der endgültigen Entscheidung übereinstimmt, er trägt das Fehlentscheidungsrisiko.

Die vermehrte Regelung von Sachverhalten durch öffentliches Recht und die extensive Handhabung verwaltungsrechtlichen Drittschutzes haben dazu geführt, daß im Verwaltungsrechtsweg vermehrt Streitigkeiten ausgetragen werden, denen ein Konflikt unter Privaten zugrundeliegt. Von daher stellt sich die Frage, ob dann nicht auch risikoverteilende Instrumente, wie das des § 945 ZPO, das für die Konfliktaustragung unter Privaten gilt, in weitergehendem Umfang in das öffentliche Recht übernommen werden können oder gar sollten. Der Schadensersatzanspruch aus § 945 ZPO ist eine Konkretisierung der allgemeinen Voraussetzungen einer Haftung auf Schadensersatz im Hinblick auf die besondere Situation, in der sich die Parteien eine Rechtsstreites befinden. Diese allgemeine Voraussetzungen einer Schadensersatzpflicht und die besonderen Voraussetzungen des § 945 ZPO sind daher für die Beantwortung der Frage relevant, ob eine Schadensersatzpflicht bei ungerechtfertigter Inanspruchnahme vorläufigen Rechtsschutzes im Verwaltungsprozeß in weitergehendem Umfang als ausdrücklich vorgesehen in Betracht kommt. Sie bilden die Grund- und Ausgangsposition für die weitere Untersuchung.

1. Teil
Schadensersatzansprüche bei ungerechtfertigter Inanspruchnahme einstweiligen Rechtsschutzes im Privatrecht

1. Kapitel
Allgemeine Voraussetzungen einer Haftung auf Schadensersatz, Haftungsgrund des § 945 ZPO und zugrundeliegende Interessenkollision

I. Grundlagen der Haftung auf Schadensersatz

Die allgemeinen Voraussetzungen für eine Haftung auf Schadensersatz ergeben sich aus der Grundaufgabe des Haftungsrechts. Diese besteht darin, eine Verbindung zwischen einem Schaden und einer Person herzustellen, die diesen Schaden tragen muß, für ihn einstehen muß.[1] Dabei muß das Haftungsrecht von drei Grundgegebenheiten ausgehen, die immer gegeben sein müssen, um eine Haftung auf Schadensersatz zu begründen, nämlich Schaden, Verhalten und Verletzung.[2]

1. Schaden

Ein Schaden entsteht durch die Beeinträchtigung der allgemeinen und umfassenden Rechtsgüter Person und Vermögen.[3] Die Auffassung des Schadens als Beeinträchtigung von Rechten oder Rechtsgütern ist unabhängig vom jeweils betrachteten Rechtsgebiet.

2. Verhalten

Der Eintritt des Schadens muß auf menschlichem Verhalten beruhen. Eine Schadensersatzpflicht für ein Schadensereignis, das nicht auf menschlichem Verhalten beruht, gibt es nicht. Auch diese Grundgegebenheit ist unabhängig vom betrachteten Rechtsgebiet.

---

1 Diese Grundaufgabe des Haftungsrechts wird auch erfüllt, wenn ein Schadensersatzanspruch verneint wird. Dann muß der Geschädigte als erster Schadensträger den Schaden selbst tragen, womit auch eine Verbindung zwischen einem Schaden und einer Person hergestellt ist.

2 *Deutsch,* Haftungsrecht, S. 3

3 *Deutsch,* Haftungsrecht, S. 3

3. Verletzung

Verletzung ist sowohl das Zuwiderhandeln gegen objektives Recht, als auch der Eingriff in die dem einzelnen zugewiesenen Rechte und Rechtsgüter. Die Verletzung an sich zieht keine selbständige Rechtsfolge nach sich. Mit dem Kriterium der Verletzung werden aber spezielle Rechte und Rechtsgüter eingeführt. Es wird nur der Schaden ersetzt, der aus der Verletzung eines Rechts oder eines Rechtsguts oder einer Schutznorm herrührt und auch im Schutzbereich der jeweiligen Norm liegt. Damit grenzt das Kriterium der Verletzung den zu ersetzenden Schaden von der Summe aller sonstigen Schäden und Einbußen ab, die der Mensch mehr oder weniger alltäglich erleidet.[4] Dem Begriff der Verletzung kommt insofern eine Filterfunktion zu.

II. Der Haftungsgrund des § 945 ZPO

Die Haftung aus § 945 ZPO steht in einer Linie mit der Haftung aus § 717 II ZPO. Nach beiden Vorschriften haftet der Gläubiger dem Schuldner für den Schaden, der durch die Vollstreckung eines noch nicht endgültigen Titels entsteht, der sich später als falsch herausstellt und damit auch die Vollstreckung als nicht rechtmäßig erweist. Die zivilprozessuale Literatur behandelt die Frage nach dem Haftungsgrund dieser Ansprüche in aller Regel im Zusammenhang mit § 717 II ZPO. Da die Fälle des § 717 II ZPO und des § 945 ZPO insoweit gleichliegen, ist die Dogmatik übertragbar.[5] Der Haftungsgrund für diese Ansprüche ist umstritten.

Ältere Ansichten in der Literatur gehen von der Rechtswidrigkeit des Gläubigerverhaltens als haftungsauslösendes Moment aus. Zu unterscheiden ist dabei die Bewertung des Gläubigerverhaltens von der Bewertung der Handlungen der Vollstreckungsorgane. *Hellwig* geht vom Vollstreckungsanspruch aus, der dem Gläubiger ein Recht auf Zwangsvollstreckung gibt. Die Handlung des Gläubigers gegenüber dem Staat bestehe in der Stellung eines Antrages auf Zwangsvollstreckung. Dies sei gegenüber dem Staat nicht rechtswidrig, weil der Gläubiger aus dem Vollstreckungsanspruch ein Recht darauf habe, daß der Staat den vollstreckbaren Titel auch vollziehe. Der Schuldner müsse die Zwangsvollstreckung nicht wegen einer Duldungspflicht gegenüber dem Gläubiger dulden, sondern nur deshalb, weil er der Staatsgewalt unterworfen sei. Die Handlung der Vollstreckungsorgane seien ihm, dem Schuldner,

---

4 *Deutsch,* Haftungsrecht, S. 4 f.

5 *Rosenberg/Gaul/Schilken,* Zwangsvollstreckungsrecht, § 80 vor I., S. 818

gegenüber ebenfalls rechtmäßig. Fehle der materielle Anspruch des Gläubigers, sei dessen Handlung gegenüber dem Schuldner anders zu bewerten. Sie sei der Eingriff in Rechte des Schuldners, vermittelt durch die Vollstreckungshandlung des staatlichen Organs. Das Vollstreckungsorgan werde so zum rechtmäßig handelnden Werkzeug des rechtswidrig handelnden Gläubigers.[6] Gegen diese Ansicht ist vorgebracht worden, die gleichzeitige Bewertung als (gegenüber dem Staat) rechtmäßig und (gegenüber dem Schuldner) rechtswidrig sei wegen des Prinzips der Einheit der Rechtsordnung nicht haltbar.[7] Dieses Argument übersieht jedoch, daß es sich hier um zwei verschiedene Handlungen handelt, die verschieden bewertet werden, nämlich einmal die Handlung des Gläubigers und zum anderen die Handlung des staatlichen Vollstreckungsorgans.[8]

Goldschmidt vermeidet diesen Punkt von vornherein, in dem er die Rechtswidrigkeit der Handlungen der Vollstreckungsorgane animmt, wenn der Zwangsvollstreckung kein materiell-rechtlicher Anspruch des Gläubigers zugrunde liegt. Der Gläubiger habe nur dann einen Anspruch auf Vollstreckung gegen den Staat, wenn er auch einen materiell-rechtlichen Anspruch gegen den Schuldner habe. Nur dieser Vollstreckungsanspruch gäbe dem Staat das Recht zum Eingriff in die Rechte des Schuldners. Die Zwangsvollstreckung sei demnach dann rechtswidrig, wenn der materielle Anspruch des Gläubigers fehle.[9] Eine Notwehr gegen das rechtswidrig handelnde Vollstreckungsorgan, insbesondere gegen den Gerichtsvollzieher, sei jedoch ausgeschlossen, da der Vollstreckungstitel einen bindenden Dienstbefehl darstelle. Ebenso sei ein Schadensersatzanspruch gegen den Staat ausgeschlossen.[10] Unklar bleibt dabei zum einen, wozu das Rechtswidrigkeitsurteil noch gut sein soll, wenn daran keinerlei Konsequenzen geknüpft werden können.[11] Zum anderen verwischt die Ansicht *Goldschmidts* die gesetzliche Trennung von materiellem Recht und Erkenntnisverfahren vom

---

6 *Hellwig,* Klagerecht und Klagemöglichkeit, S. 16 ff.

7 *Geib,* Rechtsschutzbegehren und Anspruchsbetätigung im deutschen Zivilprozeß, S. 43; *Niederelz,* Die Rechtswidrigkeit des Gläubigerverhaltens, S. 29

8 *Henckel,* Prozeßrecht und materielles Recht, S. 251

9 *Goldschmidt,* Ungerechtfertigter Vollstreckungsbetrieb, S. 75

10 *Goldschmidt,* Ungerechtfertigter Vollstreckungsbetrieb, S. 76

11 *Henckel,* Prozeßrecht und materielles Recht, S. 239

Zwangsvollstreckungsrecht. Die Zwangsvollstreckung ist nach §§ 704, 724, 725, 750 I ZPO nur von Titel, Klausel und Zustellung abhängig. Die Richtigkeit des Titels ist gerade keine Vollstreckungsvoraussetzung.

Auch findet sich in der Literatur die Lösung, die zunächst rechtmäßige Zwangsvollstreckung nachträglich als widerrechtlich zu beurteilen.[12] Ein Rechtswidrigkeitsurteil über eine Handlung kann jedoch nur ex ante getroffen werden.[13]

Henckel schließlich faßt die Voraussetzungen der Zwangsvollstreckung als Vorschriften auf, die die Organe der Zwangsvollstreckung von ihrer Verantwortung entlasten sollen, nicht aber den Gläubiger, der für das Vorliegen eines materiellrechtlichen Anspruchs verantwortlich bleibt. Der Vollstreckungsanspruch an sich richte sich damit nur gegen den Staat, gäbe dem Gläubiger aber kein Recht zum Eingriff in das Schuldnervermögen.[14] Dieses Recht folge erst aus dem materiellen Anspruch. An dieser Ansicht ist kritisiert worden, daß durch die enge Fassung des Vollstreckungsanspruchs die Beziehung zum Schuldner abgespalten wird. Dadurch bleibt nur der Anspruch auf Vollstreckung schlechthin übrig. Der Vollstreckungsanspruch richtet sich aber nicht auf eine Tätigkeit schlechthin, sondern auf eine bestimmte Tätigkeit gegen eine bestimmte Person, die durch die Weisung des Gläubigers konkretisiert werden kann oder sogar muß, die Einbeziehung Dritter gehört zum Vollstreckungsanspruch.[15]

Alle diese Ansichten gehen von einem rechtswidrigen Gläubigerverhalten als haftungsauslösendes Moment aus. Da die Vollstreckung des Titels bei fehlendem materiellen Anspruch als rechtswidrig angesehen wird, stellt sich das Problem der Notwehr des Schuldners gegen die Vollstreckung. Weil aber die Vollstreckungsorgane vor der Notwehr des Schuldners geschützt werden sollen, müssen alle diese Ansichten zu einer Differenzierung zwischen verschiedenen Abschnitten der Vollstreckung kommen, die dann teilweise für rechtmäßig erklärt werden können. Neuere Arbeiten zu diesem Thema haben gezeigt, daß sich die

---

12 *Stoll,* AcP 163 (1963), S. 281 (283)

13 *Münzberg,* Verhalten und Erfolg, S. 64; *Pecher,* Schadensersatzansprüche aus ungerechtfertigter Vollstreckung, S. 152

14 *Henckel,* Prozeßrecht und materielles Recht, S. 251 ff.

15 *Münzberg* in Stein-Jonas, ZPO § 753 Rdnr. 5; § 829 Rdnr. 40 ff.; *Niederelz,* Die Rechtswidrigkeit des Gläubigerverhaltens, S. 40 ff.

Haftung aus den §§ 717 II, 945 ZPO nicht auf ein rechtswidriges Gläubigerverhalten zurückführen läßt, und zwar unabhängig davon, ob man der Lehre vom Verhaltensunrecht oder vom Erfolgsunrecht folgt.[16] Vielmehr handelt es sich bei der Haftung aus §§ 717 II, 945 ZPO um eine Risikohaftung zur Kompensation einer im Eilverfahren zugunsten des Gläubigers ergangenen Fehlentscheidung.[17] Es kommt für die Haftung weder auf eine fingierte noch auf eine vermutete Rechtswidrigkeit des Gläubigerhandelns an.[18] Voraussetzung einer Haftung aus § 945 ZPO ist nur, daß sich die einstweilige Verfügung als von Anfang an ungerechtfertigt erweist und durch die Vollstreckung ein Zustand herbeigeführt wurde, der nicht der tatsächlichen materiellen Rechtslage entspricht. Damit ist die Frage nach dem Grund einer Schadensersatzpflicht von der Beurteilung der Rechtswidrigkeit gelöst. Tragender Grund für die Haftung aus den §§ 717 II, 945 ZPO ist der Widerspruch zwischen Vollstreckungserfolg und materieller Rechtslage.[19]

III. Die von § 945 ZPO geregelte Interessenkollision

Aus dem Haftungsgrund des § 945 ZPO läßt sich auf die Interessenkollision schließen, die § 945 ZPO zum Ausgleich bringt. In der Ausgangssituation streiten Gläubiger und Schuldner um ein Recht, das zunächst dem Schuldner zugewiesen ist, der Gläubiger aber für sich in Anspruch nimmt, indem er behauptet, das im Streit stehende Recht stehe ihm zu. Der Gläubiger nimmt sodann einstweiligen Rechtsschutz in Anspruch und läßt die einstweilige Verfügung vollziehen. Im nachhinein stellt sich heraus, daß das Recht tatsächlich dem Schuldner zugewiesen ist. Durch den Schadensersatzanspruch des § 945 ZPO wird die Verletzung der eigentlichen Rechtszuweisung, die zeitweilige Inanspruchnahme eines

---

16 *Niederelz,* Die Rechtswidrigkeit des Gläubigerverhaltens, S. 73; *Stolz,* Einstweiliger Rechtsschutz und Schadensersatzpflicht, S. 47; bestätigend *Pecher,* Die Schadensersatzansprüche bei ungerechtfertigter Vollstreckung, S. 70, 141 f.; deutlich *Münzberg* in Stein-Jonas, 20. Aufl., ZPO § 717 Rdnr. 10 Fn. 22: "ansonsten wären die §§ 708 ff. eine gesetzliche Ermunterung zum Rechtsbruch."

17 *Walker,* Einstweiliger Rechtsschutz im Zivilprozeß und im arbeitsgerichtlichen Verfahren, Rdnr. 439, 440

18 *Münzberg* in Stein-Jonas, ZPO § 717 Rdnr. 9

19 *Baumbach/Lauterbach,* ZPO § 717 II Anm. C; *Münzberg* in Stein-Jonas, ZPO § 717 Rdnr. 11; *Pecher,* Schadensersatzansprüche bei ungerechtfertigter Vollstreckung, S. 162; *Rosenberg/Gaul/Schilken,* Zwangsvollstreckungsrecht, § 15 II 1, S. 168

fremden Rechts ausgeglichen. Im Konflikt stehen das Interesse des Schuldners, die ihm zugewiesenen Rechte ungestört ausüben zu können, und das Interesse des Gläubigers, die ihm (vermeintlich) zugewiesenen Rechte ungestört auszunutzen. Wird dem Interesse des Gläubigers der Vorzug gegeben, muß die ungerechtfertigte Benachteiligung des Schuldners ausgeglichen werden.[20] Ausgeglichen wird der Nachteil, der dadurch entsteht, daß der Gläubiger über den Schuldner eine Rechtsmacht ausübt, die ihm nicht zusteht.

2. Kapitel
Anspruchsvoraussetzungen der Haftung aus § 945 ZPO

§ 945 ZPO verpflichtet diejenige Partei, die die Anordnung einer einstweiligen Verfügung oder eines Arrestes erwirkt hat, zum Ersatz des Schadens aus der Vollziehung dieser Maßnahme, wenn sich die Anordung als von Anfang an ungerechtfertigt herausstellt oder aufgrund der §§ 926 II, 942 III ZPO aufgehoben wird.

I. Anfänglich unbegründete einstweilige Anordnung oder unbegründete Anordnung eines Arrestes

§ 945 ZPO fordert als Voraussetzung für einen Schadensersatzanspruch, daß die einstweilige Verfügung von Anfang an ungerechtfertigt war.[21] Dabei steht die anfängliche Unbegründetheit der Aufhebung nach §§ 926 II, 942 III ZPO gleich.[22]

---

20 Im umgekehrten Fall, der Antrag auf einstweiligen Rechtsschutz ist erfolglos, dafür bestätigt sich der materielle Anspruch im Hauptverfahren, haftet der Schuldner wegen Verzugs, wenn er die Verzögerung zu vertreten hat, §§ 284, 285 BGB.

21 Im folgenden wird die Darstellung auf die einstweilige Verfügung beschränkt. Zum einen gilt für Arrest und einstweilige Verfügung das Gleiche, zum anderen ähneln die Maßnahmen des vorläufigen Rechtsschutzes nach der VwGO eher der einstweiligen Verfügung als dem Arrest.

22 § 926 II ZPO ermöglicht die Aufhebung der einstweiligen Verfügung, wenn nicht innerhalb einer vom Gericht bestimmten Frist Klage in der Hauptsache erhoben wird. Nach § 942 III ZPO wird die einstweilige Verfügung aufgehoben, wenn sie vom Amtsgericht der belegenen Sache ohne mündliche Verhandlung erlassen wurde und die Frist abgelaufen ist, innerhalb derer die Ladung zur mündlichen Verhandlung zu beantragen war.

Wann eine einstweilige Verfügung ungerechtfertigt ist, hängt davon ab, welche Voraussetzungen für ihren Erlaß gegeben sein müssen, denn diese rechtfertigen die einstweilige Maßnahme. Für den Erlaß einer einstweiligen Verfügung nach §§ 935, 940 ZPO müssen zunächst die prozessualen Voraussetzungen wie Zuständigkeit des Gerichts, Prozeß- und Parteifähigkeit etc. gegeben sein. Nach §§ 935, 940 ZPO setzt eine einstweilige Verfügung einen Verfügungsanspruch und einen Verfügungsgrund voraus.[23] Sowohl Verfügungsanspruch als auch Verfügungsgrund sind glaubhaft zu machen.Verfügungsanspruch bei der Sicherungsverfügung nach § 935 ZPO ist ein subjektives Recht, das durch den Hauptsacheprozeß durchgesetzt, verwirklicht werden kann. Es handelt sich um einen Klageanspruch des zukünftigen Hauptsacheprozesses, dessen Verwirklichbarkeit oder Durchsetzbarkeit gesichert werden soll.[24] Bei der Regelungsverfügung nach § 940 ZPO tritt an die Stelle des zu sichernden Hauptsacheanspruches das zu regelnde streitige Rechtsverhältnis. Aus diesem Rechtsverhältnis müssen noch keine einzelnen, konkreten Ansprüche entstanden sein, es genügt, wenn diese entstehen können.[25] Bei beiden Verfügungsarten muß es sich jeweils um Individualansprüche handeln. Dieses Erfordernis dient der Abgrenzung der Sicherung der auf Zahlung gerichteten Ansprüche durch Arrest nach den § 916 ff. ZPO von den durch einstweilige Verfügung zu sichernden Ansprüchen, denen keine Zahlungspflicht zugrundeliegt. Im Rahmen dieser Darstellung spielt die Differenzierung zwischen Individual- und Zahlungsansprüchen allerdings keine weitere Rolle. Der Arrest tritt ein wenig in den Hintergrund der Betrachtung, weil die Regelungen des vorläufigen Rechtsschutzes in der VwGO, die §§ 80, 80a, 123 VwGO, eher den einstweiligen Verfügungen ähneln als dem Arrest. Es soll nur um die Grundvoraussetzungen zivilrechtlichen Rechtsschutzes gehen, nämlich das Vorliegen von Verfügungsanspruch und Verfügungsgrund.

Der Verfügungsgrund besteht in der objektiv begründeten Besorgnis, daß durch eine Veränderung des bestehenden Zustandes die Rechtsverwirklichung und die Rechtsdurchsetzung im Hauptverfahren vereitelt

---

23 Zum Verhältnis zwischen § 935 und § 940 ZPO siehe *Heinze* in Münchner Kommentar, ZPO § 935 Rdnr. 3 ff. m.w.Nachw.

24 *Baumbach/Lauterbach* , ZPO § 935 Rdnr. 1; *Grunsky* in Stein-Jonas, ZPO 935 Rdnr. 2; *Heinze* in Münchner Kommentar, ZPO 935 Rdnr. 7; *Zöller-Vollkommer,* ZPO § 935 Rdnr. 6

25 OLG Koblenz, NJW-RR 1986, S. 1039; *Thomas/Putzo,* ZPO § 940 Anm. 2; *Zöller-Vollkommer,* ZPO § 940 Rdnr. 2

oder wesentlich erschwert werden könnte.[26] Zur Wahrung der Durchsetzbarkeit des Rechtes ist deswegen die Gewährung vorläufigen Rechtsschutzes notwendig.

Aus den drei Voraussetzungen für den Erlaß einer einstweiligen Anordnung - prozessuale Zulässigkeit, Verfügungsanspruch und Verfügungsgrund - ergeben sich die Gründe, wann eine einstweilige Verfügung von Anfang an ungerechtfertigt sein kann: Bei Fehlen des Verfügungsanspruchs oder -grundes oder bei Fehlen der prozessualen Voraussetzungen.

1. Fehlen des Verfügungsanspruchs

Ein Schadensersatzanspruch aus § 945 ZPO entsteht jedenfalls dann, wenn sich später herausstellt, daß von Anfang an kein Verfügungsanspruch bestand. Das subjektive Recht, das durch den Hauptsacheprozeß durchgesetzt und durch einstweiligen Rechtsschutz gesichert werden sollte, bestand dann von Anfang an nicht.[27] Entscheidend ist die materielle Rechtslage. "Gutgläubigkeit" des Antragstellers oder Vertrauen in eine ständige Rechtsprechung sind ohne Belang.[28]

Nach einer Entscheidung des BGH sind die Voraussetzungen des § 945 ZPO auch dann erfüllt, wenn die Rechtsgrundlage der einstweiligen Anordnung vom BVerfG für nichtig erklärt wird.[29] Die Nichtigerklärung einer Norm gilt rückwirkend. Die Norm gilt als von ihrem Inkrafttreten an aufgehoben. Die Rechtsunwirksamkeit verfassungswidriger Normen tritt ex tunc und ipso iure ein. Damit existiert das durch die einstweilige Anordnung gesicherte Recht von Anfang an nicht. Die einstweilige Anordnung ist mangels Anordnungsanspruches von Anfang an unberechtigt im Sinne des § 945 ZPO. Dennoch ist diese Entscheidung auf Kritik gestoßen. Der Entscheidung könne wegen der

---

[26] *Grunsky* in Stein-Jonas, ZPO 935 Rdnr. 11; *Heinze* in Münchner Kommentar, ZPO 935 Rdnr. 21; *Zöller-Vollkommer,* ZPO § 935 Rdnr. 10

[27] *Grunsky* in Stein-Jonas, ZPO 945 Rdnr. 19; *Zöller-Vollkommer,* ZPO § 945 Rdnr. 8. Der Schadensersatzanspruch entsteht aber nicht, wenn das materielle Recht zwar ursprünglich bestand, aber rückwirkend weggefallen ist.

[28] *Heinze* in Münchner Kommentar, ZPO 945 Rdnr. 21

[29] BGHZ 54, S. 76

Regelung des § 183 VwGO nicht gefolgt werden.[30] Diese Kritik ist unberechtigt. Zunächst gilt § 183 VwGO für die Nichtigerklärung von Landesrecht durch ein Verfassungsgericht eines Landes. In dem der Entscheidung des BGH zugrundeliegenden Sachverhalt hatte das BVerfG die Regelung des § 1 II Nr. 1 2.HS PBefG, also Bundesrecht, für nichtig erklärt. Diese Regelung stellte auch Mitfahrzentralen unter die Genehmigungspflicht für die gewerbliche Personenbeförderung. Die in Frage stehende einstweilige Verfügung wurde von der Bundesbahn beantragt und richtete sich gegen eine Mitfahrzentrale. § 183 VwGO ist also bereits aus diesem Grunde nicht einschlägig. Einschlägig ist dagegen § 79 II BVerfGG, der bestimmt, daß nicht mehr anfechtbare Entscheidungen, die auf für nichtig erklärten Normen beruhen, durch die Entscheidungen des BVerfG nicht mehr berührt werden. § 79 II BVerfGG mindert die Folgen der Lehre von der Rechtsunwirksamkeit verfassungswidriger Gesetze ex tunc und ipso iure. Rechtsfrieden und Rechtssicherheit werden auf Kosten der Einzelfallgerechtigkeit gewahrt.[31] Voraussetzung für den Bestand solcher eigentlich verfassungswidriger Entscheidungen ist, daß sie im Zeitpunkt der Entscheidung des BVerfG bereits unanfechtbar sind. Die vom BGH hinsichtlich einer Schadensersatzpflicht zu beurteilende einstweilige Anordnung war aber gerade noch nicht unanfechtbar geworden, was der BGH auch ausdrücklich betont.[32] Die Kritik von *Eyermann/Fröhler* trifft insoweit nicht die Entscheidung des BGH.[33]

2. Fehlen des Verfügungsgrundes

Nach ganz herrschender Meinung soll § 945 ZPO auch dann eingreifen, wenn das Gericht zu Unrecht das Vorliegen eines Verfügungsgrundes bejaht hat, während tatsächlich keine Gefahr für die Verwirklichung des zu sichernden Rechts bestand.[34] Diese Ansicht ist allerdings nicht unbestritten.

---

30 *Eyermann/Fröhler,* VwGO § 123 Rdnr. 24; wohl auch *Kopp,* VwGO § 123 Rdnr. 43

31 *Pestalozza,* Verfassungsprozeßrecht, § 20 V 2; *Schlaich,* Das BVerfG, Rdnr. 344, 345

32 BGHZ 54, S. 76 (79, 80)

33 Die Kritik an diesem Urteil scheint auf einem nicht vollständigen Exemplar der Urteilsbegründung zu beruhen.

34 *Baumbach/Lauterbach,* ZPO § 945 Rdnr. 5; *Heinze* in Münchner Kommentar, ZPO § 945 Rdnr. 20; *Zöller-Vollkommer,* ZPO § 945 Rdnr. 8

Dem Verfügungsgrund kommt bei Erlaß der einstweiligen Verfügung eine Filterfunktion zu.[35] Zum Zeitpunkt des Erlasses der einstweiligen Verfügung ist der Verfügungsanspruch wegen der niedrigeren Anforderungen an die Beweisführung in seinem Bestand noch unsicher. Zum Ausgleich dieser Unsicherheit muß daneben auch ein Verfügungsgrund gegeben sein. Der Verfügungsgrund führt damit zu einer Selektion unter den Verfügungsansprüchen. Nicht alle Verfügungsansprüche führen zum Erlaß einer einstweiligen Verfügung. Ein Antrag auf Erlaß einer einstweiligen Verfügung hat nur dann Erfolg, wenn dem Verfügungsanspruch ein Recht zugrundeliegt, das aktuell in seiner Durchsetzbarkeit, in seiner Verwirklichbarkeit gefährdet ist. Erst diese aktuelle Gefährdung macht die Sicherung im Wege des einstweiligen Rechtsschutzes notwendig und möglich.

Die Entscheidung im Verfahren des einstweiligen Rechtsschutzes ergeht aufgrund einer nur eingeschränkten Aufklärung der relevanten Tatsachen. Infolgedessen ist das Risiko einer Fehlentscheidung wesentlich größer als in dem hinsichtlich der Tatsachenaufklärung gründlicheren Hauptsacheverfahren. Ziel jedes Gerichtsverfahrens muß es sein, Fehlentscheidungen zu vermeiden. Im Verfahren des einstweiligen Rechtsschutzes lassen sich Fehlentscheidungen aber nicht ganz vermeiden.[36] Durch die Einführung des zusätzlichen Erfordernisses des Verfügungsgrundes wird einstweiliger Rechtsschutz auf das Notwendige beschränkt. Damit wird das Risiko, daß Gerichtsentscheidungen von der Rechtsordnung abweichen, verringert.[37] Der Verfügungsgrund trifft daher keine Aussage über das materielle Recht. Die Folgerungen, die daraus für das Bestehen eines Schadensersatzanspruches nach § 945 ZPO zu ziehen sind, hängen von dem der Norm jeweils zugrundegelegten Haftungsgrund ab. Sieht man - wie hier - den Haftungsgrund des § 945 ZPO allein in dem Widerspruch zwischen dem nach Vollstreckung eingetretenen Zustand und der materiellen Rechtslage, besteht bei mangelndem Verfügungsgrund kein Anlaß für einen Schadensersatzanspruch, da der Verfügungsgrund gar keine Aussage über die materielle Rechtslage enthält. Im Ergebnis bedeutet das eine Reduktion des Tatbestandsmerkmals der ungerechtfertigten einstweiligen Verfügung auf "ohne Verfügungsanspruch".

---

35 *Stolz*, Einstweiliger Rechtsschutz und Schadensersatzpflicht, S. 77

36 Auch im Hauptsacheverfahren sind Fehlentscheidungen nicht immer zu vermeiden, wie an den zum Teil sehr kritischen Urteilsrezensionen zu sehen ist.

37 Zur Abweichung von der Rechtsordnung im Hinblick auf die Zeitdimension vgl. *Kloepfer*, JZ 1979, S. 209 (210 f.)

Zum Teil wird als Bestandteil des Haftungsgrundes auch der Schutz des Schuldners vor "Schnellschüssen" des Gläubigers gesehen.[38] Unter diesem Gesichtspunkt erscheint auch bei fehlendem Verfügungsgrund eine Schadensersatzpflicht angebracht, da auch damit dem Normzweck genüge getan wird. Bei fehlendem Verfügungsgrund ist der einstweilige Rechtsschutz und damit das Risiko einer Fehlentscheidung über das notwendige Maß hinaus ausgedehnt worden. Wenn im Zeitpunkt des Erlasses des einstweiligen Verfügung eine aktuelle Gefährdung für das zugrundeliegende Recht bestanden hätte, könnte von Schnellschuß des Gläubigers keine Rede sein. Problematisch wird dieses Ergebnis allerdings dann, wenn sich im nachhinein herausstellt, daß zwar kein Verfügungsgrund bestand, sehr wohl aber ein Verfügungsanspruch.[39] Denn dann würde eine Schadensersatzpflicht nach § 945 ZPO letztlich zu einer Beschneidung der ja bestehenden Rechte des Gläubigers führen. Zur Vermeidung dieses Widerspruches muß die Inanspruchnahme einstweiligen Rechtschutzes als vom säumigen Schuldner verursacht angesehen werden. Da dieser sich regelmäßig in Verzug befindet, hat er den Gläubiger von einem Anspruch nach § 945 ZPO freizustellen, so daß im Ergebnis ebenfalls kein Schadensersatz zu leisten ist.[40] Diese Ansicht ermöglicht über die Anwendung des § 254 BGB eine flexible Handhabung der Schadensersatzpflicht bei einem Mitverschulden des Gläubigers.[41]

Eine dritte Ansicht schließlich löst das Problem des Schadensersatzanspruches bei fehlendem Verfügungsgrund über die Lehre vom Schutzzweck der Norm.[42] Da es dem Schuldner nicht ermöglicht werden solle, durch eine im Ergebnis ungerechtfertigte Leistungsverweigerung in den Genuß eines Schadensersatzanspruches zu kommen, werde der Vollziehungsschaden bei fehlendem Verfügungsgrund nicht vom Schutzzweck des § 945 ZPO erfasst.[43]

---

38 *Grunsky* in Stein-Jonas, ZPO § 945, Rdnr. 20, 20a

39 Wenn sowohl Verfügungsgrund als auch -anspruch fehlen, läßt sich ein Schadensersatzanspruch jedenfalls wegen des ungerechtfertigten Eingriffs in fremde Rechte rechtfertigen.

40 *Schlosser,* Zivilprozeßrecht II, Rdnr. 284

41 *Grunsky* in Stein-Jonas, ZPO § 945 Rdnr. 20 a

42 vgl. *Deutsch,* Unerlaubte Handlung und Schadensersatz, S. 56 ff.

43 *Walker,* Der einsweilige Rechtsschutz im Zivilprozeß und im arbeitsgerichtlichen Verfahren, Rdnr. 449

Diese letzte Ansicht ist -unter Zugrundelegung des zuletzt genannten Haftungsgrundes des § 945 ZPO - vorzugswürdig. Sie vermeidet einerseits die angesichts des klaren Wortlautes des § 945 ZPO problematische Reduktion des Tatbestandsmerkmals "ungerechtfertigt" auf "ohne Verfügungsanspruch". Zum anderen ist die doch etwas gekünstelt wirkende Konstruktion des Schadensersatzanspruches des Schuldners gegen den Gläubiger, von dem der Schuldner den Gläubiger freizustellen habe, überflüssig. Schließlich ordnet sie sich ohne Schwierigkeiten in das System des Haftungsrechts ein. Die Möglichkeit, daß trotz Vorliegens aller Tatbestandsmerkmale der Haftungsnorm im Ergebnis doch kein Schadensersatzanspruch gegeben ist, da der entstandene Schaden vom Schutzzweck der Norm nicht erfasst wird, ist auch bei anderen Haftungsnormen zu beobachten.[44] Schließlich erfasst sie auch den Verfügungsgrund in seiner auf eine Filterwirkung reduzierten Funktion.

Der Verfügungsgrund ist damit zwar Voraussetzung für den Erlaß einer einstweiligen Verfügung, daß aus seinem Fehlen auf eine Schadensersatzpflicht nach § 945 ZPO geschlossen wird, ist aber nicht zwingend. Dem Verfügungsgrund kommt nur eine Filterfunktion ohne Aussage über das materielle Recht zu. Der Schutzzweck des § 945 ZPO umfasst daher nicht den Vollziehungsschaden bei Vollziehung einer einstweiligen Verfügung, die trotz fehlenden Verfügungsgrundes erlassen wurde. Daher entsteht bei fehlendem Verfügungsanspruch entgegen der herrschenden Meinung kein Schadensersatzanspruch nach § 945 ZPO.[45]

3. Fehlen prozessualer Voraussetzungen

Bei Fehlen prozessualer Voraussetzungen oder Mängeln in der Glaubhaftmachung entsteht nach ganz herrschender Meinung kein Schadensersatzanspruch aus § 945 ZPO.[46] Die Prozeßvoraussetzungen sind von Amts wegen zu prüfen. Der Antragsgegner soll durch § 945 ZPO lediglich davor geschützt werden, daß materiell zu Unrecht in seine Rechte eingegriffen wird, nicht aber vor zu Unrecht bejahten Prozeß-

---

[44] vgl. *Walker,* Der einstweilige Rechtsschutz im Zivilprozeß und im arbeitsgerichtlichen Verfahren, Rdnr. 450

[45] So auch *Bruns/Peters,* Zwangsvollstreckungsrecht, S. 337; *Stolz,* Einstweiliger Rechtsschutz und Schadensersatzpflicht, S. 77

[46] *Grunsky* in Stein-Jonas, ZPO § 945 Rdnr. 21; *Heinze* in Münchner Kommentar, ZPO § 945 Rdnr. 23; *Zöller-Vollkommer,* ZPO § 945 Rdnr. 8; a.A. nur *Baumbach/Lauterbach,* ZPO § 945 Rdnr. 5

voraussetzungen aufgrund von Irrtümern des Gerichts oder Beweisschwierigkeiten des Antragstellers.[47]

II. Vollziehung der unbegründeten Rechtsschutzmaßnahme

§ 945 ZPO setzt die Vollziehung der einstweiligen Verfügung voraus, erst dann entsteht der Schadensersatzanspruch. Zu klären ist daher, welche Bedeutung der Begriff der Vollziehung hat.

1. Begriff der Vollziehung

Nach den §§ 936, 928 ZPO sind auf die Vollziehung von Verfügungen die Vorschriften über die Zwangsvollstreckung entsprechend anwendbar. Daraus ergibt sich, daß Vollziehung der gesetzestechnische Begriff der ZPO für die Zwangsvollstreckung von Arresten und Verfügungen ist.[48] Dabei ergeben sich aus dem Charakter der einstweiligen Verfügung als Maßnahme des einstweiligen Rechtsschutzes Besonderheiten. So bedürfen nach den §§ 936, 929 I ZPO einstweilige Verfügungen grundsätzlich keiner Vollstreckungsklausel. Ein Antrag des Gläubigers auf Vollstreckung gehört grundsätzlich[49] nicht zur Vollstreckung. Diese beginnt erst mit der ersten Handlung eines Vollstreckungsorgans gegen den Schuldner.[50]

2. Vollziehung bei Duldungsverfügungen und bei freiwilliger Vollziehung

Bei einer auf eine Duldung gerichteten einstweiligen Verfügung stellt sich hinsichtlich des Beginns der Vollstreckung und damit des Beginns einer Schadensersatzpflicht ein Sonderproblem. Dieses Problem ergibt sich daraus, daß Duldungsverfügungen nicht unmittelbar vollzogen werden, Duldungen sind nicht unmittelbar erzwingbar. Ein präventiver Zwang ist der ZPO fremd. Daher realisiert sich die Notwendigkeit einer Vollstreckungsmaßnahme erst bei pflichtwidriger Aktivität des Schuldners. Insofern kommt der Zwangsvollstreckung eine nur mittelbar

---

47 *Heinze* in Münchner Kommentar, ZPO § 945 Rdnr. 23

48 *Zöller-Vollkommer,* ZPO § 928 Rdnr. 1

49 zur Ausnahme bei Duldungsverfügungen sogleich

50 *Grunsky* in Stein/Jonas, ZPO § 945 Rdnr. 7; *Walker,* Der einstweilige Rechtsschutz im Zivilprozeß und im arbeitsgerichtlichen Verfahren, Rdnr. 478; *Walker/Brox,* Zwangsvollstreckungsrecht, Rdnr. 1189

präventive, hauptsächlich aber repressive Funktion zu.[51] Da Duldungsverfügungen nicht unmittelbar vollzogen werden, kann eine dem Haftungsgrund des § 945 ZPO entsprechende Situation auch ohne vollstreckungsrechtliche Zwangsmaßnahmen eintreten. Ein Widerspruch zwischen tatsächlicher Situation und materieller Rechtslage kann bereits dadurch entstehen, daß der Schuldner sich einfach an die Duldungsverfügung hält, sie mithin erfüllt. Bei einer auf Sicherung eines Zahlungsanspruches gerichteten Arrestverfügung ist unstreitig, daß die freiwillige Erfüllung des zugrundeliegenden Anspruches keinen Schadensersatzanspruch nach § 945 ZPO auslöst, da § 945 ZPO voraussetzt, daß der Schaden durch die Vollziehung oder durch Sicherheitsleistung zur Abwendung der Vollziehung entstanden sein muß.[52] Dies rechtfertigt sich daraus, daß bei Arrestverfügungen dem Schuldner neben der Duldung der Zwangsvollstreckung und der freiwilligen Erfüllung noch eine dritte Möglichkeit zur Verfügung steht, nämlich die Abwendung der Vollstreckung durch Sicherheitsleistung. Für den dadurch entstehenden Schaden kann er nach § 945 ZPO Schadensersatz verlangen. Bei Duldungs- und Verbotsverfügungen besteht diese dritte Möglichkeit hingegen nicht. Individualansprüche können nicht durch Sicherheitsleistung in Geld abgesichert werden.[53] Aus diesem Grund ist in Bezug auf den Beginn der Vollziehung und damit auf den Beginn einer Schadensersatzpflicht eine Ausnahme für Duldungs- und Verbotsverfügungen zu machen. Da der Schuldner nicht wegen eines Schadensersatzanspruches zur Zuwiderhandlung gegen die einstweilige Verfügung und damit zur Provokation einer Vollstreckungshandlung gezwungen werden soll[54], ist ein Anspruch auch bei freiwilliger Erfüllung anzunehmen. Allerdings ist hier wieder eine Einschränkung vorzunehmen. Nach § 945 ZPO erhält der Schuldner Schadensersatz für

---

51 BGHZ 120, S. 73 (78);*Gerhardt,* Zwangsvollstreckungsrecht, S. 183 f.; *Rosenberg/Gaul/Schilken,* Zwangsvollstreckungsrecht, § 73 vor I; S. 762; *Schilken* in Münchner Kommentar, ZPO § 890 Rdnr. 1

52 BGHZ 131, S. 144 ff.; *Thomas/Putzo,* ZPO § 945 Rndr. 4; *Zöller/Vollkommer,* ZPO § 945 Rdnr. 14; anders, soweit ersichtlich, nur *Heinze* in Müchner Kommentar, ZPO § 945 Rdnr. 7, der den Begriff der Vollziehung weiter fassen will, als den Begriff der Vollstreckung. Meines Erachtens handelt es sich hier aber eher um eine Unklarheit, da an der zitierten Stelle in den folgenden Sätzen gerade nicht auf den Arrest sondern auf Duldungs- und Verbotsverfügungen eingegangen wird.

53 *Grunsky* in Stein/Jonas, § 936 Rdnr. 4a; *Brox/Walker,* Zwangsvollstreckungsrecht, Rdnr. 1638

54 *Baur,* Studien zum einstweiligen Rechtsschutz, S. 108

Schäden, die durch die Vollziehung oder durch Maßnahmen zur Abwendung der Zwangsvollstreckung entstehen. Der Schuldner erhält also keinen Ersatz für den bloßen Erlaß einer einstweiligen Verfügung, z. B. für Ruf- oder Kreditschädigung.[55] Daher muß der Schuldner bei Erfüllung des Anspruches unter einem gewissen Druck stehen, die Zwangsvollstreckung muß für ihn erkennbar unmittelbar bevorstehen. Dafür genügt noch nicht die Zustellung der Verfügung an den Schuldner an sich. Erfolgt sie von Amts wegen, fehlt ihr das spezifisch vollstreckungsrechtliche Element, die Tätigkeit des Gläubigers. Vielmehr erfolgt die Zustellung von Amts wegen zur Kontrolle der Rechtskraft und der Rechtsmittelfristen.[56] Erfolgt sie im Wege der Parteizustellung, ist sie bei Beschlußverfügungen gem. § 922 II ZPO zunächst einfache Wirksamkeitsvoraussetzung.[57] Im übrigen sagt die Zustellung an sich noch nichts darüber aus, ob der Gläubiger die Verfügung auch zwangsweise durchsetzen will. Daher ist zwingend erforderlich, daß entweder in der Verfügung selbst oder in einem gesonderten Beschluß die Verhängung eines Zwangsgeldes nach § 890 II ZPO angedroht wird. Nur dann geht von dem Gläubiger ein Vollstreckungsdruck aus, der eine Haftung nach § 945 ZPO zu rechtfertigen vermag.[58] Unter diesen Voraussetzungen liegt eine vollstreckungsähnliche Situation vor; von einer "freiwilligen" Erfüllung im eigentlichen Sinne kann keine Rede mehr sein und genau dies rechtfertigt eine Schadensersatzpflicht nach § 945 ZPO.

III. Umfang des Schadensersatzes

Nach § 945 ZPO ist dem Antragsgegner der Schaden zu ersetzen, der ihm aus der Vollziehung der einstweiligen Verfügung oder durch Sicherheitsleistung zur Abwendung der Vollziehung entstanden ist. Es ist ausschließlich der Vollstreckungsschaden zu ersetzen.[59] Nicht zu ersetzen ist der allein durch den Erlaß der einstweiligen Verfügung entstehende Schaden. Zu denken wäre dabei z.B. an eine Ruf- oder Kreditschädigung. Ersatzfähig ist also jede Aufwendung des Antrags-

---

[55] *Rosenberg/Gaul/Schilken,* Zwangsvollstreckungsrecht, § 80 II

[56] BGHZ 120, S. 73(79 f.); *Thomas/Putzo,* ZPO § 945 Rdnr. 6; *Zöller/Vollkommer,* ZPO § 929 Rdnr. 18

[57] *Thomas/Putzo,* ZPO § 922 Rdnr. 2

[58] BGHZ 131, S. 144 ff,; 120, S. 73(84 f.); *Zöller/Vollkommer,* ZPO § 945 Rdnr. 14

[59] *Rosenberg/Gaul/Schilken,* Zwangsvollstreckungsrecht, § 80 II

gegners für seine Leistung oder für eine Sicherheitsleistung. Ist der Antragsgegner durch die Vollziehung der einstweiligen Verfügung einem Dritten schadensersatzpflichtig geworden, kann er vom Antragsteller Befreiung von dieser Verbindlichkeit verlangen.[60]

IV. Rechtsweg

Schadensersatzansprüche nach § 945 ZPO sind im Zivilrechtsweg geltend zu machen. Umstritten ist der Rechtsweg erst für Schadensersatzansprüche im Zusammenhang mit öffentlich-rechtlichem vorläufigen Rechtsschutz.

---

60 *Münzberg* in Stein-Jonas, ZPO § 717 Rdnr. 26, 27

2. Teil
Schadensersatzansprüche bei ungerechtfertigter Inanspruchnahme vorläufigen Rechtsschutzes nach der VwGO in bipolaren Verwaltungsrechtsverhältnissen

1. Kapitel
Bipolare Verwaltungsrechtsverhältnisse und Schadensersatzansprüche im Zusammenhang mit vorläufigem Rechtsschutz nach § 80 VwGO

Bipolare Rechtsverhältnisse zeichnen sich durch die Beteiligung von nur zwei Rechtssubjekten an dem Rechtsverhältnis aus. Zu anderen Subjekten besteht kein rechtliches Verhältnis, wenn auch natürlich faktische Beziehungen bestehen können. An einem bipolaren Verwaltungsrechtsverhältnis sind also nur der Staat als Träger der Verwaltung und eine natürliche oder juristische Person beteiligt.[61] Typische Beispiele für bipolare Verwaltungsrechtsverhältnisse sind das Rechtsverhältnis zwischen der Bauordnungsbehörde und dem Adressaten einer bauordnungsrechtlichen Abrißverfügung oder das Verhältnis zwischen dem Polizisten und dem pflichtigen Störer. In bipolaren Verwaltungsrechtsverhältnissen wird vorläufiger Rechtsschutz in der Mehrzahl der Fälle über § 80 V VwGO gewährt. Nach § 80 V S. 1 VwGO kann das Gericht die aufschiebende Wirkung eines Widerspruchs gegen einen Verwaltungsakt oder einer Anfechtungsklage wiederherstellen oder auch erstmalig anordnen. Nach § 80 V S. 3 VwGO kann das Gericht die Vollziehung des Verwaltungsaktes aufheben, was auch die Möglichkeit einschließt, die Behörde zu verpflichten, Vollzugsfolgen wieder rückgängig zu machen.[62]

Ein Schadensersatzanspruch des Staates gegen den Rechtsschutzsuchenden ist nach einhelliger Meinung aus den folgenden Gründen abzu-

---

61 Dabei muß es sich nicht unbedingt um Personen des Privatrechts handeln, wie das Beispiel des Kommunalverfassungsstreits und andere Innenrechtsstreitigkeiten zeigen.

62 vgl. nur *Redeker/v.Oertzen,* VwGO § 80 Rdnr. 51

lehnen.[63] Mit dem Instrument des Verwaltungsaktes trifft die Verwaltung rechtlich verbindliche Entscheidungen und kann sich selbst einen Vollstreckungstitel verschaffen[64], was ein Privater sonst nur über ein gerichtliches Verfahren erreichen kann. Auch wenn das Vollstreckungsrecht als Voraussetzung für Zwangsmaßnahmen einen bestandskräftigen Verwaltungsakt verlangt, ist der Bürger nach § 43 VwVfG bereits mit dem Zeitpunkt der Bekanntgabe von dem Verwaltungsakt betroffen. Das durch den Verwaltungsakt ausgesprochene Verbot oder Gebot, die rechtliche Feststellung oder Gestaltung werden wirksam.[65] Mit der Bekanntgabe treten innere und äußere Wirksamkeit ein.[66] Durch den vorläufigen Rechtsschutz nach § 80 V VwGO tritt nur wieder der "Normalfall" des § 80 I VwGO ein, nämlich daß Widerspruch und Anfechtungsklage aufschiebende Wirkung haben und Zwangs- und Vollstreckungsmaßnahmen nur nach Abschluß eines gerichtlichen Verfahrens möglich sind. Durch den Suspensiveffekt wird die "Selbstherrlichkeit" der Exekutive beseitigt.[67] Diese Form des Rechtsschutzes, die dafür sorgt, daß kein eingreifender Akt der Exekutive richterlicher Nachprüfung entzogen wird und irreparable Entscheidungen vermieden werden, ist verfassungsrechtlich durch Art. 19 IV GG geboten.[68] Der Bürger, der Rechtsschutz nach § 80 V VwGO sucht, befindet sich in der Situation eines Schuldners, der die Vollstreckung aus einem noch nicht endgültigen Titel abwehrt. Es liegt damit genau die Situation vor, die den Regelungen der §§ 707, 719 ZPO zugrundeliegt.[69] § 945 ZPO ist daher auch nicht analog anwendbar. Wegen der pointierten Formulierung sei hier *Grunsky* wörtlich zitiert: "Es wäre rechtsstaatlich uner-

---

63 vgl. statt vieler nur *Eyermann/Fröhler,* VwGO § 80 Rdnr. 62; *Redeker/v.Oertzen,* VwGO § 80 Rdnr. 71; Die nur scheinbare Gegenansicht bei *Kopp,* VwGO § 80 Rdnr. 121 bezieht sich bereits auf mehrpolige Verwaltungsrechtsverhältnisse.

64 sog. Recht der Selbsttitulierung

65 *Finkelnburg/Jank,* Vorläufiger Rechtsschutz, Rdnr. 478

66 dazu ausführlich *Seibert,* Die Bindungswirkung von Verwaltungsakten, S. 206; *Kopp,* VwVfG Vorbem. § 35 Rdnr. 8 ff.; *Stelkens* in Stelkens/Bonk/Leonhard, VwVfG § 43 Rdnr. 15

67 BVerfGE 10, S. 264 (267); 51, S. 268 (284)

68 BVerfGE 35, S. 263 (274); 35, S. 382 (402); BVerwGE 1, S. 11; 16, S. 289 (292); *Schmidt-Aßmann* in MDHS, GG Art. 19 IV Rdnr. 273

69 *Lüke,* NJW 1978, S. 81 (84); *Schoch,* Vorläufiger Rechtsschutz, S. 1743

träglich, wollte man den Bürger, der durch die Herstellung der aufschiebenden Wirkung des Verwaltungsakts lediglich den status quo bis zum Abschluß des Verwaltungsprozesses verteidigt, mit dem Risiko belasten, sich schadensersatzpflichtig zu machen. Die Inanspruchnahme von Gerichtsschutz gegen den Staat muß risikolos möglich sein."[70] Schadensersatzansprüche aus § 80 V VwGO, § 945 ZPO analog sind infolgedessen abzulehnen.

2. Kapitel
Bipolare Verwaltungsrechtsverhältnisse und Schadensersatzansprüche im Zusammenhang mit vorläufigem Rechtsschutz nach § 123 VwGO

Nach § 123 III VwGO ist § 945 ZPO auf einstweilige Anordnungen entsprechend anwendbar. Nach § 945 ZPO haftet der Gläubiger dem Schuldner auf Schadensersatz, wenn er eine einstweilige Verfügung vollzieht und diese sich im nachhinein als von Anfang an ungerechtfertigt herausstellt. Ein Anspruch aus § 123 III VwGO i.V.m. § 945 ZPO setzt dementsprechend voraus, daß eine einstweilige Anordnung nach § 123 I VwGO vollzogen wird und diese sich im nachhinein als von Anfang an ungerechtfertigt herausstellt.

I. Die anfänglich ungerechtfertigte einstweilige Anordnung nach § 123 I VwGO

Bei der einstweiligen Verfügung des Zivilprozeßrechts hat sich ergeben, daß die Voraussetzungen, die zu ihrem Erlaß vorliegen müssen, Anknüpfungspunkte für die Beantwortung der Frage sind, wann eine einstweilige Verfügung unberechtigt im Sinne des § 945 ZPO ist. Das gilt auch dann, wenn aus ihrem Fehlen nicht zwingend auf einen Schadensersatzanspruch geschlossen werden kann, weil für diesen Rückschluß der Sinn der Haftung aus § 945 ZPO berücksichtigt werden muß. Eine Anknüpfung an die Voraussetzungen für den Erlaß einer einstweiligen Verfügung nach § 123 VwGO bietet sich deshalb auch für die Beantwortung der Frage an, wann eine derartige Anordnung unberechtigt im Sinne des § 123 III VwGO i.V.m. § 945 ZPO ist.

Die Entscheidungskriterien für den Erlaß einer einstweiligen Anordnung nach § 123 I VwGO sind allerdings keineswegs so eindeutig und weitest-

---

[70] *Grunsky*, JuS 1982, S. 177 (179)

gehend unumstritten wie im Zivilprozeßrecht. Die Meinungen schwanken zwischen einer Entscheidung aufgrund einer Interessenabwägung[71] und einem materiell-akzessorischen Entscheidungsmaßstab, wonach es allein auf die Erfolgsaussichten in der Hauptsache ankommt.[72] Um Anknüpfungspunkte für die Frage der fehlenden Berechtigung der einstweiligen Anordnung zu finden, müssen daher zunächst die Kriterien herausgearbeitet werden, nach denen über einen Antrag auf Erlaß einer einstweiligen Anordnung zu entscheiden ist.

1. Umstrittener Entscheidungsmaßstab

Der Entscheidungsmaßstab für den Erlaß einer einstweiligen Anordnung ist stark umstritten und das Meinungsspektrum breit ausdifferenziert. Daher sollen hier nur die wesentlichen Strömungen dargestellt werden.[73]

Nach einer weit verbreiteten Ansicht ist aufgrund einer reinen Interessenabwägung über die Begründetheit einer einstweiligen Anordnung zu entscheiden.[74] Abzuwägen sind dabei die Nachteile des Antragstellers bei Ablehnung der einstweiligen Anordnung mit den Nachteilen des Antragsgegners bei Erlaß der einstweiligen Anordnung.[75] Modifiziert wird diese Ansicht dadurch, daß die Erfolgsaussichten im Hauptsacheverfahren als Interesse mitberücksichtigt werden[76], wodurch sich wiederum eine punktuelle Annährung an eine materiell-akzessorische Prüfung ergibt. Das Ausmaß der Modifizierung variiert, je nachdem, welches Gewicht den Erfolgsaussichten im Hauptsacheverfahren zukommt. So bekommt die Erfolgsaussicht im Hauptverfahren ein relativ

---

71 BVerwG DÖV 1967, S. 831 r.Sp.; VGH BW, ESVGH 30, S. 84 (86); *Eyermann/Fröhler,* VwGO § 123 Rdnr. 7

72 HessVGH, ESVGH 20, S. 30 (32) und ansatzweise *Kopp,* VwGO § 123 Rdnr. 29

73 ausführlich dazu *Schoch,* Vorläufiger Rechtsschutz, S. 1536 ff.; *Finkelnburg/Jank,* Vorläufiger Rechtsschutz, Rdnr. 140 ff.

74 BVerwG, DÖV 1967, S. 831; VGH BW, ESVGH 30, S. 84 (86); *Eyermann/Fröhler,* VwGO § 123 Rdnr.7

75 BVerwGE 50, S. 124 (134); VGH BW, ESVGH 30, S. 84 (93); *Eyermann/Fröhler,* VwGO § 123 Rdnr. 7

76 *Finkelnburg/Jank,* Vorläufiger Rechtsschutz, Rdnr. 192 m.w.Nachw.; *Kopp,* VwGO § 123 Rdnr. 29; *Schmitt Glaeser,* Verwaltungsprozeßrecht, Rdnr. 456 f.; *Wieseler,* Der vorläufige Rechtsschutz gegen Verwaltungsakte, S. 195

hohes Gewicht, wenn eine Interessenabwägung nur bei offener Hauptsachelage erfolgt. Überwiegen die Erfolgsaussichten, kann die Anordnung ergehen, wenn sie für den Antragsteller dringlich ist. Ist ein Erfolg eher unwahrscheinlich, dann fehlt es an einer schutzwürdigen Rechtsposition, so daß die Regelung nicht nötig ist. Läßt sich eine solche Beurteilung nicht treffen, ist die Hauptsache offen. Dann ist die Entscheidung aufgrund einer von einer Vorausbeurteilung unabhängigen Interessenabwägung zu treffen.[77] Teilweise wird den Erfolgsaussichten in der Hauptsache auch ein deutlich niedrigeres Gewicht beigemessen, wodurch der Raum für eine vom materiellen Recht unabhängige Interessenabwägung vergrößert wird. Vor allem das BVerwG und der BayVGH berücksichtigen die Erfolgsaussichten in der Hauptsache nur dann, wenn die Sache offensichtlich begründet bzw. offensichtlich unzulässig und/oder unbegründet ist. Ansonsten ist aufgrund einer Interessenabwägung zu entscheiden.[78] Aus diesen verschiedenen Gewichtungen der Erfolgsaussichten in der Hauptsache ergeben sich auch Stufenmodelle für die Entscheidung. So differenziert *Obermayer* zwischen drei Stufen der Entscheidungsfindung, indem er zwischen die Prüfung der Erfolgsaussichten in der Hauptsache und eine eventuell notwendige Interessenabwägung noch eine Wahrscheinlichkeitsprüfung einschiebt. Zunächst soll geklärt werden, ob die Klage offensichtlich zulässig und begründet ist (dann Erlaß der einstweiligen Anordnung) oder offensichtlich unzulässig bzw. unbegründet ist (dann Ablehnung der einstweiligen Anordnung). Ist der Ausgang des Hauptverfahrens nicht so offensichtlich, so ist eine Wahrscheinlichkeitsprognose vorzunehmen, so daß eine Grundlage für eine hinreichende Würdigung der Aussichten in der Hauptsache geschaffen werden kann. Erst wenn sich auch danach der Ausgang des Verfahrens nicht voraussehen läßt, ist die Entscheidung über den Erlaß einer einstweiligen Anordnung aufgrund einer Abwägung der sich gegenüberstehenden sachlichen Interessen zu treffen. Für die Abwägung stehen die grundlegenden Wertentscheidungen der Verfassung zur Verfügung.[79]

---

77 OVG Koblenz, AS 15, S. 97 (98); GewArchiv 1979, S. 340; OVG Saarland, AS 13, S. 186 (189); S. 302 (307)

78 BVerwGE 50, S. 124 (133), 63, S. 110 (111), BayVGH, BayVBl. 1975, S. 144 (r.Sp.), BayVBl. 1976, S. 274 (275); BayVBl. 1979, S. 371 (373 r.Sp.); OVG Berlin, NVwZ 1982, S. 319 (1. LS.)

79 *Obermayer,* Bemerkungen zur einstweiligen Anordnung im Verwaltungsprozeß, Gedächtnisschrift Hans Peters, S. 875 (885)

Demgegenüber gehen ein großer Teil der Literatur und der Rechtsprechung in Parallelität zur einstweiligen Verfügung nach §§ 935, 940 ZPO von einem materiell-akzessorischen Maßstab aus. Danach sind maßgebend für eine Entscheidung Anordnungsanspruch und Anordnungsgrund. Voraussetzung für den Erlaß einer einstweiligen Anordnung ist das Bestehen eines zu sichernden Rechts[80] und ein Nachteil, der die Verwirklichung des Rechts bedroht.[81] Für eine "Interessenabwägung" ist dann nur noch im Rahmen des Anordnungsinhalts Raum.

Die verschiedenen Ansichten zum Entscheidungsmaßstab für den Erlaß einer einstweiligen Anordnung liefern verschiedene Voraussetzungen für diese Entscheidung. Da hier davon ausgegangen wird, daß die Gesichtspunkte, die zum Erlaß einer einstweiligen Anordnung führen, zumindest Anknüpfungspunkte für die Beantwortung der Frage liefern, wann eine solche einstweilige Anordnung unberechtigt ist, muß die Frage nach dem Entscheidungsmaßstab geklärt werden.

2. Materiell-akzessorischer Entscheidungsmaßstab

§ 123 I VwGO regelt die Voraussetzungen, die zum Erlaß einer Sicherungsanordnung oder einer Regelungsanordnung vorliegen müssen. § 123 I S. 1 VwGO ermöglicht eine Sicherungsanordnung, wenn die Verwirklichung eines Rechts des Antragstellers (Anordnungsanspruch) vereitelt oder wesentlich erschwert werden könnte. Damit nimmt § 123 I S. 1 VwGO eindeutig auf das materielle Recht bezug. Dem Antragsteller muß ein zu sicherndes Recht zustehen. Ob dem Antragsteller ein solches Recht zusteht oder nicht, entscheidet allein das materielle Recht. Weitere Voraussetzung ist die Vereitelung oder wesentliche Erschwerung der Rechtsverwirklichung (Anordnungsgrund) durch die Veränderung des bestehenden Zustandes. Der Anordnungsgrund besteht folglich aus zwei Elementen. Zum einen aus der Veränderung des bestehen-

---

80 Insoweit kann auf eine Differenzierung zwischen Sicherungsansordnung und Regelungsanordnung verzichtet werden, auch bei einer Regelungsanordnung geht es um die Sicherung eines Rechtes.

81 OVG Lüneburg, DVBl 1983, S. 814; OVG Münster, DÖV 1983, S. 38; VGH BaWü, VBlBW. 1986, S. 259 (260); VBlBW. 1987, S. 423 (424); ESVGH 37, S. 40 (41); OVG Hamburg, DVBl 1987, S. 316 ff.; OVG Koblenz, NVwZ 1987, S. 149 f.; HessVGH, NVwZ 1988, S. 88 (89); *Erichsen*, Jura 1984, S. 644 (649 f.); *Hetzer*, BB 1985, S. 2315 (2317); *Jakobs*, VBlBW. 1984, S. 129 (134); *Schoch*, Vorläufiger Rechtsschutz, S. 1564 ff.; *Vogel* in Drews/Wacke/Vogel, Gefahrenabwehr, S. 615

den Zustandes, also aus einer Veränderung der tatsächlichen oder rechtlichen Gegebenheiten des Streitgegenstandes in der Hauptsache. Diese Veränderung kann durch einen Eingriff von außen oder auch durch bloßen Zeitablauf eintreten.[82] Zum anderen muß durch diese Zustandsveränderung eine konkrete, objektive Gefahr für die Rechtsverwirklichung drohen.[83] Hierbei handelt es sich um unbestimmte Rechtsbegriffe. Diese sind zwar ausfüllungsbedürftig, ermöglichen aber nicht eine irgendwie von der Bindung an das materielle Recht gelockerte Interessenabwägung.[84]

§ 123 I S. 2 VwGO ermöglicht eine Regelungsanordnung zur Regelung eines vorläufigen Zustandes in Bezug auf ein streitiges Rechtsverhältnis. Voraussetzung ist auch hier ein zu sichernder Anspruch aus dem streitigen Rechtsverhältnis.[85] Das streitige Rechtsverhältnis und die sich daraus unter Umständen ergebenden Ansprüche richten sich nach materiellem Recht. Nur so läßt sich überhaupt ein Rechtsverhältnis begründen. Weitere Voraussetzung einer Regelungsanordnung ist, daß eine Regelung um wesentliche Nachteile abzuwenden oder drohende Gewalt zu verhindern oder aus anderen Gründen nötig erscheint (Regelungsgrund). Bei den ersten beiden Varianten handelt es sich um Rechtsbegriffe. Hingegen scheint die dritte Variante als Generalklausel einer Interessenabwägung offenzustehen. So wird auch vertreten, ob eine Regelungsanordnung nötig sei, solle anhand einer Interessenabwägung entschieden werden, wobei wieder der voraussichtliche Erfolg in der Hauptsache eine mehr oder minder gewichtige Rolle spielen soll.[86] Die Erfolgsaussichten in der Hauptsache sind aber bereits bei der Prüfung des Regelungsanspruches berücksichtigt worden, da diese eine Prüfung der materiellen Rechtslage erfordert. Der wahrscheinliche Erfolg in der Hauptsache kann also nicht erneut bei der Prüfung des

---

82 *Finkelnburg/Jank,* Vorläufiger Rechtsschutz, Rdnr. 161 ff.

83 *Finkelnburg/Jank,* Vorläufiger Rechtsschutz, Rdnr. 152; *Schoch,* Vorläufiger Rechtsschutz, S. 1568

84 so auch *Redeker/v.Oertzen,* VwGO § 123 Rdnr. 17

85 *Finkelnburg/Jank,* Vorläufiger Rechtsschutz, Rdnr. 173; *Kopp,* VwGO § 123 Rdnr. 8; zum gleichlautenden § 940 ZPO vgl. *Grunsky* in Stein-Jonas, ZPO § 940 Rdnr. 2; *Heinze* in Münchner Kommentar, ZPO § 940 Rdnr. 2; *Leipold,* Grundlagen des einstweiligen Rechtsschutzes, S. 85 f.

86 OVG Bremen, NJW 1976, S. 772 (774); BRS 24, Nr. 181, S. 284 (285); VGH BW, VBlBW. 1987, S. 432 (424); *Erichsen,* Jura 1984, S. 644 (651); *Günther,* NVwZ 1986, S. 697 (702); *Papier,* JA 1979, S. 646 (648)

Regelungsgrundes berücksichtigt werden. Der Regelungsgrund ist vor dem Hintergrund der Funktion des vorläufigen Rechtsschutzes zu sehen. Es geht um die Sicherung von Rechten, die infolge der Dauer des Hauptverfahrens durch Zeitablauf gegenstandslos zu werden drohen. Infolgedessen ist ein Regelungsgrund gegeben, wenn eine einstweilige Anordnung nötig ist, um die Verwirklichbarkeit des zu sichernden Rechts zu erhalten, kurz, wenn die Rechtsschutzgewährung eilbedürftig ist.[87] Auch hier ist ein Spielraum für eine vom zugrundeliegenden materiellen Recht abgekoppelte Interessenabwägung nicht ersichtlich. Hinsichtlich der Unterscheidung zwischen Sicherungsanordnung und Regelungsanordnung deutet sich damit eine Ähnlichkeit zu Sichtweisen im Zivilprozeßrecht an.[88]

Die vorstehenden Ausführungen haben gezeigt, daß die Normstruktur des § 123 I VwGO keinen Raum für eine vom materiellen Recht abgekoppelte Interessenabwägung läßt. Bei einem materiell-akzessorischen Prüfungsmaßstab geht auch keineswegs der Beschleunigungseffekt des vorläufigen Rechtsschutzes verloren. Die Schnelligkeit des vorläufigen Rechtsschutzes wird durch die geringeren Anforderungen an die Tatsachenbasis gewonnen. Zwar gilt auch im Anordnungsverfahren der Untersuchungsgrundsatz des § 86 VwGO, dieser Grundsatz ist aber durch den Zweck der einstweiligen Anordnung, die Gewährung raschen Rechtsschutzes, eingeschränkt.[89] Im Ergebnis muß lediglich eine glaubhafte Tatsachenbasis gegeben sein.[90] Der Vorrang einer Interessenbewertung als Entscheidungsmaßstab im Rahmen des § 123 I VwGO wird oft mit dem Argument begründet, im Aussetzungsverfahren nach § 80 V VwGO gelte als Entscheidungsmaßstab eine Interessenabwägung. Abweichungen im Entscheidungsmaßstab zwischen Anordnungsver-

---

87 *Schoch,* Vorläufiger Rechtsschutz, S. 1569

88 Im Zivilprozeßrecht wird teilweise § 935 ZPO als alleinige Grundlage für einstweilige Verfügungen angesehen, während § 940 ZPO demgegenüber nur eine Ergänzungs- und Korrekturfunktion hinsichtlich deren Inhalt hat; vgl. *Grunsky* in Stein-Jonas, ZPO vor § 935 Rdnr. 30; *Heinze* in Münchner Kommentar, ZPO § 935 Rdnr. 4; *Leipold,* Grundlagen des einstweiligen Rechtsschutzes, S. 101 ff.

89 *Kopp,* VwGO § 123 Rdnr. 29 a; *Redeker/v. Oertzen,* VwGO § 123 Rdnr. 18

90 Ausführlich dazu *Burkholz,* Der Untersuchungsgrundsatz im verwaltungsgerichtlichen Eilverfahren; *Schoch,* Vorläufiger Rechtsschutz, S. 1647

fahren und Aussetzungsverfahren müßten aber vermieden werden.[91] Zum einen ist es aber keineswegs offensichtlich, daß eine Maßstabsdivergenz zwischen Anordnungs- und Aussetzungsverfahren abzulehnen ist. Immerhin ist es im Anordnungsverfahren der Antragsteller, der eine Veränderung des status quo erreichen will, während er im Aussetzungsverfahren eine Statusveränderung gerade verhindern will. Zum anderen ist bereits die Prämisse selbst nicht haltbar. Der Entscheidungsmaßstab für das Aussetzungsverfahren nach § 80 V VwGO ist seinerseits umstritten, weil § 80 V VwGO keinen Entscheidungsmaßstab enthält.[92] Wieso aus diesem Schweigen eine Interessenabwägung als Entscheidungsmaßstab abgeleitet werden kann, ist nicht erklärlich, zumindest muß das Schweigen sowohl für eine Interessenabwägung als auch für einen materiell-akzessorischen Entscheidungsmaßstab gelten.[93]

3. Funktion des vorläufigen Rechtsschutzes

Der tiefere Grund für die Differenzen über den Entscheidungsmaßstab für den Erlaß einer einstweiligen Anordnung liegt in einer unterschiedlichen Auffassung über die Funktion des vorläufigen Rechtsschutzes.[94] Aus dieser Funktion ergibt sich auch das letztlich entscheidende Argument für einen materiell-akzessorischen Entscheidungsmaßstab.

Mit der Annahme eines materiell-akzessorischen Entscheidungsmaßstabes wird der Schwerpunkt auf den Schutz von Rechten gelegt. Rechtsschutz wird in der Regel über ein Hauptverfahren vermittelt. Für das Ergebnis des Hauptverfahrens ist das materielle Recht entscheidend, wie sich deutlich aus § 113 I S. 1, IV VwGO ergibt. Ziel des Hauptverfahrens ist die Herausarbeitung und Feststellung der materiellen Rechtslage. Für eine Interessenabwägung ist kein Raum, weil die Interessen bereits durch die materiellen Normen verbindlich gewichtet worden sind.[95] Da der vorläufige Rechtsschutz dem Hauptverfahren vorgelagert ist und dazu dient, die Verwirklichbarkeit des materiellen

---

[91] *Eyermann/Fröhler,* VwGO § 123 Rdnr. 7; *Leipold,* Grundlagen des einstweiligen Rechtsschutzes, S. 207 ff.

[92] vgl. nur *Finkelnburg/Jank,* Vorläufiger Rechtsschutz, Rdnr. 644

[93] *Schoch,* Vorläufiger Rechtsschutz, S. 1563

[94] dazu *Leipold,* Grundlagen des einstweiligen Rechtsschutzes, S. 52 ff.

[95] dazu *Engisch,* Einführung in das juristische Denken, S. 184 ff.; *Larenz,* Methodenlehre der Rechtswissenschaft (Studienausgabe), S. 9

Rechts zu sichern, liegt es nahe, ja erscheint geradezu selbstverständlich, auch die Entscheidung über die Gewährung vorläufigen Rechtsschutzes vom materiellen Recht abhängig zu machen.

Andererseits kann man den Schwerpunkt der Funktion des vorläufigen Rechtsschutzes auf die Vorläufigkeit legen. Vorläufiger Rechtsschutz wird überhaupt erst notwendig, wenn und weil das Hauptverfahren eine gewisse Zeit erfordert. Dieses Erfordernis wird verursacht durch ein aufwendiges, kompliziertes Verfahren. Ein solches Verfahren aber ist kein Selbstzweck. Ziel dieses Verfahrens ist das Auffinden der *richtigen* Entscheidung. Bedingt durch diese Zielsetzung blendet das Verfahrensrecht den Zeitablauf weitgehend aus. Zur Abhilfe, zur Vermeidung von Rechtsnachteilen allein durch Zeitablauf, dient der vorläufige Rechtsschutz mit seinem eingeschränkten Verfahren und der eingeschränkten Wahrheitsfindung.[96] Da aufgrund der nur glaubhaft gemachten Tatsachenbasis das Risiko einer materiellrechtlich fehlerhaften Entscheidung relativ groß ist, wird die Fehlerfreiheit der zu treffenden Entscheidung von vornherein vernachlässigt und versucht, für die Zeit bis zur "richtigen" Entscheidung eine Zwischenlösung aufgrund einer Interessenabwägung zu finden.[97]

Angesichts dieser grundlegenden Differenzen muß man sehen, daß es sich bei einer Maßnahme des vorläufigen Rechtsschutzes nur bedingt um eine vorläufige Regelung handelt. Dabei ist weniger an die Problematik irreparabler Fakten zu denken, die von Gerichten häufig als Argument zur Begründung extensiven vorläufigen Rechtsschutzes verwendet wird.[98] Vielmehr geht es darum, daß die jeweilige Maßnahme

---

96 ausführlich dazu *Heinze* in Münchner Kommentar, ZPO vor § 916, Rdnr. 1 ff. mit dem Hinweis, daß der vorläufige Rechtsschutz die Funktion wahrnimmt, die ansonsten der Selbsthilfe zukäme, weil Gerichtsschutz nicht rechtzeitig zu erlangen ist (§ 229 BGB).

97 *Leipold,* Grundlagen des einstweiligen Rechtsschutzes, S. 53

98 dazu OVG Lüneburg, DVBl 1975, S. 190 (194); BayVGH, BayVBl. 1981, S. 401 (402); BVerfG, NVwZ 1982, S. 32, wobei die Gerichte betonen, daß durch die Schaffung von Fakten die spätere Entscheidung in der Hauptsache aus psychologischen Gründen beeinflußt wird. Im Grunde genommen erklären sich die Gerichte damit in der Begründung des Beschlusses zum vorläufigen Rechtsschutz für in der Hauptsache befangen. Dagegen klar VGH BW, DÖV 1975, S. 744 (748); ESVGH 35, S. 278 (285): "Es ist dem Senat bei der ihm jetzt obliegenden Entscheidung verwehrt, einzukalkulieren, er könne sich bei künftigen Entscheidungen zu bewußtem Rechtsbruch oder unbewußter Rechtsverletzung verleitet sehen. Es ist Aufgabe und Amtspflicht des Richters, sich der

des vorläufigen Rechtsschutzes für die Zwischenzeit bis zur Entscheidung in der Hauptsache endgültig ist. Ganz unabhängig davon, ob die Hauptsacheentscheidung die Maßnahme des vorläufigen Rechtsschutzes bestätigt oder widerlegt, für die Zwischenzeit hat der vorläufige Rechtsschutz durch schlichten Zeitablauf unumkehrbare Tatsachen geschaffen. Diese Tatsachen sind endgültig, die Zeit läßt sich nicht zurückdrehen.[99] Vorläufig ist die Entscheidung im Verfahren des vorläufigen Rechtsschutzes nur im Hinblick auf die Entscheidung im Hauptverfahren. Wenn aber durch Maßnahmen des vorläufigen Rechtsschutzes endgültige Interimsregelungen geschaffen werden, müssen sich diese nach dem Zweck von Rechtsschutz überhaupt richten. Dieses Ziel ist der Schutz und die Wahrung von Rechten, Art. 19 IV GG. Damit ist aber auch vorgegeben, welchem Gesichtspunkt bei der Funktion des vorläufigen Rechtsschutzes der Vorzug zu geben ist. Die Interimsregelungen müssen wegen ihrer durch den Zeitablauf bedingten Endgültigkeit materiellrechtlich getroffen werden. Daß dies unter Umständen nur aufgrund unzureichender Tatsachenbasis geschehen muß, stellt, wiederum wegen des Zeitablaufs, ein unüberwindliches Faktum dar. Durch die manchmal unzureichende Tatsachenfeststellung im Verfahren des vorläufigen Rechtsschutzes ist das Risiko einer Fehlentscheidung, also einer Entscheidung, die der tatsächlichen materiell-rechtlichen Lage zuwiderläuft, schon genügend groß. Den Entscheidungsmaßstab vom materiellen Recht abzukoppeln oder doch diese Koppelung zu lockern, muß zu noch größerer Unsicherheit und nicht zuletzt auch zu mangelnder Voraussehbarkeit und Rechtssicherheit führen. Infolgedessen muß der Entscheidungsmaßstab im Rahmen des § 123 I VwGO materiell-akzessorisch sein. Eine "Interessenabwägung" kann sich nur auf den Inhalt, auf das "Wie" einer einstweiligen Anordnung beziehen, nicht aber auf das "Ob".[100]

Unwägbarkeiten bewußt zu werden und ihnen bei seiner Entscheidung nur soviel Raum zu geben, wie das Gesetz ihnen einräumt, denn der Richter ist nur dem Gesetz unterworfen (Art. 97 I GG). Die Legitimation, Recht zu sprechen, gründet sich darauf, daß der Richter sich an das Gesetz hält. Sie wird zerstört, wenn er heute vom Recht abweicht, weil er fürchtet, sonst morgen vom Gesetz abzuweichen." Siehe dazu auch *Degenhart,* AöR 103 (1978), S. 163 ff; *Martens,* DVBl. 1985, S. 541

99 Zur Zeitdimension im vorläufigen Rechtsschutz ausführlich *Schoch,* Vorläufiger Rechtsschutz, S. 155 ff, 1310 ff.; *Martens,* Die Praxis des Verwaltungsprozesses, S. 207 ; zur verfassungsrechtlichen Bedeutung vgl. *Kloepfer,* JZ 1979, S. 209 (210)

100 so auch *Huba,* JuS 1990, S. 983 (991); *Schoch,* Vorläufiger Rechtsschutz, S. 1572

4. Folgerungen für die mangelnde Berechtigung der einstweiligen Anordnung

Mit dem Entscheidungsmaßstab sind auch die Voraussetzungen einer einstweiligen Anordnung im Verwaltungsrecht geklärt. Voraussetzung des § 123 I VwGO ist, parallel zum vorläufigen Rechtsschutz nach §§ 916, 935, 940 ZPO, ein Anordnungsanspruch als zu sicherndes Recht und ein Anordnungsgrund in Form der Eilbedürftigkeit.[101] Somit ergeben sich für die Beantwortung der Frage, wann eine einstweilige Anordnung unberechtigt im Sinne des § 945 ZPO ist, dieselben Anknüpfungspunkte wie bei der einstweiligen Verfügung nach §§ 935, 940 ZPO, nämlich das Fehlen des Anordnungsanspruches, das Fehlen des Anordnungsgrundes und das Fehlen prozessualer Voraussetzungen.

a) Fehlen des Anordnungsanspruchs

Stellt sich im nachhinein heraus, daß bereits bei Erlaß der einstweiligen Anordnung dem Antragsteller das zu sichernde Recht nicht zustand, fehlt der Anordnungsanspruch und die einstweilige Anordnung ist unberechtigt. Das führt im Zivilprozeßrecht, wie oben dargestellt, zu einer Schadensersatzpflicht aus § 945 ZPO. Grund für diese Haftung ist ein Übergriff eines Privaten in die Rechtssphäre eines anderen Privaten, also ein Eingriff in die subjektiven Rechte eines anderen. Auf Seiten des Bürgers sind subjektive Rechte auch im Verwaltungsrecht anerkannt. Für eine Haftung des Antragstellers aus § 123 III VwGO i.V.m. § 945 ZPO muß aber ein subjektives Recht des Antragsgegners gegeben sein, hier also ein subjektives öffentliches Recht des Staates. In der Literatur spielen subjektive öffentliche Rechte des Staates allerdings eine nur marginale Rolle,[102] was schon begrifflich zum Ausdruck kommt. Das subjektive öffentliche Recht wird definiert als die dem einzelnen kraft öffentlichen Rechts vermittelte Rechtsmacht, vom Staat zur Verfolgung

---

101 Für eine zusätzliche Interessenabwägung über das Vorliegen der gesetzlichen Voraussetzungen hinaus, wie von BVerfGE 51, S. 268 (280 f.); OVG Bremen, NJW 1963, S. 1842 angenommen, ist unter der Herrschaft des Art. 19 IV GG kein Raum, schon weil nicht erkennbar ist, welche *rechtlichen* Interessen außer denen, die bereits bei Prüfung des Anordnungsanspruches und Anordnungsgrundes berücksichtigt sind, außerdem noch Berücksichtigung finden sollten, von außerrechtlichen ganz abgesehen.

102 so z.B. bei *Maurer,* Allgemeines Verwaltungsrecht, 9. Aufl., § 8 Rdnr. 2, der subjektive öffentliche Rechte des Staates nur beiläufig im Kleingedruckten erwähnt. Anders bereits die 10. Aufl., § 8 Rdnr. 2, wo zumindest das Recht, vom Bürger Steuern fordern zu dürfen, als subjektives Recht des Staates angesehen wird.

eigener Interessen ein bestimmtes Verhalten verlangen zu können.[103] Nach dieser Definition kann es subjektive öffentliche Rechte nur auf Seiten des Bürgers geben. Subjektive öffentliche Rechte zur Durchsetzung von Allgemeininteressen, also als Rechte des Staates kommen nicht vor. Dieses am grundrechtlichen Abwehranspruch ausgerichtete Verständnis subjektiver öffentlicher Rechte kann das verwaltungsrechtliche Rechtsverhältnis zwischen Staat und Bürger nur unzureichend erfassen. Die eingeengte, individualistische Sicht der subjektiven öffentlichen Rechte läßt sich zum einen mit der Ausrichtung am subjektiven Recht des Privatrechts erklären, das sich naturgemäß nur mit Individualinteressen beschäftigt. Das Privatrecht regelt nur Konflikte zwischen Individuen, die ihre eigenen Interessen verfolgen. Die Verfolgung anderer als eigener Interessen führt, von wenigen Ausnahmen abgesehen, mangels Prozeßführungsbefugnis zur Unzulässigkeit einer Klage. Der Staat setzt aber keine Individualinteressen durch, sondern davon abstrahierte Allgemeininteressen.[104] Bereits von daher greift eine auf Individualrechte eingeengte Sichtweise des subjektiven öffentlichen Rechts zu kurz.

Die zu enge Sichtweise der subjektiven öffentlichen Rechte läßt sich zum anderen mit einer absolutistisch-obrigkeitlichen Sicht des Verhältnisses zwischen Bürger und Staat erklären.[105] So lehnt *Otto Mayer* subjektive öffentliche Rechte des Staates ab, weil das subjektive Recht immer etwas Begrenztes sei, beim Staat aber immer das dahinterstehende Unbegrenzte durchschlage. Dahinter stehe das umfassende Recht auf

---

103 *Bühler,* Altes und Neues über Begriff und Bedeutung der subjektiven öffentlichen Rechte, in Gedächtnisschrift Walter Jellinek, S. 269 (274); *Maurer,* Allgemeines Verwaltungsrecht, § 8 Rdnr. 2; vgl. auch *Achterberg,* Allgemeines Verwaltungsrecht, § 20 Rdnr. 68, der das subjektive öffentliche Recht für überflüssig hält und *Erichsen* in Erichsen, Allgemeines Verwaltungsrecht, § 11 Rdnr. 30, dessen Definition statt vom Einzelnen vom Rechtssubjekt ausgeht und so auch subjektive öffentliche Rechte des Staates erfassen kann.

104 Der Effekt, daß von staatlichem Handeln ein Einzelner profitiert, bedeutet nicht, daß der Staat damit nur Individualinteressen durchsetzt. Vielmehr ist es so, daß die Interessen partiell gleichlaufen.

105 *Martens* in Erichsen, Allgemeines Verwaltungsrecht, § 11 Rdnr. 42; *Schapp,* Das subjektive Recht im Prozeß der Rechtsgewinnung, S. 152 f. Dabei ist nicht anzunehmen, daß Autoren moderner Lehrbücher hinsichtlich der engen Definition subjektiver öffentlicher Rechte einer solchen Sichtweise anhängen. Es scheint aber so zu sein, daß sich die Definition subjektiver öffentlicher Rechte von der historischen und rechtlichen Situation gelöst hat und zum "Selbstläufer" geworden ist.

Beherrschung und Gehorsam.[106] Hier wird deutlich, daß eine staatstheoretische, gesellschaftspolitische Vorstellung auf die Definition juristischer Begriffe durchschlägt. Dieser Effekt läßt sich wohl prinzipiell gar nicht vermeiden, nur ist zu beachten, daß diese Vorstellungen variabel sind. Diese Beeinflussung wirkt fort in der Definition *Bühlers* von 1955, in der das subjektive öffentliche Recht als eine bestimmte Stellung des Untertanen (!) zum Staat beschrieben wird.[107] Auch hier stellt sich das subjektive öffentliche Recht als Beschränkung des umfassenden Rechts auf Beherrschung und Gehorsam dar.

Diese Sichtweise des Verhältnisses zwischen Bürger und Staat ist angesichts der Aussagen des Grundgesetzes nicht mehr haltbar. In der engen Definition des subjektiven öffentlichen Rechts, die allein auf den Standpunkt des Bürgers ausgerichtet ist, wird der Staat als prinzipiell allmächtig angesehen, der nur durch das Recht gebändigt wird, sich durch subjektive Rechte des Einzelnen selbst bindet. Eine solche Sichtweise verträgt sich nicht mit Art. 1 I, III GG. Diese Rechte sind nicht nur eine formale Garantie, Träger von Rechten sein zu können, ihnen kommt eine sachliche Gewährleistung zu. Art. 1 III, 19 II, 79 III GG entziehen sogar dem Gesetzgeber bestimmte Bereiche. Der Staat bindet sich hier nicht selbst, er ist bereits gebunden. Nach dem Grundgesetz ist der Mensch selbständige und autonome Persönlichkeit und deshalb Träger von Rechten und Pflichten.[108]Daher lassen sich die Beziehungen zwischen dem einzelnen und dem Staat nicht durch ein allgemeines Macht- oder Gewaltverhältnis erfassen, sondern nur durch ein allgemeines Rechtsverhältnis.[109] Aus diesem Rechtsverhältnis ergeben sich beidseitige und gegenseitige Rechte.[110] Die aus Verwaltungsrechtsverhältnissen auf staatlicher Seite sich ergebenden Rechte können aber

---

[106] *Mayer,* Deutsches Verwaltungsrecht, Bd.I, S. 104 f.

[107] *Bühler,* Altes und Neues über Begriff und Bedeutung der subjektiven öffentlichen Rechte, in Gedächtnisschrift Walter Jellinek, S. 269 (274); Klammerzusatz vom Verf.

[108] BVerwGE 1, S. 159 (161); *Bauer,* DVBl. 1986, S. 208 (216); *Hesse,* Grundzüge des Verfassungsrechts, Rdnr. 281

[109] *Bauer,* DVBl. 1986, S. 208 (216); *Henke,* DÖV 1980, S. 621 (624); vgl. auch *Achterberg,* Allgemeines Verwaltungsrecht, § 20 Rdnr. 36, der allerdings den Ausdruck "allgemeines Gewaltverhältnis" beibehält.

[110] *Achterberg,* Allgemeines Verwaltungsrecht, § 20 Rdnr. 68; *Erichsen* in Erichsen, Allgemeines Verwaltungsrecht, § 11 Rdnr. 42; *Maurer,* Allgemeines Verwaltungsrecht, § 8 Rdnr. 16;

nichts anderes sein, als subjektive öffentliche Rechte des Staates.[111] Da damit auf beiden Seiten subjektive öffentliche Rechte gegeben sind, greift der Antragsteller mit der Vollziehung einer ungerechtfertigten einstweiligen Anordnung in subjektive Rechte des Staates ein.[112] Der Haftungsgrund des § 945 ZPO ist daher bei fehlendem Anordnungsanspruch ebenso gegeben wie im Zivilprozeßrecht.

b) Fehlen des Anordnungsgrundes

Eine privatrechtliche einstweilige Verfügung, die mangels Verfügungsgrundes unberechtigt ist, löst bei der Vollziehung keine Schadensersatzpflicht nach § 945 ZPO aus, weil dem Anordnungsgrund nur eine Filterfunktion im Verfahren des einstweiligen Rechtsschutzes zukommt und damit keine materiellrechtliche Aussage verbunden ist. Oben wurde gezeigt, daß bei der Entscheidung über den Erlaß einer einstweiligen Anordnung ein materiell-akzessorischer Maßstab anzulegen ist und zwischen Anordnungsanspruch und Anordnungsgrund zu unterscheiden ist. Der Anordnungsgrund liegt in der Eilbedürftigkeit der Rechtsschutzgewährung, also der Gefahr, daß sich das zu sichernde Recht (Anordnungsanspruch) wegen Zeitablaufs nicht mehr verwirklichen läßt. Damit kommt dem Anordnungsgrund dieselbe Filterfunktion zu wie dem Verfügungsgrund bei der einstweiligen Verfügung, nämlich einen Filter zu bilden als Ausgleich für die eingeschränkte Vollständigkeit der Tatsachenerhebung. Aus diesem Grund ist auch das Fehlen des Anordnungsgrundes genauso zu behandeln, wie das Fehlen des Verfügungsgrundes. Das Fehlen des Anordnungsgrundes führt daher nicht zu einer Schadensersatzpflicht nach § 123 III VwGO i.V.m. § 945 ZPO.

c) Fehlen prozessualer Voraussetzungen

Für das Fehlen prozessualer Voraussetzungen und Mängel in der Glaubhaftmachung gilt das oben zur einstweiligen Verfügung Gesagte. Es entsteht kein Schadensersatzanspruch aus § 123 III VwGO i.V.m. § 945 ZPO.

---

[111] *Bauer*, AöR 113 (1988), S. 582 (624) m.w.Nachw.; *Erichsen* in Erichsen, Allgemeines Verwaltungsrecht, § 11 Rdnr. 42; *Hartmann*, Planfeststellung für Verkehrsflughäfen, S. 215

[112] Schadensersatzansprüche des Staates können sich z.B. bei der ungerechtfertigten Auszahlung von Sozialhilfe oder Wohngeld, aber auch im Bereich von Subventionen ergeben.

II. Vollziehung der einstweiligen Anordnung

Einstweilige Anordnungen nach § 123 I VwGO sind nach § 168 I Nr. 2 VwGO Vollstreckungstitel. Nach § 167 I VwGO gilt für die Vollstreckung das Zwangsvollstreckungsrecht der ZPO. Gemäß §§ 936, 928 ZPO sind auf die Vollziehung von Verfügungen die Vorschriften über die Zwangsvollstreckung entsprechend anwendbar. Insofern gilt für die Vollziehung von einstweiligen Anordnungen nach § 123 I VwGO dasselbe wie für die Vollziehung von einstweiligen Verfügungen nach §§ 935, 940 ZPO. Bei der Vollziehung einstweiliger Anordnungen stellt sich ebenso wie bei den zivilrechtlichen einstweiligen Verfügungen das Problem, ob auch bei freiwilliger Befolgung eine Schadensersatzpflicht anzunehmen ist. Wie bereits dargelegt, soll der Antragsgegner nicht zur Erlangung eines Schadensersatzanspruches zur Zuwiderhandlung gegen die einstweilige Anordnung provoziert werden, andererseits auch nicht bereits Schadensersatz für den bloßen Erlaß der Anordnung erhalten. Auch muß die Vollstreckung in der Hand des Antragstellers verbleiben, er muß sich mit Risiko für oder ohne Risiko gegen die vorzeitige Durchsetzung seiner Rechtsposition entscheiden.[113] Erforderlich für eine die Schadensersatzpflicht auslösende Vollziehung ist also hier wie bei der einstweiligen Verfügung die Androhung eines Zwangsgeldes nach § 890 II ZPO in der einstweiligen Anordnung selbst oder in einem gesonderten Beschluß.[114]

III. Umfang des Schadensersatzes

Hinsichtlich des Umfangs des Schadensersatzes gilt das zur einstweiligen Verfügung Gesagte entsprechend. Im Verwaltungsprozeß dürfte der Schadensersatzanspruch allerdings nur im Rahmen von Rechtsverhältnissen von Bedeutung sein, mit denen Zahlungsansprüche verbunden sind, wie z.B. im Bereich von Subventionszahlungen oder beamtenrechtlichen Maßnahmen. In Fällen, in denen die Behörde zum Erlaß einer Genehmigung oder ähnlichem verpflichtet wird, dürfte der Behörde kein Schaden entstehen.[115]

---

[113] vgl. BVerwG, DVBl. 1991, S. 51 (52)

[114] BGHZ 131, S. 144 ff.; *Kopp*, VwGO § 123 Rdnr. 41

[115] *Redeker/v. Oertzen*, VwGO § 123 Rdnr. 35

3. Teil
Schadensersatzansprüche bei ungerechtfertigter Inanspruchnahme vorläufigen Rechtsschutzes nach der VwGO in multipolaren Verwaltungsrechtsverhältnissen

1. Kapitel
Einleitung

I. Multipolare Verwaltungsrechtsverhältnisse

Multipolare Rechtsverhältnisse[116] zeichnen sich gegenüber den bipolaren Rechtsverhältnissen dadurch aus, daß an ihnen mehr als zwei Rechtssubjekte beteiligt sind. Das multipolare Rechtsverhältnis hat mehrere Zurechnungsendsubjekte als Endpunkte, während das bipolare Rechtsverhältnis nur zwei Endpunkte hat.[117] Das Verhältnis von Rechten und Pflichten innerhalb einer solchen Rechtsbeziehung kann unterschiedlich ausgestaltet sein. Die rechtlichen Beziehungen bleiben aber voneinander abhängig. Typische Beispiele für multipolare Rechtsverhältnisse sind im Baurecht zu finden. Hier stehen sowohl die Baubehörde und der Bauherr als auch der Nachbar und die Baubehörde in rechtlich geregelten Beziehungen. Aber auch zwischen dem Bauherrn und seinem Nachbarn können rechtlich geregelte Beziehungen angenommen werden. Nach einer Entscheidung des BVerwG, die in der Literatur Zustimmung gefunden hat, lassen sich rechtliche Beziehungen zwischen dem Bauherrn und seinem Nachbarn z.B. aus einem Bebauungsplan konstruieren, der die Eigentümer der jeweiligen Grundstücke zu einer bodenrechtlichen Gemeinschaft zusammenschließt.[118] Diese multipolaren Verwaltungsrechtsverhältnisse sollen im Folgenden im Hinblick auf Schadensersatzansprüche bei ungerechtfertigter Inanspruchnahme vorläufigen Rechtsschutzes untersucht werden.

Der Staat hat einen immer weitergehenden Bereich des menschlichen Zusammenlebens einer immer dichteren Regelung unterworfen. Um eine Kontrolle der Einhaltung dieser Normen zu ermöglichen, sind diese

---

[116] Der Begriff ist von *Schmidt-Preuß*, Kollidierende Privatinteressen im Verwaltungsrecht, S. 1 ff. übernommen. Gebräuchlich ist auch der Begriff mehrseitiges oder polygonales Verwaltungsrechtsverhältnis.

[117] *Achterberg*, Allgemeines Verwaltungsrecht, § 20 Rdnr. 16

[118] BVerwG, DVBl. 1974, S. 358 (361 l.Sp.); *Finkelnburg/Ortloff*, Öffentliches Baurecht, Bd. II, § 17 I 1 a; *Löhr* in Battis/Krautzberger/Löhr, BauGB § 31 Rdnr. 62

Regelungen häufig öffentlich-rechtlich erfolgt.[119] Diese Regelungen verfolgen im wesentlichen allgemein-politische Ziele, treffen jedoch auch die mannigfaltigsten Regelungen zum Ausgleich kollidierender Privatinteressen. Deutlich wird dies im Baurecht, Wasserrecht, Immissionsschutzrecht, Abfallrecht bis hin zum Straßenrecht und Atomrecht. Im Atomrecht wird diese Doppelfunktion vielleicht am deutlichsten sichtbar. Zum einen geht es um Allgemeininteressen wie Entwicklung der friedlichen Nutzung der Kernernergie und gesicherter Stromversorgung, andererseits natürlich auch um die Interessen einzelner, der Anlagenbetreiber[120] und der Nachbarn.[121] Die weitgehende öffentlich-rechtliche Regelung führt naturgemäß zu einer häufigen Kollision von Privatinteressen, für deren Bewältigung verwaltungsrechtliche Gesetze zu Verfügung stehen. Das öffentliche Recht ist aber von seiner Grundeinstellung auf das Verhältnis von Bürger und Staat ausgerichtet.[122] Diese Diskrepanz führt zu den bekannten verwaltungsrechtlichen Problemen, die um den Verwaltungsakt mit Doppelwirkung kreisen. Es sind Probleme, die das Verwaltungsrecht erheblich beschäftigen.[123]

Meines Erachtens beruht zumindest ein Teil der Probleme darauf, daß kollidierende Privatinteressen einem öffenlich-rechtlichen Regime unterworfen werden. Dabei wird jedoch das fein austarierte Instrumentarium des Zivilrechts, das sich mit nichts anderem als kollidierenden

---

[119] Eine andere Möglichkeit, die Einhaltung von Normen zu gewährleisten, besteht darin, die Befolgung der Normen von Privaten auf deren Initiative erzwingen zu lassen, wie das im gesamten Privatrecht der Fall ist. Hier kümmert sich nicht der Staat um normkonformes Verhalten, sondern der betroffene Private muß die Normbefolgung selbst in die Hand nehmen und klagen.

[120] Bei den Anlagenbetreibern handelt es sich um große Konzerne, in der Regel in der Form einer AG, deren Aktien zumindest auch im Streubesitz sind, so daß auch hier noch von Einzelnen gesprochen werden kann.

[121] Angesichts der Gefährdung durch Atomanlagen läßt sich kaum noch von Nachbarn im herkömmlichen Sinne sprechen, vgl. dazu *Kloepfer,* Umweltrecht, § 5 Rdnr. 23 ff.

[122] vgl. dazu nur die Theorien zur Abgrenzung von öffentlichen Recht und Privatrecht bei *Maurer,* Allgemeines Verwaltungsrecht, § 3 Rdnr. 14 ff., von denen keine einzige für das öffentliche Recht in Anspruch nimmt, Privatinteressen auch nur zu berücksichtigen.

[123] vgl. nur die Literaturhinweise bei *Finkelnburg/Ortloff,* Öffentliches Baurecht, Bd. II, zu § 16, Einführung in den baurechtlichen Nachbarschutz, die "nur" eine Auswahl darstellen.

Privatinteressen befaßt, nur unzureichend oder gar nicht berücksichtigt.[124] So unterscheidet das Zivilrecht seit langem z. B. zwischen Pflichten, deren Verletzung zu Schadensersatzpflichten führt, und Obliegenheiten, deren Verletzung nur zu Rechtseinbußen führt.[125] Dagegen finden Pflichten und Lasten, die Auswirkungen auf das Verhältnis zwischen den beteiligten Privaten haben, nur eingeschränkt im Verwaltungsrecht Anwendung und sind auch dann zum Teil umstritten.[126]

Die Vernachlässigung risikoverteilender Instrumente in Privatkonflikten führt im Bereich des vorläufigen Rechtsschutzes dazu, daß in aller Regel der Vorhabensträger das volle Risiko der Verzögerung seines Vorhabens durch Maßnahmen des vorläufigen Rechtsschutzes trägt, während der Rechtsschutzsuchende so gut wie kein Risiko eingeht, von den Verfahrenskosten einmal abgesehen. Hier soll nun anhand der risikoverteilenden Wertungen des Zivilrechts untersucht werden, ob und wie eine Übernahme der zivilprozessualen Risikoverteilung im vorläufigen Rechtsschutz in das öffentliche Recht möglich ist. Dabei wird sich zeigen, daß die Besonderheiten der multipolaren Verwaltungsrechtsverhältnisse dazu führen, rechtliche Fragestellungen anders zu beurteilen als in bipolaren Verwaltungsrechtsverhältnissen. Die Besonderheit multipolarer Rechtsverhältnisse liegt nicht nur in der Vermehrung der beteiligten Rechtssubjekte, sondern in den daraus abzuleitenden Folgerungen. Es müssen nicht nur zwei Interessenpositionen zum Ausgleich gebracht werden[127], sondern die aller Beteiligten. Das macht die Entscheidung komplexer, insbesondere dann, wenn die Beteiligten grundlegend voneinander abweichende Rechtsstatus innehaben, wie das bei Staat und Bürgern der Fall ist.

---

124 Damit sollen keineswegs die auch grundlegenden Unterschiede zwischen öffentlichem Recht und Privatrecht geleugnet werden. Aber bei der Regelung ähnlich liegender Konfliktformen kann ein Blick auf das jeweils andere Rechtsgebiet nur von Nutzem sein. Zur Harmonisierung im öffentlichen und privaten Nachbarrecht als ein Beispiel vgl. *Fritzsche,* NJW 1995, S. 1121 (1122)

125 *Esser/Schmidt,* Schuldrecht, Allgemeiner Teil, Teilbd. 1, § 6 VI 3, S. 114; *Henß,* Obliegenheit und Pflicht im Bürgerlichen Recht, S. 60 ff.; *Larenz,* Allgemeiner Teil des Bürgerlichen Rechts, S. 205; *Schmidt,* R., Die Obliegenheiten, 1953

126 vgl. nur *Jarras,* BImSchG, § 10 Rdnr. 74; *de Witt,* DVBl. 1980, S. 1006 (1008) zu den immissionsschutzrechtlichen Präklusionsvorschriften.

127 Konfligierende Interessen werden auch dann zum Ausgleich gebracht, wenn eines vor dem anderen bevorzugt wird, denn der Konflikt ist durch die normative Entscheidung aufgehoben. Unter Interessenausgleich ist daher keineswegs nur die gleichmäßige Berücksichtigung aller Interessen zu verstehen.

Die Untersuchung orientiert sich dabei an der Frage, ob im verwaltungsrechtlichen vorläufigen Rechtsschutz in multipolaren Verwaltungsrechtsverhältnissen eine andere Risikoverteilung geboten ist als in bipolaren Verwaltungsrechtsverhältnissen und ob sich diese Risikoverteilung an die privatrechtlichen Wertungen im privaten einstweiligen Rechtsschutz anlehnen kann.

II. Darstellung der verschiedenen Konfliktformen

Hinsichtlich der Kollision von Privatinteressen im Verwaltungsrecht lassen sich zwei Grundarten von Konflikten unterscheiden, nämlich kehrseitige und wechselbezügliche Konflikte.[128] Kehrseitige Konflikte sind solche, in denen die Verwirklichung oder Durchsetzung des einen Interesses notwendig zu Lasten des anderen Interesses geht. Die Interessen sind unterschiedlich, sogar entgegengesetzt, hängen aber miteinander zusammen. Das Interesse des Bauherrn, sein Grundstück auf eine bestimmte Art und Weise zu bebauen, kollidiert mit dem Interesse des Nachbarn, dessen Grundstückssituation durch den Neubau unter Umständen verschlechtert wird. Das Interesse der Betreiber einer immissionsträchtigen Anlage läßt sich nicht völlig ohne eine Belästigung der Nachbarn verwirklichen. Bei wechselbezüglichen Konflikten sind die Interessen der Beteiligten gleichgerichtet, können aber nicht gleichzeitig verwirklicht werden. Es handelt sich dabei im weitesten Sinne um Kapazitätsstreitigkeiten. Es gibt nicht genügend Studienplätze oder Beamtenstellen für alle; die Stellplätze auf einem Markt sind begrenzt, es werden nicht beliebig viele Taxenkonzessionen vergeben, es sind nicht für alle Marktteilnehmer Subventionsmittel vorhanden.

Bei beiden Konfliktformen kollidieren Privatinteressen auf Gebieten, die durch verwaltungsrechtliche Normen geregelt werden. In beiden Konfliktformen kann Rechtsschutz nach §§ 80a, 123 VwGO in Anspruch genommen werden. Dabei kann es bei dem von den Auswirkungen des vorläufigen Rechtsschutzes Betroffenen zu Einbußen kommen. Der Bauherr kann sich wegen zwischenzeitlicher Preissteigerungen seinen Neubau nicht mehr leisten, die gewerbliche Anlage steht längere Zeit still oder muß umgerüstet werden, der Beamte wird zunächst nicht eingestellt. In all diesen Fällen stellt sich die Frage, ob der Schaden beim Betroffenen, dem ersten Schadensträger, hängenbleibt oder unter Umständen auf einen anderen umgeleitet werden kann.

---

[128] vgl. zum Ganzen *Schmidt-Preuß*, Kollidierende Privatinteressen im Verwaltungsrecht, S. 30 ff.

2. Kapitel
Schadensersatzanspruch aus §§ 80 a VwGO, 945 ZPO analog

Im zweiten Teil der Untersuchung wurde für bipolare Verwaltungsrechtsverhältnisse eine Schadensersatzverpflichtung des Rechtsschutzsuchenden aus §§ 80 V VwGO, 945 ZPO analog abgelehnt. § 80a VwGO erklärt auch für Verwaltungsakte mit Doppelwirkung das System des Rechtsschutzes über die aufschiebende Wirkung für anwendbar. Das Gericht kann daher nach § 80a III VwGO Maßnahmen treffen, die denen des § 80 V VwGO ähneln.

Die Argumente, die hinsichtlich der bipolaren Verwaltungsrechtsverhältnisse für die Ablehnung einer Schadensersatzpflicht ausschlaggebend waren, sind hier nicht anwendbar. Kernpunkt der Argumentation war die risikolose Möglichkeit, gegen einen rechtlich und faktisch übermächtigen Staat Rechtsschutz suchen zu können. Ein solches rechtliches oder faktisches Übermachtverhältnis, das sich unter anderem aus der Möglichkeit des Staates ergibt, sich selbst einen vollstreckbaren Titel zu verschaffen, läßt sich im Bürger-Bürger-Verhältnis aber nicht feststellen. Damit stellt sich die Frage nach einer Schadensersatzpflicht bei ungerechtfertigter Inanspruchnahme vorläufigen Rechtsschutzes von neuem. Ansatzpunkt für eine solche Haftung könnte auch hier § 945 ZPO sein. Da sich im 8. Abschnitt der VwGO (§§ 68-80a VwGO) kein Hinweis auf eine Schadensersatzpflicht findet, ist § 945 ZPO, wenn überhaupt, nur analog anwendbar. Der Übersichtlichkeit halber soll eine analoge Anwendung zunächst nur für eine bestimmte Fallkonstellation geprüft werden. Deren Ergebnis läßt sich dann unter Umständen auf die übrig gebliebenen Konstellationen übertragen. Untersucht werden soll zunächst nur der Fall, daß ein von einem Verwaltungsakt mit Doppelwirkung Belasteter gerichtlichen vorläufigen Rechtsschutz nach §§ 80a I Nr. 2, III VwGO in Anspruch nimmt. Dabei handelt es sich um den vielleicht typischsten Fall der Nachbarrechtsstreitigkeit.

Ausgeklammert bleiben damit zwei Fragen. Zum einen die Frage, ob ein Schadensersatzanspruch auch bei Inanspruchnahme von Rechtsschutz durch den Begünstigten (Anordnung der sofortigen Vollziehbarkeit) in Betracht kommt. Zum anderen die Frage, ob ein Schadensersatzanspruch nur bei gerichtlichem Rechtsschutz oder auch bei entsprechenden Rechtsschutzmaßnahmen der Behörde in Frage kommt. Diese Fragen sollen am Ende geklärt werden, nachdem die wohl häufigste Konstellation, nämlich die zuerstgenannte Anfechtungslage, hinsichtlich einer

Schadensersatzpflicht untersucht worden ist. Voraussetzungen einer analogen Anwendung des § 945 ZPO auf §§ 80a I Nr. 2, III VwGO sind grundsätzlich das Bestehen einer Regelungslücke, die Planwidrigkeit dieser Lücke und die Vergleichbarkeit der zugrundeliegenden Interessenlage. Diese Grundvoraussetzungen einer Analogie sind relativ abstrakt. Infolgedessen bleibt auch die Untersuchung dieser Voraussetzungen gezwungenermaßen zunächst relativ abstrakt. Die Möglichkeit einer analogen Anwendung ergibt sich letztlich erst aus der Vergleichbarkeit der Interessenlage. Erst hier, im Detail der rechtlichen Beziehungen der potentiellen Partner eines Schadensausgleichs, zeigen sich die Unterschiede und Ähnlichkeiten, die eine Analogie ermöglichen oder verbieten. Daher bleiben Detailbetrachtungen diesem Untersuchungspunkt vorbehalten.

I. Vorliegen einer Regelungslücke

Erste Voraussetzung für eine Analogie ist das Bestehen einer Regelungslücke. Eine analoge Anwendung des § 945 ZPO kommt nicht in Betracht, wenn das Fehlen einer Schadensersatzregelung nicht als fehlende Regelung aufzufassen ist, sondern als bewußtes Nichtvorsehen eines Anspruches. Eine Regelungslücke liegt nur vor, wenn es sich um eine planwidrige Unvollständigkeit des Gesetzes innerhalb der Grenzen seines möglichen Wortsinns und des Gewohnheitsrechts handelt, gemessen am Maßstab der gesamten geltenden Rechtsordnung.[129]

1. Unvollständigkeit der Regelung

Eine Schadensersatzpflicht desjenigen, der unberechtigt vorläufigen Rechtsschutz nach § 80 a I Nr. 2, III VwGO in Anspruch nimmt, zugunsten des von einem Verwaltungsakt Begünstigten ist gesetzlich nicht geregelt. Eine Unvollständigkeit der Regelung ist aber nur dann anzunehmen, wenn eine tatsächliche Situation gegeben ist, in der man die Regelung dieser Frage erwarten würde.[130]

---

129 *Canaris,* Die Feststellung von Lücken im Gesetz, S. 30, 39

130 Das zielt noch nicht auf die Planwidrigkeit der Unvollständigkeit hin. Planwidrigkeit liegt vor, wenn es für das Fehlen der erwarteten Regelung keine Begründung gibt.

Schadensersatzpflichten sind im gesamten Recht zu finden.[131] Einerseits bei vertraglichen Schuldverhältnissen, z. B. §§ 323 ff BGB, andererseits durch gesetzliche Schuldverhältnisse, z. B. §§ 823 ff. BGB. Im öffentlichrechtlichen Bereich gibt es die Amtshaftung und Aufopferungsansprüche. Sie alle sind dadurch gekennzeichnet, daß Private oder der Staat und seine Bürger in einen gesteigerten sozialen Kontakt getreten sind und während dieses Kontakts einem der Beteiligten ein Schaden entstanden ist.[132]

Betrachtet man die Situationen, in denen die Rechtsordnung Schadensersatzpflichten vorsieht, zunächst rein phänomenologisch, so ergibt sich folgendes Bild: Schadensersatzpflichten dienen einem Ausgleich zugunsten des Langsameren, Schwächeren, der einem schädigenden Verhalten eines anderen Menschen nicht ausweichen konnte, den Schaden nicht abwenden konnte. Durch die Schadensersatzpflicht wird eine faktische oder rechtliche Überlegenheit wieder auf das rechtlich erwünschte Maß zurückgeführt. Die zivilrechtlichen Regelungen über Schadensersatzpflichten bei Leistungsstörungen geben demjenigen, der sich vertraglich gebunden hat, deswegen andere Chancen oder Sicherungen nicht wahrgenommen hat und jetzt die ihm gebührende Leistung schlecht, zu spät oder gar nicht bekommt und deswegen in einer schwachen Position ist, einen Schadensersatzanspruch, der die Enttäuschung seiner Erwartungen ausgleichen soll.[133] Noch deutlicher wird diese Funktion im Deliktsrecht. § 823 BGB gleicht eine faktische Übermacht des Schädigers, sei es im Falle vorsätzlicher Schädigung schlichte Gewalt, sei es bei fahrlässiger Schädigung z.B. das Betreiben einer gefährlichen Anlage, zugunsten eines dadurch Geschädigten aus. Auch § 945 ZPO und ebenso § 717 II ZPO kommt diese Funktion zu. Durch die einstweilige Verfügung erlangt der Antragsteller eine rechtliche Übermacht; er besitzt einen Vollstreckungstitel, dem der Antragsgegner ausgeliefert ist. § 945 ZPO gleicht im Fall mangelnder Berechtigung der einstweiligen Verfügung den Vorteil des Schnelleren durch

---

131 Sogar im Strafrecht läßt § 56 b II Nr. 1 StGB die Auflage zu, den angerichteten Schaden nach Kräften wiedergutzumachen.

132 vgl. dazu *Esser/Schmidt,* Schuldrecht Bd. I, Allgemeiner Teil, S. 430 ff.

133 ausführlich dazu *Meder,* Schadensersatz als Enttäuschungsverarbeitung, S. 107 ff.

einen Schadensersatzanspruch aus.[134] Allen diesen Schadensersatzpflichten liegt das allgemeine Gebot des "neminem laedere", das allgemeine Schädigungsverbot zugrunde. Das allgemeine Schädigungsverbot ist eines der grundlegendsten Rechtsprinzipien[135] und stellt in seiner Verwirklichung "schiere Gerechtigkeit" dar.[136] Es besagt, daß keiner den anderen schädigen soll und ein entstandener Schaden wiedergutzumachen ist. Dieses Idealprinzip richtet sich gegen schädigende Handlungen, die nicht durch ein besonderes subjektives Recht gerechtfertigt sind, sondern nur auf der natürlichen Handlungsfreiheit des einzelnen beruhen.[137] Mit der Beschränkung auf Handlungen, die nicht durch besondere subjektive Rechte gerechtfertigt sind, wird erreicht, daß nicht jede Verhaltensweise, die bei einem anderen zu einem Nachteil führt, schadensersatzpflichtig ist. So ist es z. B. zulässig, einseitig vorteilhafte Verträge abzuschließen.[138] Der Gläubiger darf dem Schuldner in der Zwangsvollstreckung einen Nachteil zufügen, eben weil ihm ein gesetzliches oder vertragliches subjektives Recht zusteht.

Besteht das subjektive Recht nicht oder reicht es nicht so weit, wie der Gläubiger geht, gründet sich die Handlung nur noch auf die natürliche Handlungsfreiheit. Für dieses Gebiet gilt dann das allgemeine Schädigungsverbot des "neminem laedere". Das allgemeine Schädigungsverbot ist auch nicht etwa auf das Zivilrecht beschränkt. Zum einen gibt es auch im öffentlichen Recht Ausprägungen dieses Gebots wie die Amtshaftung, zum anderen ist das Gebot des "neminem laedere" allgemeine Leitidee jeder rechtlich verfassten Gemeinschaft, noch ganz unabhängig von konstruktiven Fragen. Aus diesem Idealprinzip der Rechtsordnung ergibt sich, daß Schadensersatzpflichten überall dort zu erwarten sind, wo ein Rechtssubjekt durch eine Handlung einem anderen Rechtssubjekt

---

[134] Desweiteren sorgt § 945 ZPO dafür, daß die Beweislastverteilung nicht durch die Zwangsvollstreckung verändert wird, indem es wegen der drohenden Schadensersatzpflicht im Interesse des Gläubigers liegt, seinen Anspruch im Hauptverfahren rechtskräftig feststellen zu lassen und sich nicht mit der Befriedigung durch die Vollziehung einer vorläufigen Maßnahme zufrieden zu geben, vgl. dazu *Stolz,* Einstweiliger Rechtsschutz und Schadensersatzpflicht, S. 41 ff.

[135] *Schiemann,* JuS 1989, S. 345 ff.

[136] *Picker,* AcP 183 (1983), S. 369 (462)

[137] *Picker,* AcP 183 (1983), S. 369 (463); Motive zum BGB, Bd. II, S. 726 f.

[138] Jedenfalls in einem gewissen Rahmen. Einschränkungen ergeben sich zum Beispiel aus §§ 134, 138 BGB, 4 VerbrKrG, 9, 10, 11 AGBG.

einen Schaden zufügt, ohne dazu durch ein subjektives Recht besonders legitimiert zu sein. Häufig müssen noch andere Voraussetzungen hinzutreten, um eine Schadensersatzpflicht auszulösen, besonders häufig Verschulden. Hierbei handelt es sich aber, vom allgemeinen Schädigungsverbot aus gesehen, bereits wieder um Einschränkungen, um Ausnahmen. Grundvoraussetzung einer Schadensersatzpflicht bleibt aber die Schadenszufügung ohne Legitimierung durch ein subjektives Recht.

In den hier untersuchten Fällen der Anfechtung eines Verwaltungsakts durch einen Dritten nimmt ein Privater vorläufigen Rechtsschutz gegen ein Vorhaben eines anderen Privaten über §§ 80a I Nr. 2, III VwGO in Anspruch. Um in den Genuß vorläufigen Rechtsschutzes zu gelangen, muß der Antragsteller nach § 42 II analog VwGO ein subjektives Recht geltend machen, das er als verletzt ansieht.[139] Entsteht durch die Inanspruchnahme vorläufigen Rechtsschutzes dem durch den Verwaltungsakt Begünstigten ein Schaden, stellt sich die Frage nach der Berechtigung des Antragstellers. § 945 ZPO sieht im Privatrecht eine Schadensersatzpflicht vor, wenn der Maßnahme des einstweiligen Rechtsschutzes kein Verfügungsanspruch zugrundelag. Dieser Verfügungsanspruch besteht aus dem zu verwirklichenden Recht des Antragstellers, seinem subjektiven Recht. Fehlt der Verfügungsanspruch, fehlt es an einem subjektiven Recht, das die Nachteilszufügung rechtfertigen könnte. Dasselbe hat sich für § 123 III VwGO i.V.m. § 945 ZPO in bipolaren Rechtsverhältnissen ergeben. Steht dem Antragsteller das angeblich verletzte subjektive Recht tatsächlich gar nicht zu, dann sind die Maßnahmen des vorläufigen Rechtsschutzes unberechtigt. Es liegt also der Fall vor, daß ein Rechtssubjekt einem anderen Rechtssubjekt einen Schaden zufügt, ohne dazu durch ein subjektives Recht besonders legitimiert zu sein.[140] Die Inanspruchnahme vorläufigen Rechtsschutzes ist dann unberechtigt und führt dann zu einer Schadensersatzpflicht, wenn dem Antragsteller das behauptete subjektive Recht nicht zustand.

---

139 h.M., vgl. nur BayVGH NVwZ 1989, S. 685 f.; Hess.VGH NVwZ 1989, S. 779;*Eyermann/Fröhler*, VwGO § 80 Rdnr. 39; *Finkelnburg/Jank*, Vorläufiger Rechtsschutz, Rdnr. 642; *Kuhla/Hüttenbrink*, Der Verwaltungsprozeß, Abschn. J Rdnr. 72; *Schmitt Glaeser*, Verwaltungsprozeßrecht, Rndr. 279

140 Auf die Frage, gegen wen sich denn ein solches subjektives öffentliches Recht richten könnte, gegen den Staat oder auch gegen Private, ist hier bewußt noch nicht eingegangen worden. Wenn dem Antragsteller das behauptete subjektive Recht nicht zusteht, gilt das im Verhältnis zu jedem denkbaren Verpflichteten.

Unter Zugrundelegung des Idealprinzips des allgemeinen Schädigungsverbots wäre auch für den Fall der Inanspruchnahme vorläufigen Rechtsschutzes nach § 80 a I Nr. 2, III VwGO eine Regelung über den Schadensersatz für die Fälle zu erwarten, in denen dem Antragsteller das behauptete subjektive Recht nicht zustand. Da diese aber fehlt, ist die Regelung zunächst einmal unvollständig. Die Unvollständigkeit besagt allerdings noch nichts über die Begründetheit, also die Planmäßigkeit der Unvollständigkeit aus. Zumindest besteht aber eine Lücke, so daß die erste Voraussetzung einer Analogie bejaht werden kann.

2. Planwidrigkeit der Unvollständigkeit

Um den vorläufigen Rechtsschutz nach §§ 80 I Nr. 2, III VwGO der analogen Anwendung des § 945 ZPO zugänglich zu machen, muß die festgestellte Unvollständigkeit der Regelung planwidrig sein. Zur Feststellung der Planwidrigkeit muß zunächst ausgeschlossen werden, daß es sich um eine plangemäße Unvollständigkeit handelt, und in einem zweiten Schritt muß positiv begründet werden, daß die Rechtsordnung eine Regelung wie die angestrebte erfordert. Eine plangemäße Unvollständigkeit[141] ist in drei Fällen anzunehmen: zum einen, wenn der zu regelnde Sachverhalt in den rechtsfreien Raum fällt, zum anderen, wenn sich die Unvollständigkeit mit einem argumentum e contrario oder drittens mit einem argumentum e silentio begründen läßt.

a) Rechtsfreier Raum

Daß die Frage nach einer Schadensersatzpflicht bei ungerechtfertigter Inanspruchnahme vorläufigen Rechtsschutzes nicht in den rechtsfreien Raum fallen kann, ist evident. Dennoch soll hier kurz darauf eingegangen werden. Die Abgrenzung des rechtsfreien Raums ist umstritten.[142] Die eindeutigste Definition findet sich bei *Canaris*, der den rechtsfreien Raum durch die fehlende Bedeutung eines Sachverhalts für einen Prozeß defniniert. Danach liegt ein rechtsfreier Raum dann vor, wenn ein Lebenssachverhalt vom Standpunkt eines einer bestimmten Prozeßordnung zugewiesenen Rechtsgebiets aus unerheb-

---

[141] In diesen Fällen kann man nicht mehr von Unvollständigkeit im eigentlichen Sinne sprechen, was daran liegt, daß die Analogie nicht nur zur Ausfüllung von Regelungslücken dient, sondern bereits ihrer Feststellung, vgl. dazu *Larenz*, Methodenlehre der Rechtswissenschaft, S. 401

[142] vgl. *Larenz*, Methodenlehre der Rechtswissenschaft, S. 371

lich ist.[143] Der zu regelnde Sachverhalt ist die Schadenszufügung durch Maßnahmen des vorläufigen Rechtsschutzes in multipolaren Rechtsverhältnissen aufgrund eines nur behaupteten subjektiven öffentlichen Rechts. Schon die Anknüpfung an multipolare Verwaltungsrechtsverhältnisse und subjektive öffentliche Rechte zeigt, daß es sich hier nicht um eine Frage des rechtsfreien Raums handeln kann.

b) Ausschluß der Analogie durch ein argumentum e contrario

Die zweite Möglichkeit einer plangemäßen Unvollständigkeit liegt vor, wenn sich die Unvollständigkeit mit einem argumentum e contrario begründen läßt. Dabei geht es um die Fälle, in denen aus dem Fehlen einer ausdrücklichen Regelung mittelbar auf eine Regelung geschlossen werden kann. Das Fehlen einer Regelung bedeutet dann, daß das Gesetz für diesen Fall eine ganz bestimmte Regelung nicht will, es liegt also eine mittelbare negative Regelung vor.[144] Eine solche Situation liegt der unterschiedlichen Behandlung von Schadensersatzpflichten in bipolaren Verwaltungsrechtsverhältnissen nach § 80 VwGO und nach § 123 VwGO zugrunde. Mit zahlreichen Argumenten läßt sich begründen, warum das Gesetz für § 80 VwGO keine Schadensersatzpflicht vorsieht, aber eine solche Regelung in § 123 III VwGO trifft. Hier wird aus dem Fehlen einer Regelung mittelbar auf die negative Regelung geschlossen, ein Schadensersatzanspruch sei nicht gegeben.[145]

Ein Ausschluß der analogen Anwendung des § 945 ZPO über ein argumentum e contrario liegt angesichts des Wortlauts des § 123 V VwGO besonders nahe.[146] Während § 123 III den § 945 ZPO ausdrücklich für entsprechend anwendbar erklärt, schließt § 123 V VwGO die Anwendung des § 123 I-III VwGO für die Fälle der §§ 80, 80 a VwGO aus. Der Ausschluß der Schadensersatzpflicht für bipolare Verwaltungsrechtsverhältnisse im Geltungsbereich des § 80 VwGO läßt sich außer mit dem Hinweis auf § 123 V VwGO auch mit anderen Argumenten begründen,

---

[143] *Canaris,* Die Feststellung von Lücken im Gesetz, S. 42

[144] *Canaris,* Die Feststellung von Lücken im Gesetz, S. 45

[145] Zu der Frage, ob sich dies im Hinblick auf § 80 a VwGO bereits aus § 123 V VwGO ergibt, sogleich.

[146] in diesem Sinne BVerwG NVwZ 1991, S. 270; BGH DVBl. 1981, S. 28 (30); VGH Minden DVBl. 1982, S. 1013 (1014); *Finkelnburg/Jank,* Vorläufiger Rechtsschutz, Rdnr. 847; *Redeker/v. Oertzen,* VwGO § 123 Rdnr. 35; *Schmaltz,* DVBl. 1992, S. 230 (231);

die aber gerade für die multipolaren Rechtsverhältnisse nicht anwendbar sind.[147] Es ist daher zweifelhaft, ob § 123 V VwGO eine analoge Anwendung des § 945 ZPO für den Bereich des § 80 a VwGO wirklich ausschließt. § 80 a VwGO wurde erst durch das 4. Änderungsgesetz zur VwGO vom 17. 12 1990 eingeführt.[148] Die Gesetzentwürfe nehmen zu einer Schadensersatzpflicht nur hinsichtlich des Normenkontrollverfahrens Stellung[149], nicht aber hinsichtlich des Rechtsschutzes gegen Verwaltungsakte. Das gilt entsprechend für den endgültigen Gesetzentwurf zum 4. VwGOÄndG.[150] Schadensersatzpflichten werden zu dieser Zeit aber durchaus diskutiert.[151] Nur der Entwurf einer VwPO des Koordinierungsausschusses zur Vereinheitlichung der VwGO, der FGO und des SGG[152] nimmt dieses Thema auch hinsichtlich multipolarer Verwaltungsrechtsverhältnisse auf. Die Verfasser lehnen eine Anwendung des § 945 ZPO ab und argumentieren, § 945 ZPO schütze vor der Vollstreckung aus einem vorläufigen Titel, während § 80 V VwGO den Dritten vor dem unberechtigten einstweiligen Gebrauch einer im Streit befindlichen behördlichen Erlaubnis schützen solle.[153] § 945 ZPO schützt entgegen dieser Ansicht aber nicht vor der Vollstreckung aus vorläufigen Titeln, sondern nur vor der Vollstreckung aus *unberechtigten* vorläufigen Titeln. Wollte der Gesetzgeber vor der Vollstreckung aus bloß vorläufigen Titeln schützen, hätte man diese für nicht oder nur für eingeschränkt vollstreckbar erklären können, z.B. nur gegen Sicherheitsleistung, was aber ersichtlich nicht der Fall ist. § 945 ZPO schützt nur vor Eingriffen, denen kein materielles Recht zugrunde liegt. Zwar soll die aufschiebende Wirkung den Dritten vor dem unberechtigten Gebrauch behördlicher Genehmigungen bewahren, aber das schließt nicht aus, den Begünstigten vor unberechtigter Behinderung in der Ausnutzung seiner Genehmigung zu schützen. Denn auch hier macht der Rechtsschutzsuchende von einem tatsächlich nicht bestehendem subjek-

---

[147] siehe oben 2. Teil, 2. Kapitel, S. 20 f.

[148] BGBl. I, S. 2809

[149] Gesetzentwurf der BReg., BT-Drs. 9/1851, S. 138 ff.

[150] BT-Drs. 11/7030, S. 25, 31

[151] siehe *Kopp,* VwGO § 123 Rdnr. 44; § 80 Rdnr. 121, der dazu Literaturhinweise teils aus den sechziger Jahren aufführt.

[152] Herausgegeben vom BMJ, Köln 1978

[153] Entwurf einer VwPO zur Vereinheitlichung der VwGO, der FGO und des SGG, S. 333

tiven Recht Gebrauch. Im Übrigen werden gerade diese Passagen des Vereinheitlichungsentwurfs in den Gesetzesmaterialien nicht wieder aufgenommen.

Betrachtet man sich das Hauptbeispiel für ein argumentum e contrario, nämlich den Ausschluß von Eigentum an Gebäuden oder Gebäudeteilen unabhängig vom Eigentum am Grundstück, zeigt sich ein ganz anderes Bild. In den Motiven zum BGB findet sich eine detaillierte Auseinandersetzung mit diesem Thema; zuerst in allgemeiner Hinsicht, indem geklärt wird, daß ein solches Sondereigentum zwar logisch möglich, aber nicht zweckmäßig ist.[154] Sodann erfolgt die Diskussion der verschiedenen Standpunkte, ausgehend von dem römisch-rechtlichen Grundsatz, daß alles, was mit dem Boden zusammenhänge, auch Bestandteil des Bodens sei.[155] Schließlich wird noch der Sonderfall des bayrischen und württembergischen Stockwerkeigentums ausführlich behandelt und abgelehnt.[156] Nach diesen Materialien ist evident, daß ein vom Grundstückseigentum getrenntes Sondereigentum an Gebäuden oder Gebäudeteilen nicht zugelassen werden sollte. Zwar besteht hinsichtlich solcher Regelungen eine Lücke, der Sachverhalt ist nicht geregelt. Eine Analogie ist aber nicht möglich, weil die Lücke eben nicht planwidrig ist, sondern es gerade die Absicht des Gesetzgebers war, diese Lücke zu schaffen. Infolgedessen wurde diese Lücke auch durch ein Gesetz[157] und nicht durch Rechtsfortbildung ausgefüllt, als Bedarf nach dieser Eigentumsform bestand.

Angesichts dieses Befundes lassen die Gesetzesmaterialien zum 4. VwGOÄndG nicht den Schluß zu, eine Schadensersatzpflicht in multipolaren Rechtsverhältnissen sei bewußt ausgeschlossen worden. Vielmehr liegt der Schluß nahe, daß durch die Einführung des § 80 a VwGO und der entsprechenden Anpassung des § 123 V VwGO lediglich eine Vereinheitlichung des vorläufigen Rechtsschutzes erreicht werden sollte, da Rechtsschutz in multipolaren Rechtsverhältnissen zwar überwiegend über § 80 VwGO gewährt wurde[158], aber z.B. das OVG

---

[154] Motive zum BGB Bd. 3, S. 40 ff.

[155] Motive zum BGB Bd. 3, S. 42 f.

[156] Motive zum BGB Bd. 3, S. 44 ff.

[157] Wohnungseigentumsgesetz vom 15.03. 1951, BGBl. I, S. 175

[158] vgl. die Nachweise bei *Kopp*, VwGO § 80 Rdnr. 22

Münster "in schwer verständlicher Weise"[159] Rechtsschutz über § 123 I VwGO gewährte.[160] Infolgedessen läßt sich aus § 123 V VwGO und den Gesetzesmaterialien ein argumentum e contrario in dem Sinne, daß eine Schadensersatzpflicht nach § 945 ZPO analog in multipolaren Verwaltungsrechtsverhältnissen bewußt ausgeschlossen worden sein, nicht ableiten.

c) Ausschluß einer Analogie durch ein argumentum e silentio

Eine dritte Schranke für eine analoge Anwendung des § 945 ZPO auf § 80 a VwGO ist ein argumentum e silentio. Das argumentum e silentio besteht darin, daß aus dem Schweigen des Gesetzes zu einer bestimmten Frage geschlossen wird, die Frage solle hier nicht geregelt werden. Ein Anspruch ist daher nur dann gegeben, wenn das Gesetz einen solchen ausdrücklich vorsieht. Das argumentum e silentio geht auf die Lehre von *Kelsen* und *Zitelmann* vom allgemeinen negativen Satz zurück. Danach bringen alle Rechtssätze, die eine bestimmte Handlung mit einer Schadensersatzpflicht oder einer Strafe bedrohen, gleichzeitig negativ zum Ausdruck, alle übrigen Handlungen seien ersatzfrei. Daraus folgt dann, daß ohne konkrete Anordnung einer Schadensersatzpflicht eine solche auch nicht über eine Analogie begründet werden kann.[161] Diese Lehre vom allgemeinen negativen Satz ist allerdings weder logisch noch rechtlich haltbar. Logisch fehlerhaft ist es, negativ vom Grund auf die Folge zu schließen.[162] Rechtlich ist diese Lehre nicht haltbar, weil dieser Grundsatz in keinem Gesetz auch nur irgendwo ausgesprochen ist und angesichts der sich ständig fortentwickelnden Lebensverhältnisse auch völlig unpraktikabel ist.[163] Dennoch behält das argumentum e silentio seine Berechtigung. Ein Anspruch oder ein Recht, das im geltenden Recht keinerlei Grundlage findet, kann auch nicht über eine Analogie begründet werden. Für die Feststellung einer Lücke muß demnach positiv begründet werden, die angestrebte Regelung werde von der Rechtsordnung gefordert. Die bloße negative

---

[159] BGH DVBl. 1981, S. 28 (30)

[160] OVG Münster NJW 1966, S. 2181

[161] *Kelsen,* Reine Rechtslehre, S. 251 f.; *Zitelmann,* Lücken im Gesetz, in Zivilrechtliche Abhandlungen verschiedener Autoren, Bd. 6, S. 19

[162] *Engisch,* Der Begriff der Rechtslücke, in FS-Wilhelm Sauer, S. 85 (96)

[163] *Bydlinski,* Juristische Methodenlehre und Rechtsbegriff, S. 236; *Larenz,* Methodenlehre der Rechtswissenschaft, S. 378

Begründung, die angestrebte Regelung wiederspreche nicht der geltenden Rechtsordnung, genügt dafür nicht.[164] Angestrebte Regelung ist eine Schadensersatzpflicht bei ungerechtfertigter Inanspruchnahme vorläufigen Rechtsschutzes nach § 80 a I Nr. 2, III VwGO, also eine Schadensersatzregelung zwischen den beteiligten Privaten, nicht zwischen Staat und Bürger. Zu fragen ist daher, ob die Rechtsordnung eine Schadensersatzpflicht des unberechtigt Rechtsschutzsuchenden gegenüber dem von Maßnahmen des vorläufigen Rechtsschutzes Betroffenen erfordert.

Zunächst einmal ist ein solcher Schadensersatzanspruch durch § 945 ZPO für einen weiten und bedeutsamen Teil der Rechtsordnung normiert.[165] § 945 ZPO schützt vor unberechtigten Eingriffen durch Vollstreckung von Maßnahmen des einstweiligen Rechtsschutzes und damit vor Eingriffen in subjektive Rechte. Wie oben dargelegt, läßt sich die Schadensersatzpflicht auf das allgemeine Schädigungsverbot, auf das Gebot des "neminem laedere" zurückführen. Dieses Idealprinzip der Rechtsordnung liegt nicht nur dem Zivilrecht, sondern auch dem Strafrecht und dem öffentlichen Recht zugrunde und erheischt damit Bedeutung für die gesamte Rechtsordnung. Im öffentlichen Recht finden sich Ausprägungen dieses Prinzips in ganz verschiedenen Gestaltungen. Zunächst sind die Haftung für Amtspflichtverletzungen, Schadensersatzansprüche aus verwaltungsrechtlichen Sonderschuldverbindungen, Entschädigungsansprüche für Sonderopfer und Schadensersatzpflichten im Rahmen von öffentlich-rechtlichen Verträgen zu nennen. Das allgemeine Schädigungsverbot findet aber auch Ausdruck im Vorbehalt des Gesetzes und den entsprechenden Ermächtigungsnormen. Niemand muß einen Eingriff in seine Rechte dulden und damit eine Schädigung hinnehmen, wenn dies nicht gesetzlich zugelassen ist, die Handlung des Staates damit nur auf der allgemeinen Handlungsfreiheit beruht. Das Gebot des "neminem laedere" gilt damit uneingeschränkt auch im öffentlichen Recht. Wie bereits bei den bipolaren Verwaltungsrechtsverhältnissen gezeigt, kann die Inanspruchnahme vorläufigen Rechtsschutzes bei dem Betroffenen zu Schäden führen. Die Maßnahmen des vorläufigen Rechtsschutzes sind dann unberechtigt,

---

[164] *Canaris,* Die Feststellung von Lücken im Gesetz, S. 51

[165] Zu Schadensersatzpflichten bei unberechtigtem "endgültigen" Rechtsschutz vgl. *Götz,* Zivilrechtliche Ersatzansprüche bei schädigender Rechtsverfolgung; *Palandt/Thomas,* BGB § 826 Rdnr. 46 ff.; *Schulz-Süchting,* Dogmatische Untersuchungen zur Frage eines Schadensersatzanspruches bei ungerechtfertigter Inanspruchnahme eines gerichtlichen Verfahrens, Diss. Hamburg 1971; *Staudinger/Schäfer,* BGB § 826 Rdnr. 95 ff.

wenn es an einem Anordnungsanspruch fehlt, dem Rechtsschutzsuchenden damit kein subjektives Recht zur Seite steht. Dann aber beruht die Handlung des Rechtsschutzsuchenden nur auf seiner allgemeinen Handlungsfreiheit. Werden durch diese Handlung Schäden bei Dritten verursacht, so sind diese nach dem Prinzip des "neminem laedere" grundsätzlich auszugleichen. Damit ist aber auch gezeigt, daß die Rechtsordnung einen Ausgleich der Schäden fordert, die durch die unberechtigte Inanspruchnahme vorläufigen Rechtsschutzes entstehen. Eine analoge Anwendung des § 945 ZPO auf § 80 a VwGO scheidet daher nicht wegen eines argumentum e silentio aus. Die Unvollständigkeit der Regelung ist planwidrig. Freilich ist damit die Möglichkeit einer Analogie noch nicht bejaht. Vielmehr sind mit der Feststellung einer Lücke und deren Planwidrigkeit erst die Grundvoraussetzungen einer Analogie gegeben. Die Möglichkeit einer Analogie ergibt sich letztlich erst aus der Vergleichbarkeit der Interessenlage.

II. Vergleichbarkeit der Interessenlage hinsichtlich der allgemeinen Voraussetzungen einer Haftung auf Schadensersatz

1. Grundgegebenheiten des Haftungsrechts

Bereits im ersten Teil wurde auf die Bedeutung der allgemeinen Voraussetzungen einer Haftung hingewiesen. Diese allgemeinen Voraussetzungen müssen auch im Verhältnis zwischen Antragsteller und Drittbetroffenem gegeben sein um eine Haftung aus §§ 80 a I Nr. 2, III VwGO, 945 ZPO analog bejahen zu können. Grundgegebenheiten des Haftungsrechts sind Schaden, Verhalten und Verletzung. Der Schaden ist gekennzeichnet durch die Beeinträchtigung allgemeiner Rechtsgüter.[166] Der Eintritt des Schadens muß auf menschlichem Verhalten beruhen. Das Kriterium der Verletzung grenzt die zu ersetzenden Schäden von der Summe aller sonstigen Einbußen ab, indem damit spezielle Rechte und Rechtsgüter eingeführt werden.[167]

Schaden und Verhalten sind unabhängig vom jeweils betrachteten Rechtsgebiet. Wo das Eigentum eines anderen geschädigt wird, ist es bedeutungslos, ob das Eigentum privatrechtlich über §§ 823, 1004 BGB geschützt ist oder öffentlich-rechtlich über Art. 14 I GG. Auch für eine Körperverletzung ist es irrelevant, ob man sie als Eingriff in die

---

166 *Deutsch,* Haftungsrecht, S. 3

167 *Deutsch,* Haftungsrecht, S. 4

Gesundheit nach § 823 BGB ansieht oder als einen Eingriff in das Grundrecht aus Art. 2 II S. 1 GG. Jedesmal ist die körperliche Integrität verletzt, ein Rechtsgut beeinträchtigt und damit ein Schaden entstanden. Auch die Verursachung des Schadens durch menschliches Verhalten als Voraussetzung jeder Haftung ist vom jeweils betrachteten Rechtsgebiet unabhängig. Es ist für den Eintritt des Schadens durch menschliches Verhalten völlig bedeutungslos, ob das Eigentum eines anderen von einem Privaten während einer Trunkenheitsfahrt beschädigt wird oder von einem Streifenwagen, der den Betrunkenen verfolgt. Der Schadenseintritt durch eine menschliche Handlung ist eine Tatsache. Für den Schadenseintritt an sich ist nur bedeutsam, daß er auf menschlichem Verhalten beruht. Ein Mensch kann sich nicht privatrechtlich oder öffentlich-rechtlich verhalten. Öffentlich-rechtlich oder privatrechtlich ist die juristische Bewertung des Verhaltens. Die Unterscheidung von Privatrecht und öffentlichem Recht ist erst für die normative Bewertung der schädigenden Handlung, für die Ableitung von Rechtsfolgen bedeutsam. Verursacht der Antragsteller durch die ungerechtfertigte Inanspruchnahme vorläufigen Rechtsschutzes bei dem Drittbetroffenen einen Schaden, so beruht dieser auf der Beeinträchtigung von Rechtsgütern durch menschliches Verhalten. Damit sind zunächst zwei der Grundgegebenheiten des Haftungsrechts auch im Verhältnis zwischen Antragsteller und Drittbetroffenem gegeben.

Das Kriterium der Verletzung als Grundgegebenheit des Haftungsrechts läßt sich nicht so ohne weiteres auf das Verhältnis von Antragsteller und Drittbetroffenem übertragen. Der Konflikt zwischen dem Antragsteller und dem Drittbetroffenen besteht im Rahmen einer öffentlich-rechtlichen Streitigkeit, im Streit stehen Normen des öffentlichen Rechts. Das Kriterium der Verletzung übt eine Filterfunktion aus, indem Schadensersatzansprüche auf die Verletzung von Rechtsgütern oder von Schutznormen beschränkt werden.[168] Diese Filterfunktion, die die zu ersetzenden Schäden von allen anderen Einbußen abgrenzt, kann nur dann erfüllt werden, wenn feststeht, welchem Rechtssubjekt gegenüber welchem anderen Rechtssubjekt bestimmte Rechtsgüter zustehen bzw. zu wessen Schutz eine bestimmte Schutznorm wirken soll und wer der Verpflichtete ist.[169] Im Grunde genommen steht dahinter eine Selbverständlichkeit, die aber hier trotzdem herausgestellt werden soll, weil sie gerade in den hier zu untersuchenden Fällen problematisch wird. Im Privatrecht kann Schadensersatz nur derjenige verlangen, in dessen

168 *Deutsch*, Haftungsrecht, S. 5

169 Das ist der Ansatzpunkt aller öffentlich-rechtlichen oder privatrechtlichen Schutznormtheorien.

Recht eingegriffen wurde. Die entsprechende Norm muß dem Geschädigten ein bestimmtes Recht zuweisen und den Schädiger verpflichten, dieses Recht nicht zu verletzen. Der Eigentümer einer Sache kann nur von demjenigen Schadensersatz verlangen, der ihm gegenüber zur Respektierung des Eigentums verpflichtet ist. Entsprechendes gilt im öffentlichen Recht. Ein Privater kann nur dann vom Staat ein bestimmtes Verhalten verlangen, wenn eine Norm dem Staat dieses bestimmte Verhalten vorschreibt und ihn im Verhältnis zum Privaten dazu auch verpflichtet. Hat man im Privatrecht ein verletztes Recht oder eine verletzte Schutznorm gefunden, so kann man davon ausgehen, daß die dieses Recht zuweisende Norm unter Privaten Geltung beansprucht und ihre Verletzung eine Schadensersatzpflicht auslösen kann. Das Privatrecht ist gerade durch die Regelung von Rechten unter Privaten definiert.[170] Auch in dem hier betrachteten Konflikt stehen sich die Interessen zweier Privater gegenüber. Der Konflikt wird aber nicht privatrechtlich, sondern im Rahmen einer öffentlich-rechtlichen Streitigkeit ausgetragen. Das öffentliche Recht zeichnet sich gegenüber dem Privatrecht dadurch aus, daß es nach herkömmlicher Sichtweise die Beziehungen zwischen Staat und Bürger regelt, nicht aber Beziehungen unter Privaten.[171] Zur Übertragung des Kriteriums der Verletzung als Grundgegebenheit des Haftungsrechts auf das Verhältnis zwischen Antragsteller und Drittbetroffenem im Verfahren nach § 80 a I Nr. 2, III VwGO müßten also die Voraussetzungen einer Verletzung auch im öffentlichen Recht gegeben sein und zwar bezogen auf das Verhältnis der beteiligten Privaten. Zunächst müßte es also überhaupt rechtlich geregelte Beziehungen zwischen Privaten im öffentlichen Recht geben. Dann müßten in diesen rechtlichen Beziehungen dem einen Teil Rechte zugewiesen sein oder Schutznormen zu seinem Schutz aufgestellt sein. Schließlich müßten diese Rechte oder Schutznormen Geltung im Verhältnis zu den anderen beteiligten Privaten beanspruchen. Nur dann

---

[170] Die Frage, ob die Verletzung einer Norm im Privatrecht zu einem Schadensersatzanspruch führen kann, tritt insbesondere dann auf, wenn die verletzte Norm aus einem anderen Rechtsgebiet rezipiert wird. Besonders wird die Frage im Hinblick auf § 823 II BGB unter den Stichworten Schutzzweck und Schutzbereich der Norm und Rechtswidrigkeitszusammenhang dikutiert. Vgl. dazu differenziert *Deutsch,* Haftungsrecht, S. 234 ff. und ders., Unerlaubte Handlung und Schadensersatz, S. 56 ff.; zur entsprechenden Problematik im Strafrecht vgl. *Jescheck* in LK-StGB, vor § 13 Rdnr. 62; *Cramer* in Schönke/Schröder, StGB § 15 Rdnr. 166

[171] Die zur Abgrenzung zwischen öffentlichem Recht und Privatrecht entwickelten Theorien erfassen alle die Beziehungen zwischen Privaten nicht, grenzen diese oft ausdrücklich aus, vgl. *Achterberg,* Allgemeines Verwaltungsrecht, § 1 Rdnr. 14 ff.

kommt die Verletzung eines Rechts im Verhältnis zwischen Antragsteller und Drittbetroffenem als Voraussetzung einer Schadensersatzpflicht in Betracht. Nur dann kann die dritte Grundgegebenheit des Haftungsrechts auch im Verhältnis zwischen Antragsteller und Drittbetroffenem bejaht werden.

2. Das rechtliche Verhältnis zwischen Antragsteller und Drittbetroffenem

a) Bestehen eines materiellrechtlichen Verhältnisses

Als Grundvoraussetzung einer Haftung des Antragstellers gegenüber dem Drittbetroffenen muß zwischen diesen ein materiellrechtliches Rechtsverhältnis bestehen. Ein Rechtsverhältnis ist die normgestaltete Beziehung zwischen zwei oder mehr Rechtssubjekten.[172] In den hier zu untersuchenden Fällen beantragt der Antragsteller gerichtlich vorläufigen Rechtsschutz nach §§ 80 a I Nr. 2, III VwGO. Es handelt sich also um ein förmliches Gerichtsverfahren. Das legt es nahe, verschiedene prozessuale Konstellationen daraufhin zu überprüfen, ob sich daraus Hinweise auf eine materiellrechtliche Beziehung zwischen Antragsteller und Drittbetroffenem ergeben. Dabei muß zwischen dem Prozeßrechtsverhältnis und dem materiellen Rechtsverhältnis, das den Gegenstand des Prozesses bildet, unterschieden werden.[173] Das Prozeßrechtsverhältnis ist die Gesamtheit der prozessualen Rechtsbeziehungen, die zwischen dem Gericht und den Beteiligten bestehen[174]; die Gesamtheit der Rechtsfolgen, die eine Prozeßordnung an die Tatsache eines begonnenen Prozesses knüpft.[175] Um eine Schadensersatzpflicht begründen zu können, muß das Verhältnis von Geschädigtem und Schädiger von Normen geprägt sein, die dem einzelnen materielle Rechte zuweisen. Es muß sich also um ein außerprozessuales, materielles Rechtsverhältnis handeln.

Unter den verschiedenen prozessualen Bestimmungen greifen die Regelungen über die Beiladung in § 65 VwGO auf materielle, außerprozessuale Gegebenheiten zurück. Insofern bieten sich die verschie-

---

172 *Achterberg,* Die Rechtsordnung als Rechtsverhältnisordnung, S. 31

173 *Lüke* in Münchner Kommentar, ZPO Einl. Rdnr. 28

174 *Rosenberg/Schwab/Gottwald,* Zivilprozeßrecht, § 2 I 1

175 *Blomeyer,* Zivilprozeßrecht, § 11.1

denen Formen der Beiladung für eine Überprüfung an, ob ihnen ein materielles Rechtsverhältnis zwischen Antragsteller und Drittbetroffenem zugrundeliegt. Die Beiladung dient dazu, außer dem Kläger/Antragsteller und dem Beklagten/Antragsgegner auch weitere Personen in den Prozeß einbeziehen zu können. Durch die Beiladung erhalten die Beigeladenen nach § 63 VwGO den Status von Beteiligten. Zu unterscheiden ist die einfache Beiladung nach § 65 I VwGO von der notwendigen Beiladung nach § 65 II VwGO. Nach § 65 I VwGO *kann* die einfache Beiladung erfolgen, wenn rechtliche Interessen des Beizuladenden berührt werden. Dafür genügt es, daß der Beizuladende in seiner von der Rechtsordnung anerkannten und geschützten Rechts- und Interessensphäre durch die Entscheidung des Gerichts tangiert werden kann.[176] Da bereits die Berührung rechtlicher Interessen, also auch bloß faktische Auswirkungen für eine einfache Beiladung ausreichen, ist kein Gesichtspunkt ersichtlich, unter dem zwingend eine materiellrechtliche Beziehung zwischen dem Antragsteller und dem einfach Beizuladenden bestehen muß. Nach § 65 II VwGO *muß* die notwendige Beiladung erfolgen, wenn die Entscheidung dem Beizuladenden und den übrigen Beteiligten gegenüber nur einheitlich ergehen kann. Das ist der Fall, wenn die vom Antragsteller begehrte Sachentscheidung des Gerichts nur dann wirksam getroffen werden kann, wenn dadurch gleichzeitig, unmittelbar und zwangsläufig Rechte des Beizuladenden gestaltet, bestätigt oder festgestellt, verändert oder aufgehoben werden. Bereits die Formulierung des § 65 II VwGO deutet auf eine materiell-rechtliche Beziehung zwischen Antragsteller und notwendig Beigeladenem hin, der gleichzeitig der Begünstigte ist. Demgegenüber ist der BGH der Ansicht, der Beigeladene bleibe Dritter in einem fremden Rechtsstreit, werde nicht Prozeßpartei und damit eben auch nicht zum Verfahrensgegner, der allein Anspruchsberechtigter im Sinne des § 945 ZPO sein könne; dem notwendig Beigeladenen könne nichts zu- oder abgesprochen werden.[177] Solange man den Zivilprozeß im Auge hat, ist es richtig, die Eigenschaft als Verfahrensgegner in Hinblick auf § 945 ZPO für entscheidend zu halten.[178] Bei der Übertragung einer privatrechtlichen Norm auf das öffentliche Recht muß aber den Besonderheiten des Verwaltungsprozesses Rechnung getragen werden. Deswegen erklärt § 123 III VwGO den § 945 ZPO auch nur für ent-

---

[176] BVerwGE 54, S. 29; *Kopp,* VwGO § 65 Rdnr. 9

[177] BGH DVBl. 1962, S. 217 (219); DVBl. 1982, S. 28 (30)

[178] Der BGH ist offenbar von einer Vergleichbarkeit der Position des Beigeladenen mit der des Nebenintervenienten nach § 66 ZPO ausgegangen, der nicht Prozeßpartei wird.

sprechend anwendbar. Ebensolches muß auch für eine analoge Anwendung des § 945 ZPO auf die Fälle des § 80 a VwGO gelten. So verwendet die VwGO nicht den Begriff der Partei, sondern den der Beteiligten und macht damit eine andere Stellung der Verfahrensbeteiligten deutlich. Infolgedessen kann die Argumentation des BGH hinsichtlich der materiellrechtlichen Beziehung zwischen Antragsteller und Drittbetroffenem nicht überzeugen.

Die Beziehung der beteiligten Privaten wird deutlicher, wenn man die Rechtskraft der getroffenen Entscheidung betrachtet. Der einfach Beigeladene wird durch die Entscheidung des Gerichts nur insofern gebunden, als er in einem anderen Verfahren die Richtigkeit der Entscheidung insoweit nicht mehr bestreiten kann, als ihm nach der Prozeßlage im Zeitpunkt der Beiladung das entsprechende Vorbringen noch möglich gewesen wäre.[179] Dem notwendig Beigeladenen gegenüber wird die Entscheidung aber im selben Umfang rechtskräftig wie gegenüber Antragsteller und Antragsgegner. Mit einer Entscheidung über die Rechte zwischen Antragsteller und Antragsgegner wird gleichzeitig über Rechte zwischen Antragsgegner und Drittbetroffenem entschieden.[180] Dann aber liegt auch eine materiellrechtliche Beziehung zwischen dem Antragsteller und dem Drittbetroffenen als notwendig Beigeladenem vor. Denn der notwendig Beigeladene wird deswegen am Verwaltungsstreitverfahren beteiligt, weil auch seine Rechte - neben denen der Parteien - den Gegenstand des streitigen Rechtsverhältnisses bilden.[181] Da eine Beiladung bei Verwaltungsakten mit Doppelwirkung immer notwendig ist,[182] liegt in diesen Situationen auch immer eine materiell-rechtliche Beziehung zwischen Antragsteller und dem notwendig beigeladenem Drittbetroffenen vor. Dagegen läßt sich nicht einwenden, die materielle Beteiligung des Drittbetroffenen sei hier völlig irrelevant, da die Entscheidung auch dann ergehen könne, wenn die notwendige Beiladung unterbleibt.[183] Zwar gibt es Fälle, in denen die Entscheidung ohne die notwendige Beiladung ergeht, aber abgesehen

---

179 *Kopp,* VwGO § 66 Rdnr. 13

180 *Eyermann/Fröhler,* VwGO § 65 Rdnr. 34

181 *Joeres,* Die Rechtsstellung des notwendig Beigeladenen, S. 50, 66; *Martens,* Die Praxis des Verwaltungsprozesses, S. 59

182 *Kopp,* VwGO § 65 Rdnr. 14, 17; *Redeker/v.Oertzen,* VwGO § 65 Rdnr. 8; *Ule,* Verwaltungsprozeßrecht, § 22 II 1

183 *Laubinger,* Der Verwaltungsakt mit Doppelwirkung, S. 134

davon, daß damit ein schwerer Verfahrensfehler vorliegt[184], hat die Entscheidung dann eine andere Bindungsreichweite. Der Nicht-Beigeladene wird von der Rechtskraft der Entscheidung nicht erfasst, seine Rechte sind nicht Gegenstand des Verwaltungsstreitverfahrens geworden, über sie ist daher auch nicht entschieden worden. In den hier betrachteten Fällen hat das zur Folge, daß das Gericht zwar die aufschiebende Wirkung anordnen oder wiederherstellen kann und auch sonstige Maßnahmen nach § 80 a I Nr. 2 VwGO anordnen kann, dies aber keine Auswirkungen auf die Rechtspositionen des Begünstigten hat. Mangels Beiladung wird seine Rechtsposition durch die Entscheidung nicht berührt. Damit würde sich aber die Frage nach einer Ersatzpflicht von vorneherein erübrigen, sie wäre sinnlos.

Die fehlende Vergleichbarkeit der Rechtsverhältnisse zwischen den Parteien und den sonstigen Beteiligten im Zivilprozeß mit dem Rechtsverhältnis der Hauptbeteiligten und sonstigen Beteiligten im Verwaltungsprozeß zeigt sich am deutlichsten an der Fähigkeit, über den Streitgegenstand verfügen zu können. Der Zivilprozeß kennt keine notwendige Beiladung. Eine Verfügung über den Streitgegenstand können nur diejenigen treffen, die Prozeßparteien sind. Können mehrere nur gemeinsam über den Streitgegenstand verfügen, liegt ein Fall der notwendigen Streitgenossenschaft vor.Im Verwaltungsprozeß kann ein notwendig Beigeladener wie der Nebenintervenient im Zivilprozeß die Rücknahme des Antrags oder ein Anerkenntnis nicht verhindern. Unterschiede zwischen dem notwendig Beigeladenen und dem Nebenintervenienten ergeben sich aber im Hinblick auf den Abschluß eines Vergleichs. Nach § 106 VwGO kann aber ein Vergleich nur geschlossen werden, soweit die Beteiligten über den Gegenstand des Vergleichs verfügen können. Zum Teil wird ein Vergleich ohne die Zustimmung des notwendig Beigeladenen prinzipiell für unwirksam gehalten,[185] zum Teil wird angenommen, der Vergleich sei wirksam, binde jedoch den notwendig Beigeladenen nicht. Jedenfalls ist der Vergleich ein auch materiell-rechtlicher Vertrag und kann daher die Rechte Dritter nicht ohne deren Zustimmung berühren. Da im Falle der notwendigen Beiladung auch Rechte des Beigeladenen im Streit stehen, muß dieser einem Vergleich zustimmen, wenn auch er gebunden sein soll. Daher ist ein wirksamer Vergleich ohne Zustimmung des Drittbetroffenen nicht möglich. Infolgedessen gehört auch der notwendig Beigeladene zum Kreis derjenigen, die über den Streitgegenstand verfügen können. Das

---

184 *Kopp,* VwGO § 65 Rdnr. 28

185 *Eyermann/Fröhler,* VwGO § 106 Rdnr. 6; *Redeker/v.Oertzen,* VwGO § 106 Rdnr. 6

wiederum bedeutet eine materiellrechtliche Beteiligung am streitigen Rechtsverhältnis. Die Stellung des notwendig Beigeladenen nährt sich der Parteistellung.[186] Die notwendige Beiladung nach § 65 II VwGO erfolgt genau dann, wenn eine einheitliche Entscheidung auch gegenüber dem Beigeladenen erfolgen muß. Wegen der untrennbaren Verbindung der Begünstigung des einen mit der Benachteiligung des anderen kann keinem von beiden etwas gegeben werden, ohne daß dem anderen gleichzeitig etwas genommen wird.[187] Gerade diese Form der Beteiligung an dem streitigen Rechtsverhältnis setzt eine materiellrechtliche Verbindung zwischen Antragsteller und Drittbetroffenem voraus. Wenn die eine Rechtsposition nicht verbessert werden kann, ohne gleichzeitig die andere Rechtsposition zu verschlechtern und umgekehrt, mit anderen Worten die Summe immer gleich bleibt, dann bedeutet das eine Verknüpfung dieser Positionen. Da die in Rede stehenden Positionen aus materiellen Rechten bestehen, kann die Verknüpfung auch nur auf einer materiellrechtlichen Ebene erfolgen. Bei einer Fallkonstellation, die eine Beiladung notwendig macht, besteht daher eine materiellrechtliche Verknüpfung unter allen Beteiligten. Da eine Beiladung im Streit um einen Verwaltungsakt mit Doppelwirkung immer notwendig ist, besteht auch zwischen Antragsteller und Drittbetroffenem eine materiellrechtliche Verknüpfung. Allerdings läßt sich aus der notwendigen Beiladung an und für sich noch nicht auf den Inhalt der materiellrechtlichen Beziehung schließen. Inhaltlich kann sich diese Beziehung in einer bloß reflexhaften Wirkung erschöpfen. Der Inhalt der materiellrechtlichen Beziehung kann sich nur aus dem materiellen Recht selbst ergeben. Immerhin läßt sich aber aus den prozessualen Bestimmungen über die notwendige Beiladung auf das prinzipielle Vorhandensein materiellrechtlicher Beziehungen unter den beteiligten Privaten auch im öffentlichen Recht schließen.

b) Haftungsrechtlich relevanter Inhalt des Rechtsverhältnisses zwischen Antragsteller und Drittbetroffenem

Mit dem Bestehen eines materiellrechtlichen Rechtsverhältnisses zwischen Antragsteller und Drittbetroffenem ist eine der Voraussetzungen einer Verletzung als Grundgegebenheit einer Schadensersatzpflicht gegeben. Das materielle Rechtsverhältnis stellt aber nur die

[186] Für Identität der Rechtspositionen von Antragsteller, Antragsgegner und notwendig Beigeladenem *Joeres*, Die Rechtsstellung des notwendig Beigeladenen, S. 95

[187] *König*, Drittschutz, S. 52; *Schmidt-Aßmann*, DVBl. 1987, S. 216 (221); *Wahl*, JuS 1984, S. 577 (578)

Basis für eine Verletzung dar. Schadensersatzpflichten gibt es nur bei Verletzung eines Rechts. Infolgedessen muß das Rechtsverhältnis zwischen dem Drittbetroffenen[188] und dem Antragsteller von Normen geprägt sein, die Rechte des Drittbetroffenen im Verhältnis zum Antragsteller enthalten. Es muß also Rechte des Drittbetroffenen geben, die der Antragsteller zu beachten hat, die er eben nicht verletzen darf. Solche Rechte können nur in dem in Streit stehenden multipolaren Verwaltungsrechtsverhältnis zu finden sein. Daher sind das multipolare Verwaltungsrechtsverhältnis und die Struktur der dieses prägenden Normen zu untersuchen.

(1) Struktur des multipolaren Verwaltungsrechtsverhältnisses

In einem multipolaren Verwaltungsrechtsverhältnis sind mehrere Rechtssubjekte durch öffentlich-rechtliche Normen miteinander verbunden. In der Regel handelt es sich dabei um zwei Private und den Staat. Es können auch viele Private beteiligt sein, in der Regel stehen sich aber zwei gegenläufige oder wechselbezügliche Interessenpositionen gegenüber, jeweils in Verbindung zu einer staatlichen Stelle. Diese Situation rechtfertigt es, von einer Dreicksbeziehung als einfachstem Fall eines multipolaren Verwaltungsrechtsverhältnisses auszugehen. Das Rechtsverhältnis läßt sich vorstellen als ein Dreieck mit der staatlichen Stelle als Spitze und den beteiligten Privaten als untere Eckpunkte.

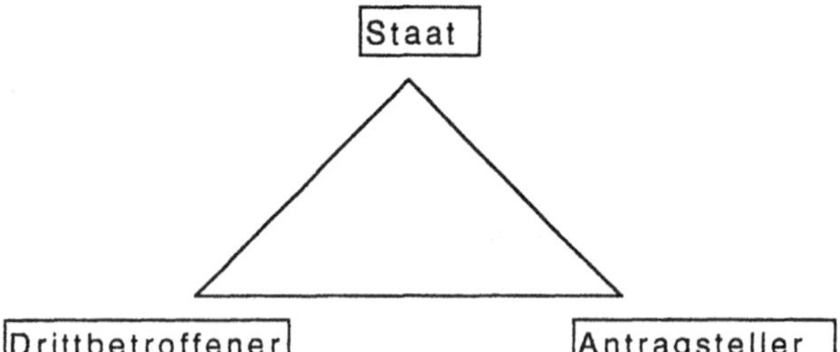

[188] Im folgenden ist damit immer ein nach § 65 II VwGO notwendig beigeladener Drittbetroffener gemeint.

Die Beziehungen zum Staat werden dann durch die Schenkel des Dreiecks, die Beziehung der Privaten durch die Basis des Dreiecks abgebildet. In den rechtlichen Beziehungen der Privaten zum Staat, also in den durch die Schenkel des Dreiecks abgebildeten Relationen, kommt der jeweils Dritte gar nicht vor. Sie können daher keine Normen enthalten, die ein Recht des Drittbetroffenem im Verhältnis zum Antragsteller begründen. Ein solches Recht kann sich nur aus der Basis des Dreiecks, aus der Beziehung der Privaten untereinander ergeben.

(2) Die Beziehung der Privaten im multipolaren Verwaltungsrechtsverhältnis

Der Schwerpunkt der Betrachtung von multipolaren Verwaltungsrechtsverhältnissen liegt in der Regel auf den durch die Schenkel des Dreiecks dargestellten Beziehungen. Die Basis des Dreiecks, die Beziehung der Privaten untereinander, wird weniger beachtet. Vom Standpunkt des öffentlichen Rechts ist diese Basisbeziehung auch kaum relevant, da sich das öffentliche Recht mit den rechtlichen Beziehungen zwischen Staat und Bürger beschäftigt.

Im Gegensatz dazu werden im Zivilrecht öffentlich-rechtliche Normen als unter Privaten geltend angesehen. Drittschützende öffentlich-rechtliche Normen werden als Schutzgesetze im Sinne der §§ 823 II, 1004 BGB anerkannt.[189] In diesen Fällen kann ein Privater von einem anderen Privaten aufgrund öffentlich-rechtlicher Normen normkonformes Verhalten verlangen.[190] Allerdings kann auf diesem Weg keine öffentlich-rechtliche Beziehung zwischen den Privaten hergeleitet werden. Durch §§ 823 II, 1004 BGB werden gerade Normen, die ursprünglich nicht unter Privaten gelten sollten, in das Privatrecht transformiert. Das bedeutet aber nicht, daß es eine solche Beziehung auch ohne Transformationsnorm gibt.

Die mangelnde Beachtung der Basisbeziehung im Verwaltungsrecht erscheint widersprüchlich, weil der durch Verwaltungsrecht geregelte Konflikt in der Basisbeziehung unter den Privaten durchaus gesehen wird. In der Literatur findet sich die Ansicht, im Verwaltungsprozeß um einen Verwaltungsakt mit Doppelwirkung ginge es in Wirklichkeit um einen Streit unter Privaten, die Verwaltungsbehörde sei insoweit nur

---

189 BGHZ 86, S. 356 (362); 66, S. 354 (354 f.); BGH, WM 1974, S. 572; *Konrad*, BayVBl. 1984, S. 30 (37); *Picker*, AcP 176 (1976), S. 28 ff.; *Schwerdtfeger*, NVwZ 1983, S. 199 (200); *Timmermann*, Nachbarschutz, S. 213 ff.

190 vgl. auch BGH, NJW 1993, S. 1580

formal die Beklagte.[191] Bei öffentlich-rechtlichen Nachbarklagen würden "Stellvertreterkriege" geführt gegen den genehmigenden bzw. nicht einschreitenden Staat, obwohl doch eigentlich der jeweilige Nachbar der primäre Konfliktgegner sein sollte.[192] Auch die Rechtsprechung sieht diesen Konflikt primär unter Privaten angesiedelt, ausgetragen mittelbar über den Staat. Das BVerfG meint, bei einem Streit um einen Verwaltungsakt mit Doppelwirkung handele es sich um eine Auseinandersetzung zwischen Nachbarn.[193] Nach Ansicht des BVerwG stehen sich im Falle einer Nachbarklage, zumindest was den grundsätzlichen Konflikt anlangt, nicht Nachbar und Baubehörde, sondern Nachbar und Bauherr gegenüber.[194]

Diese Sichtweise paßt zu den Bestrebungen, öffentliches und privates Nachbarrecht zu harmonisieren, um einander widersprechende Konfliktentscheidungen zu vermeiden. Solche Harmonisierungen sind nur bei gleicher Konfliktlage sinnvoll.[195] Dessen ungeachtet wird die rechtliche Beziehung der Privaten untereinander, jedenfalls von der rechtlichen Konstruktion her, ausgeblendet. Stattdessen geht die herrschende Ansicht von zwei separaten bipolaren Verwaltungsrechtsverhältnissen zwischen je einem der Privaten und dem Staat auf der anderen Seite aus (Separationsdoktrin).[196] So urteilt das BVerwG, die Baugenehmigung regele das Verhältnis zwischen dem Bauherrn und der Bauaufsichtsbehörde und das Verhältnis zwischen der Bauaufsichtsbehörde und dem Nachbarn, keinesfalls aber das allenfalls privatrechtliche Verhältnis zwischen Bauherr und Nachbarn.[197] Ebenso wird § 25 II BImSchG nur als Regelung der Befugnisse und Pflichten der Immissionsschutzbehörde gesehen, irgendeinen Regelungsgehalt hinsichtlich des Verhältnisses

---

191 *Brohm,* DÖV 1982, S. 1 (4); *Timmermann,* Nachbarschutz, S. 208;

192 *Kloepfer,* DVBl. 1988, S. 305 (309); *Pietzcker,* JZ 1985, S. 209 (213)

193 BVerfGE 35, S. 263 (271)

194 BVerwG DVBl. 1970, S. 62 (64)

195 Ein Beispiel für eine solche Harmonisierung von öffentlichem und privatem Nachbarrecht stellt die Neufassung des § 906 I BGB durch das Sachenrechtsänderungsgesetz vom 21.09.1994, BGBl. I , S. 2324 dar. Vgl. auch BGH WM 1994, S. 858

196 *Schmidt-Preuß,* Kollidierende Privatinteressen, S. 84

197 BVerwG NVwZ 1991, S. 592 (593); ebenso Hess. VGH BRS 30, Nr. 151, S. 275 (277)

zwischen störender (Anlage-) Nutzung und gestörter (Grundstücks-) Nutzung soll § 25 II BImSchG nicht enthalten.[198] Auch in der Literatur wird ein öffentlich-rechtlich geprägtes Rechtsverhältnis zwischen Privaten weitgehend verneint. Bei aller Verschränkung zwischen öffentlichen und privaten Interessen müsse die Unterscheidung zwischen öffentlichem Recht und Privatrecht gewahrt bleiben, die Basis des Dreiecks sei privatrechtlich.[199] Auch *Schwerdtfeger* sieht die Basis des Dreiecks rein privatrechtlich und zieht daraus den Schluß, der Konflikt sei im zivilrechtlichen Verfahren besser untergebracht als im Verwaltungsprozeß, weil der Drittbetroffene dort in eine unmittelbare Verteidigungspostion gebracht werde und nicht eine Behörde zur Verteidigung von Individualinteressen "ihren Kopf hinhalten" müsse.[200] Im gleichen Sinne vertritt *Konrad* die Ansicht, Nachbarstreitigkeiten in Gestalt von Konflikten zwischen Privatpersonen seien in der Zuständigkeit der Zivilgerichte systemgerechter aufgehoben.[201] Im Grunde stellen alle diese Ansichten eine Fortführung der Meinung *Redekers* dar, der bereits 1959 forderte, die Nachbarstreitigkeiten in das Zivilrecht zurückzuverlagern.[202] Zusammengefaßt liegt damit eine Situation vor, in der zwei Private in einem Interessenkonflikt stehen, der von öffentlich-rechtlichen Normen geregelt ist.

Der dem Streitverfahren zugrundeliegende Konflikt läßt sich nur schwer in die auf bipolare Konflikte ausgerichtete Konstruktion verwaltungsrechtlicher Rechtsverhältnisse integrieren. Der zugrundeliegende Interessenkonflikt muß aber vernünftig, das heißt, unter Berücksichtigung beider privater Positionen, gelöst werden. Dazu wird der Konflikt zwischen den Privaten in eines der bipolaren Verwaltungsrechtsverhältnisse zwischen dem Staat und einem der Privaten integriert. Bei der Entscheidung über das Rechtsverhältnis zwischen einem der Privaten und dem Staat berücksichtigen die Gerichte die Interessen des jeweils anderen Privaten. Bei Auslegung und Anwendung der in Streit stehenden Norm wird berücksichtigt, daß auch die Rechtspositionen eines Dritten auf dem Spiel stehen. Deutlich wird dies z.B. an

---

198 BVerwGE 81, S. 197 (211)

199 *Bothe,* JZ 1975, S. 399 (400); *Maurer,* Allgemeines Verwaltungsrecht, § 3 Rdnr. 1; *Schoch,* Vorläufiger Rechtsschutz, S. 326;

200 *Schwerdtfeger,* NVwZ 1983, S. 199 (201)

201 *Konrad,* BayVBl. 1984, S. 70

202 *Redeker,* NJW 1959, S. 749

der Rechtsprechung zum baurechtlichen Rücksichtnahmegebot im Zusammenhang mit der Anfechtung von Baugenehmigungen. Welche Anforderungen das Rücksichtnahmegebot stellt, hängt wesentlich von den jeweiligen Umständen ab. Je verständlicher und unabweisbarer die mit dem Vorhaben verfolgten Interessen sind, umso weniger braucht auf die Umgebung Rücksicht genommen zu werden. Umgekehrt kann umso mehr an Rücksichtnahme gefordert werden, je empfindlicher und schutzwürdiger die Interessen sind, denen die Rücksichtnahme zugute kommt.[203] Durch das Rücksichtnahmegebot werden Nutzungskonflikte unter Privaten gelöst.[204] Der Interessenkonflikt zwischen den Privaten wird auf diese Weise in einem anderen Rechtsverhältnis, nämlich dem zwischen einem der Privaten und dem Staat gelöst. Durch das Rücksichtnahmegebot wird der Konflikt in der Basis des Dreicks in die durch einen der Schenkel dargestellte Beziehung integriert. Die rechtlichen Beziehungen der Privaten untereinander werden ausgeblendet. Durch diese Aufteilung des Dreiecks von Beziehungen in zwei separate Beziehungen wird man aber der Problematik multipolarer Rechtsverhältnisse nicht gerecht. Vom Verfahren her besteht allerdings gar keine andere Möglichkeit. Anfechtungs- oder Verpflichtungsklagen und der entsprechende vorläufige Rechtsschutz sind mit dem Staat als Verfahrensgegner auszutragen. Das liegt daran, daß sich das Verwaltungsprozeßrecht[205] eindeutig an der Form des Verwaltungshandels orientiert, nicht aber an dem zugrundeliegenden Interessenkonflikt.[206] In bipolaren Verwaltungsrechtsverhältnissen ist das unbedenklich, weil Interessenkonflikt und Verwaltungshandeln kongruent sind. Durch die öffentlich-rechtliche Regelung privater Interessenkonflikte liegen Konflikt und Verwaltungshandeln nicht mehr in einer Ebene. Durch die Ausrichtung des Verfahrens an bipolaren Verwaltungsrechtsverhältnissen besteht die Gefahr, daß in multipolaren Verwaltungsrechtsverhältnissen die Interessen des jeweils Dritten aus den Augen verloren werden. Diese Gefahr ist zumindest geringer, wenn man öffentlich-rechtliche Beziehungen unter den Privaten anerkennt.

---

203 BVerwGE 52, S. 122 (126) - Schweinemästerfall; BVerwGE 82, S. 334 (338); kritisch zum Rücksichtnahmegebot *Breuer*, DVBl. 1982, S. 1065 (1070); *Schmidt-Preuß*, Kollidierende Privatinteressen, S. 46 f.

204 vgl. *Dyong* in Ernst/Zinkahn/Bielenberg, BauGB § 34 Rdnr. 14

205 ebenso das Verwaltungsverfahrensrecht

206 vgl. dazu und zu den Konsequenzen *Martens*, NJW 1985, S. 2302 (2303) m.w.Nachw.

Drittschützende baurechtliche Normen sind Konkretisierungen des eben beschriebenen Rücksichnahmegebots, weil durch sie ein Interessenausgleich zwischen einem Baugrundstück und den Nachbargrundstücken getroffen wird.[207] Entscheidend ist dabei die Funktion der Konfliktbewältigung. § 34 I BauGB fordert, ein Neubau müsse sich in die Umgebung einfügen, und bringt damit zum Ausdruck, daß in diesem Interessenkonflikt das Interesse der Nachbarn an einer harmonischen Bauweise den Nutzungsinteressen des Neuankömmlings vorgeht. Dadurch wird dieser Konflikt entschieden, geschlichtet. § 35 BauGB nennt eine Reihe von Vorhaben und bevorzugt die einen vor den anderen. Auch hier werden Nutzungskonflikte entschieden. Bei der bauplanungsrechtlichen Abwägung nach § 1 VI BauGB sind die verschiedenen Interessen, auch die Privatinteressen, zum Ausgleich zu bringen. Dabei ist ausdrücklich von Konfliktbewältigung, der Bildung einer durch den Plan verbundenen Schicksalsgemeinschaft, von einem planungsrechtlichen Austauschverhältnis die Rede.[208] Dieses Abwägungsgebot gilt im gesamten Fachplanungsrecht, auch dann, wenn es nicht, wie in § 17 I S. 3 BFStrG, ausdrücklich angeordnet ist. Das Abwägungsgebot genießt Verfassungsrang.[209] Auch durch Planung werden Interessenkonflikte auf eine bestimmte Art und Weise entschieden und damit geschlichtet.

Auch außerhalb des Baurechts gibt es natürlich Normen, die sich widersprechende Nutzungs- oder Betätigungsinteressen regeln und so Interessenkonflikte schlichten. Die §§ 5 I Nr. 1, 22 BImSchG ordnen das Interesse des Betreibers an einer möglichst intensiven Nutzung seiner Anlage und die Interessen der Nachbarn, von Immissionen verschont zu bleiben. In entsprechender Weise werden die Interessenkonflikte durch die §§ 7 II Nr. 3, 5 AtG geschlichtet. Das in § 4 I S. 2 i.V.m. §§ 18, 1 a I WHG verankerte Gebot, auf die Belange anderer Rücksicht zu nehmen, ermöglicht die Entscheidung von Nutzungskonflikten im wasserrechtlichen Nachbarrecht. Ein Nutzungskonflikt wird auch durch die §§ 4 I Nr. 3, 5 I Nr. 3 GaststättenG geregelt, indem der Betrieb einer Gaststätte nur zugelassen wird, wenn die Nachbarn nicht übermäßig belastet werden. Auch § 26 GWB löst einen Konflikt verschiedener konkurrierender Wirtschaftsunternehmen im Sinne einer Marktfreiheit und ermöglicht behördliche Eingriffe bei Marktzugangsbehinderungen. Damit wird aber die These, die Beziehungen zwischen Privaten würden nicht oder

---

[207] *Finkelnburg/Ortloff*, Öffentliches Baurecht, Bd. II, § 16 VI 2

[208] BVerwG BRS Nr. 157, S. 255 (262); *Finkelnburg/Ortloff*, Öffentliches Baurecht, Bd. II, § 17 I 1 a

[209] BVerwGE 61, S. 295 (301); *Obermayer*, VwVfG § 75 Rdnr. 23

doch "höchstens" zivilrechtlich geregelt, unhaltbar. Durch drittschützende Normen werden die gegensätzlichen Privatinteressen bewertet, begrenzt und untereinander gewichtet. Sie lassen sich als ein Konfliktschlichtungsprogramm auffassen, daß die Privatinteressen derart ordnet, daß die Verwirklichung des Interesses des einen Privaten notwendig zu Lasten der Interessen des anderen Privaten geht.[210] Es handelt sich danach bei drittschützenden Normen um Konfliktschlichtungsnormen, die der Auflösung kollidierender Privatinteressen dienen, indem sie das Ausmaß der jeweils möglichen Interessenverwirklichung begrenzen und die Interessen einander zuordnen. Infolgedessen regeln drittschützende verwaltungsrechtliche Normen die rechtlichen Beziehungen zwischen Privaten.

(3) Die Unterscheidung zwischen Zuweisungsebene und Anspruchsrichtung bei drittschützenden Normen.

Drittschützende Normen regeln Interessenkonflikte unter Privaten, indem sie diese Interessen zunächst einmal als rechtlich relevant erfassen, sie dann gewichten und schließlich einer der divergierenden Interessen der Vorzug geben. Bei Störung dieser Entscheidung zugunsten eines Interesses wird dem davon Betroffenen ein Anspruch auf Einhaltung dieser Entscheidung in Form eines subjektiven öffentlichen Rechts gegeben.[211] Wie bereits dargelegt, wird das öffentlich-rechtlich geregelte Verhältnis zwischen den Privaten bei der Rechtsanwendung ausgeklammert und der private Interessenkonflikt in das bipolare Verwaltungsrechtsverhältnis zwischen einem der Privaten und der staatlichen Behörde integriert. Versteht man unter subjektivem öffentlichem Recht die einem Rechtssubjekt kraft öffentlichen Rechts verliehene Rechtsmacht, vom Staat zur Verfolgung eigener Interessen ein bestimmtes Verhalten verlangen zu können[212], so wird in multipolaren Verwaltungsrechtsverhältnissen unklar, worin dieses Verhalten bestehen soll. Die Störung der durch die drittschützende Norm getroffenen Konfliktentscheidung geht von dem Dritten aus, nicht von der Behörde. Das Verlangen, die Störung, die Verletzung der drittschützenden Norm zu unterlassen, wäre an den Staat gerichtet wenig sinnvoll. Das subjektive öffentliche Recht kann nur darin bestehen, vom Staat zu ver-

---

210 *Schmidt-Preuß,* Kollidierende Privatinteressen, S. 248

211 *Schapp,* Das subjektive Recht im Prozeß der Rechtsgewinnung, S. 156; ähnlich *Schur,* Anspruch, absolutes Recht und Rechtsverhältnis, S. 116

212 so die h.M., vgl. nur *Erichsen* in Erichsen, Allgemeines Verwaltungsrecht, § 10 Rdnr. 52; *Maurer,* Allgemeines Verwaltungsrecht, § 8 Rdnr. 2

langen, dafür Sorge zutragen, daß ein anderer Privater die drittschützende Norm nicht verletzt. Der Staat muß also z.B. dafür sorgen, daß der Bauherr Mindestabstände einhält.[213]

Das Ergebnis, daß derjenige, der eine drittschützende Norm als verletzt ansieht, nur verlangen kann, daß der Staat diese Verletzung verhindert und so den Freiheitsbereich des einzelnen schützt, führt zur Aufspaltung der drittschützenden Normen in zwei Elemente.Hinsichtlich der Wirkung auf den Freiheitsbereich des einzelnen Privaten muß zwischen Primärnorm und Sekundärnorm unterschieden werden.[214] Freiheit jedweder Art, unabhängig auf welches Tun oder Unterlassen sie sich richtet, wird durch Gebote oder Verbote eingeschränkt. Diese Gebote oder Verbote sind völlig unabhängig davon, durch wen und auf wessen Betreiben hin sie durchgesetzt werden können.[215] Dieser zweite Aspekt, die Sanktionierung des Gebots oder Verbots, wird von der Sekundärnorm geregelt.[216] Diese Sekundärnorm kann ganz unterschiedlich ausgestaltet sein. Derjenige, dessen Interessen berührt werden, kann auf eine passive Rolle beschränkt sein. Er kommt dann nur in den Genuß einer Reflexwirkung. Die Stellung des Interessenten kann verstärkt werden durch Anhörungs- und Einwendungsbefugnisse bis dahin, daß ihm die rechtliche Macht verliehen wird, die rechtliche Sanktion auf eigenes Betreiben hin auszulösen, die Primärnorm durchzusetzen, mithin dahin, daß ihm ein subjektives Recht verliehen wird.[217] Für die Frage einer materiellrechtlichen Beziehung zweier Rechtssubjekte kommt es auf die Primärnorm an. Sie enthält Gebote und Verbote und weist damit materielle Rechtspositionen zu, die auch verletzt werden können, indem diese Rechtspositionen nicht respektiert werden.

---

[213] Daß nur diese Sichtweise sinnvoll ist, ist evident und soweit ersichtlich auch nie bestritten worden. Dennoch folgt sie in multipolaren Konfliktsituationen nicht zwingend aus der Definition des subjektiven öffentlichen Rechts.

[214] Die Unterscheidung zwischen Primär- und Sekundärnorm ist in der Rechtswissenschaft anerkannt, vgl. *Engisch,* Einführung in das juristische Denken, S. 26; *Nawiasky,* Allgemeine Rechtslehre, S. 152 ff.; *Schapp,* Das subjektive Recht im Prozeß der Rechtsgewinnung, S. 14

[215] *Schwabe,* Die sogenannte Drittwirkung der Grundrechte, S. 29

[216] *Zippelius,* Einführung in die juristische Methodenlehre, S. 35 ff.

[217] *Nawiasky,* Allgemeine Rechtslehre, S. 155; *Zippelius,* Einführung in die juristische Methodenlehre, S. 36

Auch drittschützende Normen sind in Primär- und Sekundärnorm aufspaltbar. Bei drittschützenden Normen führt diese Aufspaltung zur Unterscheidung zwischen Rechtszuweisung und Anspruchsrichtung.[218] Auf der Ebene der Rechtszuweisung wird normativ-sachlich bestimmt, ob und in welchem Ausmaß der eine Private seine Interessen auf Kosten des anderen Privaten verwirklichen darf.[219] Die Freiheit des einen endet an der Freiheit des anderen.[220] Wo genau sie im Einzelfall endet, das wird auf der Ebene der Rechtszuweisung entschieden. Davon zu unterscheiden ist die Anspruchsrichtung. Bei ihr geht es nicht darum, was der einzelne tun darf, inwieweit der eine seine Interessen auf Kosten des anderen verwirklichen darf. Bei der Anspruchsrichtung geht es darum, wer verpflichtet ist, den in der drittschützenden Norm auf der Zuweisungsebene vorgegebenen Zustand durchzusetzen. Die Anspruchsrichtung regelt, wer verpflichtet ist, Störungen im Verhältnis der Privaten zu unterbinden.Während es bei der Rechtszuweisung um das rechtliche Dürfen im Horizontalverhältnis zum privaten Konfliktgegner geht, also die Basis des Beziehungsdreiecks betroffen ist, betrifft die Anspruchsrichtung das rechtliche Können im Hinblick auf den Staat.[221] Dadurch, daß drittschützende Normen in der Rechtszuweisungsebene festlegen, inwieweit ein Privater seine Interessen auf Kosten eines anderen Privaten durchsetzen darf, räumen diese Normen Freiheiten ein, die durch Freiheiten anderer begrenzt sind. Die Freiheit des Bauherrn, sein Grundstück zu bebauen, ist durch die Freiheit der Nachbarn beschränkt, ihrerseits ihre Grundstücke störungsfrei zu nutzen. Die Freiheit des Nachbarn, ohne zusätzliche Belästigungen zu leben, ist beschränkt durch die Freiheit des Betreibers einer emmitierenden Anlage, seine Anlage möglichst intensiv zu nutzen. Bei diesen Freiheiten handelt es sich um Rechte, die ursprünglich unbegrenzt sind, aber durch drittschützende Normen, die stets ein bestimmtes Kollisionsproblem im Auge haben, jeweils dem einen oder anderen zugewiesen werden. Insofern handelt es sich bei drittschützenden Normen um inhaltsbestimmende Normen. Der Inhalt des Rechts oder seine Reichweite werden durch drittschützende

---

[218] dazu ausführlich *Schmidt-Preuß,* Kollidierende Privatinteressen, S. 130 ff.

[219] *Schmidt-Preuß,* Kollidierende Privatinteressen, S. 130

[220] OVG Münster NVwZ 1983, S. 414 (415)

[221] *Schmidt-Preuß,* Kollidierende Privatinteressen, S. 134

Normen materiell beschränkt oder erweitert.[222] Auf der Rechtszuweisungsebene werden Privaten durch das öffentliche Recht materielle Rechtspositionen zugewiesen, die unter den Privaten Geltung beanspruchen. Diese materiellen Rechtspositionen sind damit auch von einem Privaten gegenüber einem anderen Privaten verletzbar. Damit sind alle Voraussetzungen einer Verletzung als Grundgegebenheit einer Schadensersatzpflicht erfüllt. Zwischen den Privaten besteht ein materiellrechtliches öffentlich-rechtliches Rechtsverhältnis, in dem den Subjekten dieses Rechtsverhältnisses Rechtspositionen zugewiesen sind, die gegenseitig Geltung beanspruchen. Dem läßt sich nicht entgegenhalten, die Trennung von Zuweisungsebene und Anspruchsrichtung hebe das System des Verwaltungsrechts aus den Angeln oder verwische gar die Unterschiede zwischen Öffentlichem Recht und Privatrecht. Bei der Betrachtung der Ebene der Rechtszuweisung darf das andere Element, die Anspruchsrichtung, nicht vernachlässigt werden. Materiellrechtliches Pflichtsubjekt bleibt der Staat.[223] Er muß den durch die Rechtszuweisung vorgegebenen Zustand im Konfliktfall durchsetzen. Der Private hat keine direkten Beseitigungs- oder Unterlassungsansprüche gegen den anderen Privaten.[224] Im Privatrecht kann jeder Private von einem anderen Privaten die Respektierung der zugewiesenen Rechte verlangen und er kann dies auch direkt gegenüber dem anderen Privaten durchsetzen. Anspruchsrichtung und Zuweisungsebene fallen im Privatrecht zusammen. In bipolaren Verwaltungsrechtsverhältnissen fallen Anspruchsrichtung und Zuweisungsebene ebenfalls zusammen. In verwaltungsrechtlichen Normen werden Rechte und Pflichten im Verhältnis zwischen Bürger und Staat festgelegt. Die staatliche Behörde kann diese Verpflichtungen auch gegenüber dem Bürger durchsetzen, wie umgekehrt der Bürger seine Rechte auch direkt gegenüber der Behörde durchsetzen kann. Im öffentlichen Recht sind in multipolaren Konfliktlagen hinsichtlich drittschützender Normen Anspruchsrichtung und Zuweisungsgehalt getrennt. Durch drittschützende Normen werden im Verhältnis der Privaten Rechte zugewiesen, sie sind aber anders als im Zivilrecht nicht unmittelbar im Verhältnis der Privaten durchsetzbar. Zur Durchsetzung seiner Rechte gegenüber einem

---

222 BVerwGE 11, S. 95 (96);*Gaentzsch,* NVwZ 1986, S. 601 (606); *Picker,* AcP 176 (1976), S. 28 (42); alle zum Eigentumsrecht/Baurecht, das in dieser Beziehung allerdings auch einen sehr wichtigen Anwendungsbereich bildet.

223 *Schmidt-Preuß,* Kollidierende Privatinteressen, S. 135

224 BVerwGE 79, S. 254 (257); 81, S. 197 (211); VGH Mannheim VBlBW. 1990, S. 335 *Gaentzsch,* NvWZ 1986, S. 601 (606); *Schmidt-Preuß,* Kollidierende Privatinteressen, S. 135

anderen Privaten benötigt der Bürger im öffentlichen Recht den Staat. Daraus resultiert die Trennung von Zuweisungsebene und Anspruchsrichtung in multipolaren Verwaltungsrechtsverhältnissen. Die Trennung von Zuweisungsebene und Anspruchsrichtung ermöglicht eine Einordnung von Interessenkonflikten in die diesem Konflikt entsprechenden Rechtsverhältnisse und vermeidet so den Zwang, einen Konflikt in einem Rechtsverhältnis berücksichtigen zu müssen, an dem einer der Konfliktgegner nicht beteiligt ist.

(4) Zusammenfassung (1) - (3)
Grundgegebenheiten einer Schadensersatzpflicht sind Schaden, Verhalten und Verletzung. Durch das Verhalten des Antragstellers im Verfahren nach §§ 80 a I Nr. 2, III VwGO kann dem Drittbetroffenen ein Schaden entstehen. Die Verletzung setzt ein materiellrechtliches Rechtsverhältnis voraus, in dem den beteiligten Subjekten gegenseitig Geltung beanspruchende Rechtspositionen zugewiesen sind. Im Falle der notwendigen Beiladung nach § 65 II VwGO besteht ein materiellrechtliches Rechtsverhältnis zwischen dem Antragsteller und dem beigeladenen Drittbetroffenen, denn die Beiladung erfolgt genau dann, wenn auch über Rechte des Drittbetroffenen entschieden wird. Dieses Rechtsverhältnis wird geprägt von drittschützenden Normen (Antragsbefugnis, § 42 II VwGO analog). Bei drittschützenden Normen sind Zuweisungsebene und Anspruchsrichtung getrennt. Drittschützende Normen weisen den Privaten auf der Zuweisungsebene untereinander materielle Rechtspositionen zu. Der Anspruch auf Durchsetzung dieser materiellen Rechtspositionen richtet sich gegen den Staat, dieser ist materielles Pflichtsubjekt. Die durchzusetzenden Rechtspositionen stehen den Privaten aber untereinander zu. Infolgedessen ist auch eine Verletzung dieser Rechte durch einen der beteiligten Privaten möglich. Damit liegen die Grundgegebenheiten einer Schadensersatzpflicht vor. Hinsichtlich der allgemeinen Voraussetzungen für eine Haftung auf Schadensersatz ist die Interessenlage dem Zivilrecht vergleichbar. Insofern wäre eine analoge Anwendung des § 945 ZPO möglich.

III. Vergleichbarkeit der Interessenlage im Hinblick auf § 945 ZPO
Nachdem gezeigt wurde, daß im Verhältnis zwischen Antragsteller und Drittbetroffenem die allgemeinen Voraussetzungen einer Schadensersatzpflicht gegeben sein können, ist nun die Vergleichbarkeit der Interessenlage differenzierter zu untersuchen. § 945 ZPO stellt eine Ausprägung oder Ausdifferenzierung der allgemeinen Haftungsvoraussetzungen dar. Dadurch werden bestimmte Interessen auf bestimmte

Art und Weise gewertet. Um eine Vergleichbarkeit der Interessenlagen bei § 945 ZPO und der ungerechtfertigten Inanspruchnahme vorläufigen Rechtsschutzes nach §§ 80 a I Nr. 2, III VwGO feststellen zu können, ist nach der von § 945 ZPO geregelten Interessenlage und damit nach seiner ratio legis zu fragen und dann mit der Situation im öffentlichen Recht zu vergleichen.

1. Der Haftungsgrund des § 945 ZPO

Tragender Grund für die Haftung aus § 945 ZPO ist, wie oben[225] gezeigt, der Widerspruch zwischen der durch die Vollziehung der einstweiligen Verfügung entstandenen Situation und der tatsächlichen materiellen Rechtslage. Auf Rechtswidrigkeit oder Verschulden kommt es nicht an. Voraussetzung einer Haftung aus § 945 ZPO ist nur, daß sich die vollzogene einstweilige Verfügung im nachhinein als von Anfang an unberechtigt herausstellt.

2. Die Interessenkollision bei § 945 ZPO

Wie oben[226] bereits dargestellt, stehen im Konflikt das Interesse des Schuldners, die ihm zugewiesenen Rechte ungestört ausnutzen zu können, und das Interesses des Gläubigers, seinerseits ihm (vermeintlich) zugewiesene Rechte ausüben zu können. Wird dem Interesse des Gläubigers durch die einstweilige Verfügung der Vorzug gegeben, muß die ungerechtfertigte Benachteiligung des Schuldners ausgeglichen werden. Ausgeglichen wird der Nachteil, der dadurch entsteht, daß der Gläubiger über den Schuldner eine Rechtsmacht ausübt, die ihm nicht zusteht.

3. Übertragung auf das Verhältnis zwischen Antragsteller und Drittbetroffenem

Drittschützende Normen weisen im Verhältnis der Privaten materielle Rechtspositionen zu. Der von dem Verwaltungsakt Begünstigte übt diese Rechte aus, macht von seiner Rechtsposition Gebrauch. Der Antragsteller behauptet, eine drittschützende Norm (in der Regel berufen sich beide auf dieselbe drittschützende Norm) weise ihm diese Rechtsposition zu; der Begünstigte dürfe dieses Recht nicht oder doch zumindest nicht in dieser Art und Weise ausüben. Der Antragsteller

---

225 vgl. 1. Teil, 1. Kapitel, II., S. 18 ff.

226 vgl. 1. Teil, 1. Kapitel, III., S. 21 f.

nimmt vorläufigen Rechtsschutz nach § 80 a I Nr. 2, III VwGO in Anspruch. Durch die Anordnung oder Wiederherstellung der aufschiebenden Wirkung oder gar die Rückgängigmachung der Vollziehung wird der Begünstigte daran gehindert, seine Rechtsposition auszunutzen, seine Interessen durchzusetzen. Stellt sich im nachhinein heraus, daß die Inanspruchnahme vorläufigen Rechtsschutzes ungerechtfertigt war, hat der Antragsteller für sich ein Recht[227] in Anspruch genommen, das ihm nicht zusteht. Der Begünstigte ist ungerechtfertigt an der Ausübung seiner Rechte gehindert worden. Durch die Maßnahmen des vorläufigen Rechtsschutzes ist der Zuweisungsgehalt der drittschützenden Norm ungerechtfertigt verändert worden. Im Konflikt stehen das Interesse des Begünstigten, seine Rechte auszuüben, und das Interesse des Antragstellers, seine (vermeintlichen) Rechte durchzusetzen. Durch die Gewährung vorläufigen Rechtsschutzes werden die Interessen des Antragstellers zunächst bevorzugt. Es liegt damit eine der Interessenlage des § 945 ZPO parallele Interessenkonstellation vor. Die Interessenlage unter den Privaten im Fall ungerechtfertigter Inanspruchnahme vorläufigen Rechtsschutzes nach §§ 80 a III, I Nr. 2 VwGO ist damit mit der § 945 ZPO zugrundeliegenden Interessenlage vergleichbar.

IV. Vergleichbare Interessenbewertung

Das Fehlen einer Regelung über eine Schadensersatzpflicht bei ungerechtfertigter Inanspruchnahme vorläufigen Rechtsschutzes nach § 80a VwGO stellt eine planwidrige Regelungslücke dar, wobei eine dem § 945 ZPO vergleichbare Interessenlage besteht. Im Normalfall ist das für eine Analogie ausreichend, insbesondere wenn es sich um eine Analogie im selben Rechtsgebiet handelt. Man kann davon ausgehen, daß ein einheitliches Rechtsgebiet vergleichbare Interessenlagen auch gleichartig bewertet. In diesem Fall stammt die analog anzuwendende Norm aus dem Privatrecht, während der zu regelnde Interessenkonflikt öffentlichrechtlich bestimmt ist. Das öffentliche Recht ist aber auch durch die Regelung von Allgemeininteressen geprägt. Zwar verfolgt auch das Zivilrecht Interessen der Allgemeinheit, indem es Rechtssicherheit schafft und Rechtsfrieden ermöglicht. Im öffentlichen Recht sind die Gemeinwohlinteressen aber sehr viel konkreter und detaillierter berücksichtigt. So dienen z.B. Abstandsvorschriften im Bauordnungsrecht zwar auch dem Schutz der Nachbarn, aber eine gleichmäßige, harmonische und gleichzeitig ressourcenschonende Bebauung geht in der

---

[227] Die aus dem Zuweisungsgehalt einer drittschützenden Norm resultierende Rechtsposition

Reichweite ihrer Bedeutung weit über den Kreis der unmittelbar Betroffenen hinaus. Diese anders geartete Berücksichtigung von Gemeinwohlinteressen verbietet es, bei der analogen Anwendung einer Privatrechtsnorm im öffentlichen Recht ohne weiteres von der vergleichbaren Interessenlage im Verhältnis zwischen den Privaten auf eine gleichartige Interessenbewertung zu schließen. Die öffentlich-rechtliche Regelung des Sachverhalts gebietet eine Überprüfung der Interessenbewertung und die Berücksichtigung eventuell gegenläufiger Gesichtspunkte. Ansatzpunkte für eine vom Privatrecht abweichende Interessenbewertung können sich insbesondere aus dem öffentlich-rechtlichen Charakter der drittschützenden Norm ergeben, die wegen ihres Zuweisungsgehalts für eine Schadensersatzpflicht entscheidend ist.

1. Rechtsschutzgarantie und Schadensersatzpflicht

Gegen eine Interessenbewertung wie im Zivilrecht und damit gegen eine analoge Anwendung des § 945 ZPO wird insbesondere die Prohibitivwirkung einer Schadensersatzpflicht auf die Inanspruchnahme vorläufigen Rechtsschutzes eingewandt.[228] In den hier relevanten Fällen geht es nicht nur um vorläufigen Rechtsschutz in den "kleinen" Nachbarstreitigkeiten unter privaten Eigentümern von Baugrundstücken, sondern auch um Großvorhaben wie chemische oder pharmazeutische Anlagen, Flughäfen, Kraftwerke, Atommüllendlager und ähnliches mehr. Bei solchen Großvorhaben könnte eine Schadensersatzpflicht bei ungerechtfertigter Inanspruchnahme vorläufigen Rechtsschutzes einer Rechtsschutzversagung gleichkommen, jedenfalls dann, wenn der Schadensersatzanspruch in einer angemessenen Relation zum entstandenen Schaden stehen soll. Während eines Rechtsstreits um eine Anlage zur Plutoniumverarbeitung der Firma Siemens entstand z.B. monatlich ein Schaden von 10 Millionen DM, der sich zu einer Summe von 500 Millionen DM aufaddierte.[229] Aber auch in den "kleinen" Nachbarstreitigkeiten könnte eine solche Schadensersatzpflicht desjenigen, der vorläufigen Rechtsschutz in Anspruch nimmt, eine prohibitive Wirkung haben. Zwar sind die Schadenssummen, die bei Streitigkeiten um den Bau privater Wohnhäuser auftreten, nicht derartig groß. Dafür sind die finanziellen Ressourcen der Streibeteiligten weitaus geringer. Ein Kostenrisiko, dessen Verwirklichung die Existenz gefährden kann, erschient vernüftigerweise nicht mehr tragbar. Aus diesem Grund wird

---

[228] vgl. nur *Schoch,* Vorläufiger Rechtsschutz, S. 1743

[229] Frankfurter Allgemeine Zeitung vom 10.08.1994

ein Schadensersatzanspruch überwiegend abgelehnt und somit die Interessen des Rechtsschutzsuchenden den Interessen des Vorhabensträgers vorgezogen.[230]

Diese Argumentation überrascht zunächst, denn niemand wird gezwungen, vorläufigen Rechtsschutz in Anspruch zu nehmen, statt den Ausgang des Hauptsacheverfahrens abzuwarten. Auch kann die Situation eines unter Umständen existenzbedrohenden Kostenrisikos auch im Zivilprozeß auftreten. Daraus wird aber, soweit ersichtlich, nicht abgeleitet, § 945 ZPO sei bei größeren Streitwerten nicht mehr anwendbar. Zu bedenken ist aber, daß es sich um eine öffentlich-rechtliche Streitigkeit handelt und deswegen die Rechtsschutzgarantie des Art. 19 IV GG Beachtung verlangt. Das BVerfG hat mehrfach entschieden, daß Art. 19 IV GG nicht nur das formale Recht und die theoretische Möglichkeit garantiert, ein Gericht in Anspruch zu nehmen, sondern auch das Gebot eines effektiven Rechtsschutzes enthält. Der Bürger hat einen substantiellen Anspruch auf tatsächlich wirksame gerichtliche Kontrolle.[231] Das bedeutet, daß die Inanspruchnahme gerichtlichen Rechtsschutzes nicht an faktischen Hindernissen scheitern darf. Das Risiko, unter Umständen mit einer Schadensersatzpflicht belastet zu werden, schränkt die Möglichkeit der Inanspruchnahme vorläufigen Rechtsschutzes deutlich ein. Insofern könnte das Gebot effektiven Rechtsschutzes, das auch und gerade für den vorläufigen Rechtsschutz gilt[232], eine vom Privatrecht abweichende Interessenbewertung fordern. Dabei ist aber auch zu berücksichtigen, daß Rechtsschutz nicht schrankenlos gewährt wird. Einschränkungen ergeben sich aus Art. 19 IV GG selbst und aus den Besonderheiten des multipolaren Verwaltungsrechtsverhältnisses. Der Rechtsweg darf zwar nicht ausgeschlossen werden, aber er darf erschwert werden, wenn dies aus Sachgründen zu rechtfertigen ist und

---

230 *Korbmacher,* VBlBW. 1981, S. 97 (102); im gleichen Sinne auch *Meyer-Ladewig,* DVBl. 1982, S. 117 (121); *Schoch,* Vorläufiger Rechtsschutz, S. 1743; diesen Aspekt meint wohl auch der BGH, wenn er eine Schadensersatzpflicht aus § 123 III VwGO i.V.m. § 945 ZPO in multipolaren Verwaltungsrechtsverhältnissen wegen des nicht überschaubaren Kreises der Anspruchsberechtigten ablehnt, BGH DVBl. 1981, S. 28 (30)

231 BVerfGE 10, S. 264 (267); 35, S. 263 (274); 46, S. 166 ff.; 72, S. 275 (284); 81, S. 123 (129); st. Rspr.; ebenso *Schenke* in Bonner Kommentar, GG Art. 19 IV Rdnr. 383; *Krebs* in v. Münch, GG Art. 19 Rdnr. 62

232 *Finkelnburg,* Festgabe 25 Jahre BVerwG, S. 169 (172); *Stober,* Rechtsschutz im Wirtschaftsverwaltungs- und Umweltrecht, § 7 A I 1

nicht unzumutbar ist.[233] Solche Rechtfertigungsgründe können sich insbesondere aus den Rechten der von den Rechtsschutzverfahren Betroffenen ergeben.

Die Ablehnung einer Schadensersatzpflicht mit dem Argument, ansonsten sei ein effektiver Rechtsschutz nicht mehr gewährleistet, beruht auf einer öffentlich-rechtlichen Separationsdoktrin.[234] Diese teilt das multipolare Verwaltungsrechtsverhältnis in zwei voneinander unabhängige Rechtsverhältnisse zwischen dem Staat und jeweils einem der Privaten auf. Der Konflikt zwischen den Privaten wird in eines dieser beiden bipolaren Verwaltungsrechtsverhältnisse integriert. Damit wird der Blick weggelenkt von dem zugrundeliegenden Konflikt und hingelenkt allein auf die Verfahrensseite. Äußerlich nimmt der Antragsteller Rechtsschutz gegen die staatliche Behörde in Anspruch. So erscheint dann der vorläufige Rechtsschutz in multipolaren Verwaltungsrechtsverhältnissen immer als Rechtsschutz in bipolaren Rechtsverhältnissen. Für diese Form des vorläufigen Rechtsschutzes wird aber eine Schadensersatzpflicht aus § 945 ZPO zu Recht abgelehnt. Die Separationsdoktrin konzentriert sich auf die Beziehung zwischen Bürger und Staat in bipolaren Verwaltungsrechtsverhältnissen und kann die davon zu unterscheidende Problematik des Rechtsschutzes in multipolaren Verwaltungsrechtsverhältnissen, die öffentlich-rechtliche Beziehung unter den Privaten, nicht ausreichend erfassen. Die Konfliktstruktur im multipolaren Verwaltungsrechtsverhältnis wird nur unzureichend berücksichtigt. Das ist auch hinsichtlich der Rechtsschutzgarantie zu berücksichtigen.

Das Prinzip des effektiven Rechtsschutzes besteht nicht als Prinzip an sich. Daraus allein lassen sich keine konkreten Maßstäbe für die Frage ableiten, wann Rechtsschutz effektiv ist und wann nicht. Die Anwendung dieses Prinzips bedarf der Angabe von Zielen, auf deren Erreichung hin die Frage nach Effektivität des Rechtsschutzes überhaupt erst sinnvoll wird. Rechtsschutzeffektivität kann nicht losgelöst von den materiellen Rechten verstanden werden, deren Schutz sie dienen soll.[235] Koppelt man die Rechtsschutzgarantie von den zu schützenden materiellen

---

233 BVerfGE 10, S. 264 (268); 37, S. 93 (96); 44, S. 302 (305); 77, S. 275 (284); 81, S. 123 (129)

234 Bezeichnung nach *Schmidt-Preuß,* Kollidierende Privatinteressen, S. 84 ff.

235 *Schenke,* Rechtsschutz bei normativem Unrecht, S. 62

Rechten ab, wird das Prinzip zur Leerformel.[236] Bei der Frage, ob eine Schadensersatzpflicht aus § 945 ZPO analog die Garantie des effektiven Rechtsschutzes aus Art. 19 IV GG verletzt, ist demnach auf die in multipolaren Verwaltungsrechtsverhältnissen zu schützenden materiellen Rechte abzustellen.[237]

In multipolaren Verwaltungsrechtsverhältnissen stehen aus drittschützenden Normen sowohl dem Antragsteller als auch dem notwendig beigeladenen Drittbetroffenen Rechte zu, die vom Gericht zu schützen sind. Häufig berufen sich Antragsteller und Drittbetroffener sogar auf dieselbe Norm. Damit wird aber die Eindeutigkeit, mit der der Rechtsschutz in bipolaren Verwaltungsrechtsverhältnissen extensiv zugunsten des Privaten gehandhabt werden konnte, unangemessen. Der Rechtsschutz kann sich hier nicht auf das Rechtsverhältnis zwischen Staat und Bürger beschränken, sondern muß auch die dadurch mitgestalteten Beziehungen zu Dritten mitberücksichtigen.[238] Bei diesen Beziehungen zu Dritten handelt es sich wegen des rechtszuweisenden Gehalts drittschützender Normen um die Regelung der Beziehungen der Privaten untereinander. Diese Rechte sind in der Regel auf beiden Seiten grundrechtlich abgesichert. So kann ein Betreiber einer emmittierenden Anlage Art. 12 I, 14 I GG ins Feld führen, während dem Nachbarn Art. 2 I, II GG und eventuell ebenfalls Art. 14 I GG zur Seite steht. Gerade dort, wo es um den öffentlich-rechtlichen Gerichtsschutz im Streit zwischen mehreren konträr betroffenen Grundrechtsträgern geht, können und müssen grundrechtliche Schutzinteressen die Rechtsschutzgarantie auch beschränken.[239] Hinsichtlich der materiellen Präklusion und damit der Einschränkung der gerichtlichen Nachprüfbarkeit ist dieser Gesichtspunkt, insbesondere in multipolaren Verwaltungsrechtsverhältnissen, auch anerkannt. Die materielle Präklusion wird als Ausgleich und Risikobegrenzung für den Genehmigungsempfänger gesehen, der ihm für die dem Drittbetroffenen oder Kläger gewährte

---

236 *Lorenz,* AöR 105 (1980), S. 623 (637)

237 Keinesfalls kann m.E. auf umgekehrtem Wege aus Art. 19 IV GG ein materielles, schützenswertes Recht abgeleitet werden. In dieser Richtung aber *Schick,* DVBl. 1975, S. 741 (746); wohl auch VG Hannover DVBl. 1977, S. 584; beide für das Beamtenrecht; für das Baurecht in diesem Sinne *Kirchhoff,* NJW 1981, S. 2382 (2386); *Wolfrum,* DÖV 1981, S. 606 (610); dagegen *Schenke* in Festschrift Otto Mühl, S. 571 (583)

238 *Schmidt-Aßmann* in MDHS, GG Art. 19 IV Rdnr. 3

239 *Papier,* Rechtsschutzgarantie gegen die öffentliche Gewalt, in HdBStR VI § 154 Rdnr. 8; *Schmitt-Aßmann* in MDHS, GG Art. 19 IV Rdnr. 22

Einflußnahme auf das behördliche Verfahren zusteht.[240] Materielle Präklusionen als Einschränkung des Rechtsschutzes zu Lasten des von dem genehmigten Vorhaben Betroffenen führen somit zu einer Ausweitung des Rechtsschutzes des Genehmigungsempfängers in dem Sinne, daß dieser eher eine sichere Rechtsposition erlangt.

Die Feststellung, daß die Ausdehung des Rechtsschutzes auf der einen Seite zu einer Einschränkung auf der anderen Seite führt, ist nicht gleichbedeutend mit der Feststellung, daß die Beschränkung des Rechtsschutzes zu Lasten eines der beiden Beteiligten sachlich gerechtfertigt ist. Diese Feststellung führt aber zu einem weiteren Gedanken, der zu einer abweichenden Bewertung führen könnte, nämlich dem Prinzip des Vertrauensschutzes. Der von dem Verwaltungsakt Begünstigte erhält eine Genehmigung oder eine Erlaubnis für ein bestimmtes Vorhaben oder eine bestimmte Tätigkeit. Dieser Verwaltungsakt erwächst (nach Ablauf einer bestimmten Frist) in Bestandskraft und schafft einen Vertrauenstatbestand. Dieser Vertrauenstatbestand kann auch nicht mehr einfach durch Rücknahme des Verwaltungsakts zerstört werden. § 48 II VwVfG verbietet eine Rücknahme eines Verwaltungsaktes, der eine Leistung gewährt, wenn der Begünstigte auf den Bestand des Verwaltungsaktes vertraut hat. Auch für sonstige Verwaltungsakte gilt dieser Vertrauensschutz, der im Rechtsstaatsprinzip verankert ist. Zwar gewährt die insoweit einschlägige Regelung des § 48 III VwVfG nur einen Vermögensschutz, die Gesichtspunkte aber, die bei § 48 II VwVfG zu einem Aufhebungsverbot wegen Vertrauensschutzes führen, sind bei § 48 III VwVfG im Rahmen der Ermessensausübung entsprechend zu berücksichtigen.[241] Weder im Verfahren des vorläufigen Rechtsschutzes noch im Hauptsacheverfahren findet dieser Vertrauensschutz Berücksichtigung. Man darf dabei nicht nur den durch einen rechtswidrigen Verwaltungsakt Begünstigten im Auge haben. Auch dem rechtmäßig Begünstigten wird durch die Möglichkeit der Inanspruchnahme vorläu-

---

[240] BVerwGE 60, S. 297 (307); bestätigt durch BVerfGE 61, S. 82 (109 f.) - Sasbach-Entscheidung; zustimmend *Badura*, JZ 1984, S. 14 (15); *Hett*, Öffentlichkeitsbeteiligung bei atom- und immissionsschutzrechtlichen Genehmigungsverfahren, S. 161; *Ipsen*, DVBl. 1980, S. 146 (153); *Schmidt-Aßmann*, Das allgemeine Verwaltungsrecht als Ordnungsidee und System, S. 51; *Stober*, AöR 106 (1981), S. 40 (72)

[241] BVerfGE 59, S. 128 (169); BVerwGE 89, S. 195 (197); OVG Münster NVwZ 85, S. 661 (662); VGH BW VBlBW. 85, S. 425 (426); *Klappstein* in Knack, VwVfG, § 48 Rdnr. 9; *Kopp*, VwVfG § 48 Rdnr. 84; *Obermayer*, VwVfG § 48 Rdnr. 112;

figen Rechtsschutzes durch Dritte der Vertrauensschutz genommen[242], da dem Begünstigten für die Dauer des Verfahrens eine Gefährdung und Verzögerung auferlegt wird, die ihm das objektive Recht tatsächlich nicht abverlangt.[243] Der Vertrauensschutz des Begünstigten wird aufgehoben und bis zum Ende des Verfahrens vertagt.

Die Inanspruchnahme vorläufigen Rechtsschutzes setzt die behauptete Verletzung einer drittschützenden Norm, also das Bestehen eines subjektiven Rechts voraus. Dieses subjektive Recht vermittelt dem Träger Macht zur partiellen Fremdbestimmung eines anderen, sei es eines rechtlich Gleichgeordneten oder des Staates.[244] Subjektive Rechte erlauben es ihrem Träger, seine Interessen auf Kosten der jeweiligen Interessen anderer durchzusetzen. Er darf von den anderen ein bestimmtes Verhalten bzw. die Duldung des eigenen Verhaltens verlangen. Die zu Lasten des Genehmigungsempfängers erfolgende Behinderung in der Durchsetzung seiner subjektiven Rechte bedeutet für die sonstigen von dem Vorhaben Betroffenen einen Gewinn an Freiheit. Die erschwerte Durchsetzung subjektiver Rechte bedeutet für sie eine Minderung fremder Bestimmungsmacht. Diese Freiheitseinschränkung auf der einen Seite und Freiheitsausweitung auf der anderen Seite ist unabhängig davon, ob der von der Genehmigung Begünstigte zu Recht oder zu Unrecht in den Genuß dieser Begünstigung gekommen ist. Über das Ausmaß der Freiheit des Begünstigten bestimmt nämlich nicht nur die den Verwaltungsakt materiell rechtfertigende Norm und die Sanktionsnorm bei mangelnder Rechtfertigung. Das Ausmaß der Freiheit wird auch, und hier wird der Gedanke des Vertrauensschutzes wieder relevant, durch die Anzahl derjenigen bestimmt, die die Sanktion durchsetzen können. Mithin hängt die Freiheit des Begünstigten von der Anzahl der Drittschutzberechtigten ab.[245] Diese Form der Einschränkung von Freiheit durch Erhöhung der Personenzahl, die eine bestimmte Rechtsposition potentiell durchsetzen könnte, hat wohl auch der BGH im Auge, wenn ein einen Schadensersatzanspruch des Genehmigungsempfängers wegen des unübersehebaren Kreises eventuell Anspruchsberechtigter ablehnt.[246] Allerdings spricht dieses Argument eher für einen

---

242 *Weyreuther,* Verwaltungskontrolle durch Verbände ?, S. 50

243 *Weyreuther,* Verwaltungskontrolle durch Verbände ?, S. 47

244 *Preu,* Subjektivrechtliche Grundlagen, S. 21

245 *Preu,* Subjektivrechtliche Grundlagen, S. 24

246 BGH DVBl. 1981, S. 28 (30)

Schadensersatzanspruch als dagegen. Der Kreis der eventuell Anspruchsberechtigten ist keineswegs unübersehbar, sondern durch das Rechtsverhältnis, das durch die im Streit stehende drittschützende Norm konstituiert wird, festgelegt und im übrigen im Verfahren durch das Erfordernis der notwendigen Beiladung nach § 65 II VwGO auch sichtbar. Umgekehrt ist für den Begünstigten nicht unbedingt übersehbar, wieviele Personen in den Genuß drittschützender Normen kommen, da deren Reichweite nicht immer eindeutig festgelegt ist. Der Begünstigte erkennt nur die Sanktionäre, die den Drittschutz "aktivieren". Wieviele potentielle Sanktionäre noch im Hintergrund sind, ist für den Drittbetroffenen häufig nicht erkennbar. Und es ist gerade diese Unsicherheit, die eine Freiheitseinschränkung auf Seiten des Begünstigten bewirkt. Eine Schadensersatzpflicht würde wegen ihrer risikoverdeutlichenden Wirkung zu einer faktischen Verkleinerung des Kreises potentieller Sanktionäre führen. Die Argumentation des BGH vernachlässigt die Position des Begünstigten vollständig und übersieht deswegen, daß auch auf seiner Seite zu schützende Freiheitsrechte vorhanden sind. Bei Berücksichtigung dieser Rechtsposition führt das Argument der Unübersichtlichkeit des Kreises der potentiellen Sanktionäre zur Befürwortung einer Schadensersatzpflicht, nicht zu einer Ablehnung.

Die Anwendung der Rechtsschutzgarantie des Art. 19 IV GG in multipolaren Verwaltungsrechtsverhältnissen muß diese Besonderheiten berücksichtigen. Die in Streit stehenden Rechte der Privaten sind in der Regel grundrechtlich abgesichert und in ihrem Bestand wechselseitig voneinander abhängig. Der einen Seite kann nichts zugesprochen werden, ohne der anderen Seite etwas zu nehmen. Desweiteren gebietet die Rechtsschutzgarantie nicht nur die Eröffnung des Rechtsweges, sondern auch Rechtssicherheit im Sinne des Bestehenbleibens bestimmter rechtlicher Entscheidungen. Dieser Grundsatz spiegelt sich im Vertrauensschutz wieder. Durch die Inanspruchnahme vorläufigen Rechtsschutzes wird der Vertrauensschutz für den Begünstigten aufgehoben und vertagt. Ein weitgehender Rechtsschutz im öffentlichen Recht bedeutet für den Antragsteller einen Zugewinn an Bestimmungsmacht über Fremde und damit notwendig zusammenhängend einen Freiheitsverlust auf Seiten des Begünstigten. Es zeigt sich also, daß die Ablehnung einer Schadensersatzpflicht wegen einer befürchteten Prohibitivwirkung und eines Verstoßes gegen Art. 19 IV GG wegen ihrer Beschränkung auf das Verhältnis Staat - Bürger zu kurz greift. Die Separationsdoktrin, die die öffentlich-rechtlichen Beziehungen der Privaten in multipolaren Verwaltungsrechtsverhältnissen ausblendet, kann die Problematik des Rechtsschutzes in diesem Bereich nicht

nur zugunsten der einen Seite zu betreiben. Das Argument, dem Antragsteller sei eine Schadensersatzpflicht wegen ihrer Prohibitivwirkung nicht zuzumuten, muß umgekehrt auch für den Begünstigten gelten. Auch er verteidigt seine Rechtsposition, muß aber einen eventuell entstehenden Schaden selbst tragen. Der beim Begünstigten durch Maßnahmen des vorläufigen Rechtsschutzes entstehende Schaden verschwindet nicht einfach dadurch, daß eine Schadensersatzpflicht verneint wird. Die Versagung eines Schadensersatzanspruches beläßt den Schaden beim ersten Schadensträger.

Erkennt man an, daß in multipolaren Verwaltungsrechtsverhältnissen die Ausdehnung des Rechtschutzes zugunsten des einen Privaten immer und notwendig mit einer Einschränkung des Rechtsschutzes des anderen Privaten verbunden ist[247], läßt sich mit Art. 19 IV GG nicht mehr argumentieren. Eine grundsätzliche Vermutung für einen extensiven Drittschutz und damit für risikolos durchsetzbare subjektive Rechte kann es nicht geben. Eine Freiheitsvermutung als Grundlage eines solchen Drittschutzes, die die Freiheit der anderen aufhebt, kann es nicht geben, wo sich die Parteien rechtlich gleichgeordnet gegenüberstehen. Im Gegenteil spricht die Vermutung eher gegen eine Rechtsmacht des einen Privaten über den anderen Privaten.[248]

Aus Art. 19 IV GG läßt sich in Bezug auf multipolare Verwaltungsrechtsverhältnisse nur die Forderung herleiten, das Risiko angemessen zu verteilen. Eine solche angemessene Risikoverteilung ist aus folgenden Gründen über eine analoge Anwendung des § 945 ZPO zu erreichen: § 945 ZPO weist das Risiko der Fehlentscheidung im vorläufigen Rechtsschutz dem Antragsteller zu. Im Zivilrecht, daß sich ausschließlich mit Auseinandersetzungen unter Privaten beschäftigt, wird eine solche Verteilung des Fehlentscheidungsrisikos offensichtlich für angemessen gehalten, obwohl auch im Zivilrecht oft sehr hohe Streitsummen auf dem Spiel stehen. Auch der Inanspruchnahme vorläufigen Rechtsschutzes in multipolaren Verwaltungsrechtsverhältnissen liegt ein privater Konflikt zugrunde. Eine analoge Anwendung des § 945 ZPO entspricht daher der tatsächlichen Situation. Die Risikoverteilung berücksichtigt die zugrundeliegende Konfliktsituation. Auch ist eine Prohibitivwirkung ernsthaft nur bei Großprojekten wie Atomkraftwerken und Großflughäfen zu befürchten. Dabei handelt es sich zwar um sehr spek-

---

247 In diesem Sinne hinsichtlich materieller Präklusionen BVerwGE 60, S. 297 (306 f.)

248 *Preu*, Subjektivrechtliche Grundlagen, S. 35

takuläre Fälle, die aber doch relativ selten auftreten.[249] Sehr viel zahlreicher dagegen sind die "einfachen" Nachbarrechtsstreitigkeiten im Immissionsschutzrecht und insbesondere im Baunachbarrecht. So finden sich zum Beispiel in BRS[250] Bd. 50 fünfundvierzig, in Bd. 52 achtundvierzig, in Bd. 55 sogar achtundsechzig Entscheidungen, die sich mit baurechtlichen Nachbarschaftskonflikten befassen, wobei jeder Band ca. 220 Entscheidungen enthält. Das macht das Übergewicht der "einfachen" Nachbarrechtsstreitigkeiten im Verhältnis zu Großprojekten deutlich. Die Risikoverteilung muß sich aber an den Normalfällen und nicht an den seltenen Ausnahmen orientieren. Für die Ermittlung des Umfangs des Schadensersatzes gelten die § 249 ff. BGB und damit auch § 254 BGB, der die Berücksichtigung eines eventuellen Mitverschuldens bei der Schadensverteilung erlaubt. Damit steht ein Weg offen, um die Einseitigkeit der Risikoverteilung in bestimmten Fällen zu mindern. Bei Berücksichtigung dieser Gesichtspunkte erscheint eine Risikoverteilung zu Lasten des Antragstellers nicht unangemessen und verstößt insbesondere nicht gegen Art. 19 IV GG.

2. Veränderung des öffentlich-rechtlichen Charakters der Streitigkeit

Einer dem Zivilrecht entsprechenden Bewertung des Interessenkonfliktes könnte der öffentlich-rechtliche Charakter der Streitigkeit entgegenstehen. Der Antragsteller macht seinen Anspruch gegenüber der Behörde geltend, von ihr wird ein Handeln erwartet, sie soll in die Rechte des Begünstigten eingreifen. Nicht zuletzt ist die Behörde Antragsgegner, nicht aber der Begünstigte. Der Konflikt ist im Stadium seiner Austragung formal auf das Verhältnis Staat-Bürger beschränkt. Damit erhält der Streit einen eindeutig öffentlich-rechtlichen Charakter. Durch die Annahme einer Schadensersatzpflicht nach § 945 ZPO analog wird der der Streitigkeit zugrundeliegende Konflikt zwischen privaten Entfaltungs- und Verschonungsinteressen in seiner Bedeutung deutlich verstärkt. Die privaten Konfliktgegner stehen sich nicht mehr nur vermittelt durch eine staatliche Behörde gegenüber, sondern werden durch die Einbeziehung des privaten Vermögens, durch die Verlagerung des Verfahrensrisikos in die Privatbeziehung zu unmittelbaren Konfliktgegnern.

---

[249] 1987 befanden sich in der Bundesrepublik einundzwanzig Atomkraftwerke in Betrieb. Angabe nach WER MIT WEM in Atomstaat und Großindustrie, Zweitausendeins-Verlag, 4. Aufl. 1987

[250] *Thiel, Fr./Gelzer, Konrad,* Baurechtssammlung, Rechtsprechung des Bundesverwaltungsgerichts, der Oberverwaltungsgerichte der Länder und anderer Gerichte zum Bau- und Bodenrecht

Durch die öffentlich-rechtliche Regelung dieser Konflikte hat der Gesetzgeber die Auseinandersetzung um Privatinteressen in Auseinandersetzungen mit einer staatlichen Stelle verwandelt. Diese Entwicklung ist als schleichende Umpolung der Ordnungsstrukturen im Sinne einer Umdimensionierung der Bürger-Bürger-Relation in eine öffentlich-rechtliche Relation mit dem Staat als unmittelbarem Konfliktgegner beklagt worden.[251] Andererseits ist diese Entwicklung als geltendes Recht anzuerkennen. Wenn auch zum Teil für eine rein zivilrechtliche Lösung dieser Konflikte plädiert worden ist[252], so "haben sich die Dinge anders entwickelt".[253] Aus dieser Dominanz des öffentlichen Rechts bei der Entscheidung über private Konflikte[254] könnte man ableiten, daß eine stärkere Betonung des zugrundeliegenden privaten Konflikts systemwidrig und daher zu vermeiden sei.[255] Immerhin verschiebt eine Schadensersatzpflicht die Bedeutung des Begriffs "Gegner" hin zum Beigeladenen und weg vom formalen Antragsgegner.[256]

Es wurde bereits mehrfach ausgeführt, daß die Vernachlässigung des zugrundeliegenden Konflikts zwischen den Privaten zu einer ungleichgewichtigen Risikoverteilung führt. Bei drittschützenden Normen ist zwischen dem Zuweisungsgehalt der Norm und der Anspruchsrichtung zu unterscheiden. Auf der Zuweisungsebene werden den Privaten Rechte zugewiesen und damit Konflikte unter Privaten entschieden. Auch wenn diese Rechtspositionen wegen der von der Zuweisungsebene abweichenden Anspruchsrichtung nur über den Staat als materielles Pflichtsubjekt durchgesetzt werden können, ändert das nichts an dem privaten Charakter des geregelten Konflikts. Durch die Trennung von Zuweisungsebene und Anspruchsrichtung sind die Konfliktsebenen im Verwaltungsrecht nicht kongruent. Aus dieser Inkongruenz läßt sich aber nicht

---

251 *Rupp* in Isensee/Kirchhoff, HdBStR I, § 28 Rdnr. 46

252 vgl. nur *Redeker,* NJW 1959, S. 749

253 so die lapidare Feststellung von *Ossenbühl,* Eigentumsgarantie und Umweltschutz, S. 35 (37)

254 Diese Dominanz gilt jedenfalls für diejenigen Konflikte, in denen es um Nutzungskonflikte an Boden und Umwelt geht. In allen anderen Bereichen dominiert natürlich und richtigerweise das Zivilrecht.

255 In diesem Sinne *Bothe,* JZ 1975, S. 399 (405); *Schoch,* Vorläufiger Rechtsschutz, S. 1745

256 Mit dieser Begründung eine Schadensersatzpflicht ablehnend BGH DVBl. 1981, S. 28 (30)

ableiten, entscheidend sei die Anspruchsrichtung. Nur weil die Konflikte im Rechtsstreit sichtbar werden und deswegen die Anspruchsrichtung in gewisser Weise ein besonderes Interesse genießt, läßt sich nicht behaupten, daß bei allen Fragen die Zuweisungsebene außer acht zu lassen sei. Daß eine solche Ausblendung des zugrundeliegenden sachlichen Konflikts zu Einseitigkeiten führt, wurde bereits dargelegt. Die ablehnende Haltung gegenüber einer stärkeren Betonung des privaten Konflikts im öffentlichen Recht beruht auf der Annahme, private Konflikte müßten auch privatrechtlich geregelt sein, während sich das öffentliche Recht nur mit öffentlichen Interessenkonflikten auseinandersetzt.[257] Zwischen den Interessen, über die entschieden wird, und der rechtlichen Entscheidung selbst muß aber strikt unterschieden werden.[258] Es gibt keinen Grund anzunehmen, daß private Konflikte nur privatrechtlich entschieden werden könnten, auch wenn das in der Mehrzahl der Fälle so ist. Das läßt sich gerade an den rechtlichen Entscheidungen über Nutzungskonflikte an Grund und Boden und Umwelt und damit zusammenhängender Rechte in ihrer historischen Entwicklung zeigen.[259]

Im 18. Jahrhundert wurden Konflikte z.B. im Gewerberecht in der Bürger-Bürger-Relation ausgetragen. Die Berechtigungen, ein Gewerbe zu betreiben und dabei auch Immissionen zu verursachen, waren verbunden mit Zwangs- und Verbietungsrechten gegenüber Dritten. Zu diesen Privilegien gehörte die Verpflichtung der Nicht-privilegierten, den Privilegierten in seinem Vorrecht nicht zu stören.[260] Die Konfliktregelung war damit nach heutigem Sprachgebrauch privatrechtlich.[261] Mit dem Beginn des 19. Jahrhunderts stellte sich heraus, daß dieses rechtliche System mit seinem hohen Grad an Subjektivierung den Erfordernissen der industriellen Revolution nach Flexibilität nicht gerecht wurde. Die hohe Zahl subjektiver Rechte verbunden mit einer hohen Zahl potentieller Sanktionäre machte das System zu statisch und un-

---

[257] *Maurer,* Allgemeines Verwaltungsrecht, § 3 Rdnr. 13

[258] *Schapp,* Das Verhältnis von öffentlichem und privatem Nachbarrecht, S. 149

[259] Die folgende Darstellung ist *Preu,* Die historische Genese der öffentlich-rechtlichen Bau- und Gewerbenachbarklage, Schriften zum Öffentlichen Recht Bd. 581, Berlin 1990 entnommen, auf den hinsichtlich detaillierterer Ausführungen an dieser Stelle verwiesen sei.

[260] *Preu,* a.a.O. (Fn. 259), S. 17

[261] Für die damalige Zeit läßt sich der Begriff Privatrecht als Abgrenzung zum öffentlichen Recht kaum verwenden, da es die Differenzierung zwischen öffentlichem Recht und Privatrecht in der heutigen Form noch nicht gab.

flexibel. In der Folge wurden die subjektiven Berechtigungen großenteils aufgehoben oder in Verwaltungsrecht umgedeutet, das einer Subjektivierung gar nicht oder nur eingeschränkt zugänglich war. Einen verwaltungsrechtlichen Drittschutz gab es jedenfalls nicht.[262] Auch durch die Einführung des BGB, das Eigentumseinschränkungen hinsichtlich der baulichen oder gewerblichen Nutzung außerhalb des BGB, insbesondere durch Landesrecht, abschaffte, wurden subjektive Rechte im privatrechtlichen Konflikt weiter ausgedünnt. Verstärkt wurde dieser Effekt durch die Präklusion privatnachbarlicher Abwehransprüche durch öffentlich-rechtliche Genehmigungen.[263] Außer Frage steht dabei, daß es sich um die Regelung derselben Konflikte handelt. Auf dem Spiel steht das Entfaltungsinteresse des einen Privaten und das Verschonungsinteresse des anderen Privaten. Überlagert wird dieser Interessenkonflikt durch das Interesse des Staates an der Förderung des Allgemeinwohls. Das eine Mal wird dieser Konflikt in der Bürger-Bürger-Relation ausgetragen, was nicht bedeutet, daß der Staat zu dieser Zeit kein Interesse am Allgemeinwohl gehabt hätte. Das andere Mal wird der Konflikt öffentlich-rechtlich geregelt und zwar im reinsten Sinne, nämlich unter weitestgehendem Ausschluß subjektiver Berechtigungen. In der Folgezeit begann die Einräumung subjektiver Nachbarrechte nur zögerlich, wobei sich deutliche Unterschiede zwischen den verschiedenen Verwaltungsgerichtshöfen bzw. Oberverwaltungsgerichten zeigten.[264] Erst nach 1945 setzte sich die öffentlich-rechtliche Nachbarklage verstärkt durch. Das vormals durch weitgehende Einschränkung subjektiver Rechte objektivierte Recht wurde resubjektiviert. Die Möglichkeit Dritter, verwaltungsrechtlichen Rechtsschutz in Anspruch zu nehmen wurde immer weiter ausgebaut bis auf den heutigen Stand.[265]

An diesem Wandel in der Behandlung privater Interessenkonflikte wird deutlich, daß die Gleichsetzung von privatem Konflikt und privatrechtlicher Konfliktentscheidung keineswegs zwingend ist. Heute wird über viele Konflikte unter Privaten, die sich zumeist als Konflikte um die Nutzung von Boden und Umwelt typisieren lassen, durch öffentlich-rechtliche Regelungen entschieden. Grund dafür ist ein teilweiser Gleichlauf von öffentlichen und privaten Interessen. Die beteiligten Privaten machen ihre Nutzungs- und Verschonungsinteressen geltend,

---

[262] *Preu,* a.a.O. (Fn. 259), S. 22 ff.

[263] *Preu,* a.a.O. (Fn. 259), S. 32 ff.

[264] *Preu,* a.a.O. (Fn. 259),S. 54 ff.

[265] *Preu,* a.a.O. (Fn. 259), S. 81 ff.

während der Staat ein allgemeines, öffentliches Interesse z.B. an einer gewissen städtebaulichen Ordnung geltend macht. Über diese Interessenkonflikte muß einheitlich entschieden werden, weil keiner Seite damit geholfen ist, ihre Interessen nur in einer Richtung abzusichern und entweder auf der privaten oder der öffentlich-rechtlichen Seite eine Flanke offenzuhalten. Alle Beteiligten sind daran interessiert, eine einheitliche "Endentscheidung" zu bekommen.[266] Zivilrechtlich kann dieser Konflikt nicht einheitlich entschieden werden, weil dann die Durchsetzung der öffentlichen Interessen vom Willen der beteiligten Privaten abhängt und damit die Wahrung des öffentlichen Interesses nicht gesichert ist. Die Entscheidung dieses Konfliktes durch das öffentliche Recht kann aber nicht bedeuten, den Schwerpunkt auf den Entscheidungsvorgang zu legen und den tatsächlichen Konflikt zu vernachlässigen. Die Konzentration auf das Verwaltungshandeln, also auf die Erteilung einer Genehmigung, auf den Erlaß eines Verwaltungsaktes, ist in bipolaren Verwaltungsrechtsverhältnissen unproblematisch; in multipolaren Verwaltungsrechtsverhältnissen führt diese Einengung allerdings zu einer Ausblendung des tatsächlichen Konflikts.

Im Rahmen der bipolaren Verwaltungsrechtsverhältnisse wurde gezeigt, daß eine analoge Anwendung des § 945 ZPO auf § 80 VwGO, also auf den Konflikt zwischen Staat und Bürger, nicht in Betracht kommt. Diese Ablehnung der Anwendung einer privatrechtlichen Norm berücksichtigt die Art des Interessenkonflikts. Im Verfahren des vorläufigen Rechtsschutzes nach § 80 VwGO treffen privates und öffentliches Interesse aufeinander. Hier verbietet sich wegen der Art des Interessenkonfliktes die Anwendung einer privatrechtlichen Norm. Im Verfahren des vorläufigen Rechtsschutzes nach § 80 a VwGO steht der Konflikt von Privaten im Vordergrund.[267] Diese Tatsache muß Berücksichtigung finden. Eine analoge Anwendung des § 945 ZPO und damit die verstärkte Betonung des privaten Charakters des Konflikts stellt unter Berücksichtigung des zugrundeliegenden Interessenkonflikts gerade keine systemwidrige Verschiebung dar, sondern umgekehrt eine Anpassung der Konfliktregelung an die tatsächliche Lage, an den tatsächlichen Interessenkonflikt.

---

[266] *Schapp*, Das Verhältnis von privatem und öffentlichem Nachbarrecht, S. 174 ff.

[267] Wäre ein öffentliches Interesse betroffen, würde die Behörde von sich auf tätig werden, die Inanspruchnahme vorläufigen Rechtsschutzes durch einen Privaten wäre nicht notwendig.

3. Mitverantwortung des Staates
Eine vom Zivilrecht abweichende Interessenbewertung könnte sich daraus ergeben, daß der Staat durch den Erlaß des begünstigenden Verwaltungsaktes den schadensträchtigen Interessenkonflikt überhaupt erst geschaffen hat. Dadurch könnte der Staat Mitverantwortung für das genehmigte Vorhaben übernommen haben. Daraus können sich Gesichtspunkte ergeben, die eine Schadensersatzpflicht des Antragsteller gegenüber dem Drittbetroffenen als nicht gerechtfertigt erscheinen lassen. Zunächst ist aber zu klären, wodurch und für was der Staat durch den begünstigenden Verwaltungsakt Verantwortung übernommen haben könnte.

Verantwortungsauslösendes Moment ist die Erteilung einer Genehmigung, einer Erlaubnis oder der Erlaß eines sonstigen begünstigenden Verwaltungsaktes mit belastender Drittwirkung. Erst mit dem Erlaß dieses Verwaltungsaktes ergibt sich für den Betroffenen die Notwendigkeit, um Rechtsschutz nachzusuchen. Damit wird der vorher nur potentielle Interessenkonflikt aktualisiert und aktiviert. Auf diese Weise läßt sich eine Verantwortlichkeit gegenüber dem Antragsteller ableiten. Diese Verantwortlichkeit könnte es unbillig erscheinen lassen, dem rechtsschutzsuchenden Nachbarn die Kosten der Austragung des Interessenkonfliktes aufzuerlegen, wo doch die Genehmigungsbehörde die Konfliktaustragung erst notwendig gemacht hat.

Eine weitere Form der Verantwortlichkeit des Staates, die gegen eine Überwälzung des Schadens des Drittbetroffenen auf den Antragsteller sprechen könnte, läßt sich gegenüber dem vom Verwaltungsakt Begünstigten konstruieren. Wenn der Staat vor die Aufnahme verschiedener Tätigkeiten Genehmigungsvorbehalte setzt, ein unter Umständen aufwendiges Verfahren durchführt, dann könnte darin eine gesetzliche Lastenverteilung zum Nachteil des Begünstigten liegen. Die Frage der Lasten- und Risikoverteilung durch ein präventives Kontrollverfahren soll jedoch gesondert behandelt werden. Zunächst soll der Frage nachgegangen werden, ob der Staat durch die Genehmigung Verantwortung für das Vorhaben des Drittbetroffenen, das den rechtsschutzsuchenden Antragsteller (vermeintlich) in seinen Rechten verletzt, übernimmt.

Eine Verantwortung des Staates, die eine Schadensersatzpflicht des Antragstellers als ungerechtfertigt erscheinen läßt, setzt einen Eingriff in Rechte des Antragstellers voraus. Ein Eingriff in die Rechte des Antragstellers durch die Genehmigung ließe die Inanspruchnahme vorläufigen Rechtsschutzes als Rechtsschutz gegenüber der Genehmigungsbehörde erscheinen. Damit handelte es sich wieder um Rechtsschutz im bipolaren Verwaltungsrechtsverhältnis mit der Konsequenz, daß eine analoge Anwendung des § 945 ZPO nicht in Betracht käme. Liegt eine Mitverantwortung des Staates nicht vor, dann richtet sich der vorläufige Rechtsschutz gegen einen befürchteten Eingriff eines privaten Dritten, nicht aber gegen die Genehmigungsbehörde. Diese wäre nur als zur Ausführung Verpflichtete, nicht aber mit eigenen materiellen Rechten beteiligt. Das ließe eine Schadensersatzpflicht zumindest nicht als unangemessen erscheinen.

Schwabe[268] und *Murswiek*[269] vertreten die Ansicht, jede staatliche Zulassung störenden privaten Verhaltens begründe eine eigene Verantwortung des Staates für die voraussehbaren Folgen, wenn die staatliche Zulassung mit Duldungspflichten anderer verbunden ist. Da der Staat durch Nicht-Verbieten eine Tätigkeit positiv erlaube, müsse er sich das Verhalten Privater sowie dessen voraussehbare Folgen als Konsequenz seiner Rechtsetzung zurechnen lassen.[270] Auch das BVerfG spricht von einer Mitverantwortung des Staates durch staatliche Zulassung riskanten Verhaltens.[271] Diese staatliche Verantwortung läßt sich sowohl auf die konkrete Genehmigung als auch auf das dazu ermächtigende Gesetz beziehen.[272] Wenn dem Staat der Eingriff als eigener zuzurechen ist, so stellt sich die Inanspruchnahme vorläufigen Rechtsschutzes gegen die Genehmigung als Rechtsschutz im bipolaren Verwaltungsrechtsverhältnis mit der oben angedeuteten Konsequenz dar.

Diese Ansicht über die Verantwortung des Staates für das Verhalten Privater ist kritisiert worden.Zunächst scheint die für den Eingriffscharakter der Genehmigung notwendige Kausalbeziehung zum Verhalten Privater zu fehlen. Der Eingriff kann ohne Genehmigung erfolgen, z.B. beim Schwarzbau, oder der Genehmigungsempfänger macht keinen Gebrauch von der Genehmigung. Beide Male ist die Genehmigung nicht kausal für den Eingriff bzw. Nicht-Eingriff, was der Genehmigung den Eingriffscharakter nimmt. Dieses Argument ist allerdings selbst an-

---

268 *Schwabe,* Probleme der Grundrechtsdogmatik, S. 213

269 *Murswiek,* Die staatliche Verantwortung für die Risiken der Technik, S. 58 ff.

270 *Murswiek,* Die staatliche Verantwortung für die Risiken der Technik, S. 69; *Schwabe,* NVwZ 1983, S. 523 (524)

271 BVerfGE 53, S. 30 (58) Mülheim-Kärlich-Beschluß

272 *Murswiek,* Die staatliche Verantwortung für die Risiken der Technik, S. 62 f.

greifbar. Mitverantwortung des Staates ist nicht irgendwie geartete Verantwortung, sondern Verantwortung im Rechtssinne. Es dürfen also nicht faktische und rechtliche Möglichkeiten miteinander vermengt werden. Wenn der Staat rechtliche Regeln setzt, z.B. Genehmigungserfordernisse, und nach rechtlicher Verantwortung gefragt wird, ist davon auszugehen, daß der Staat diese Regelungen auch durchsetzt und z.B. einen Schwarzbau auch mit dem ihm zur Verfügung stehenden Zwangsapparat verhindert. Insoweit ist die staatliche Genehmigung notwendige Bedingung für das störende Verhalten des jeweiligen Privaten. Voraussetzung dafür ist die Trennung von faktischer Möglichkeit und rechtlicher Verantwortlichkeit.[273]

Weiter läßt sich gegen eine Verantwortlichkeit des Staates anführen, daß der Staat durch die entsprechenden Genehmigungsvoraussetzungen den Privaten vor Störungen durch einen anderen schütze, er also die Handlungsfreiheit des durch die Genehmigung Begünstigten einschränke. Darin liegt dann kein Eingriff des Staates gegenüber dem Belasteten (hier dem Antragsteller) und damit entfällt auch die staatliche Verantwortlichkeit.[274] Dieses Argument versagt jedoch in dem Augenblick, in dem die gesetzlichen Anforderungen für eine Genehmigung herabgesetzt werden oder von bestimmten nachbarschützenden Vorschriften ein Dispens erteilt wird. Dann wäre wieder ein Eingriff gegeben, weil die Handlungsfreiheit des einen Privaten zu Lasten des anderen Privaten vergrößert wird.[275]

Entscheidend gegen eine Mitverantwortung des Staates spricht aber, daß Verantwortung eine Pflicht voraussetzt. Die faktische Störung des einen Privaten geht von dem anderen Privaten aus. Dieser Private ist es, der ein Haus, eine chemische Anlage, einen Schweinemaststall baut. Die Handlungen, für die der Staat Verantwortung tragen soll, sind Eingriffe Privater in rechtlich geschützte Güter anderer Privater. Die Verantwortung des Staates kann nur in einer Pflicht bestehen, Eingriffe dieser Art zu verhindern.[276] Eine allgemeine Verantwortung des Staates für das Handeln Privater durch Genehmigung setzt auch ein allgemeines Inter-

---

[273] anders Preu, Subjektivrechtliche Grundlagen, S. 70

[274] *Rauschning,* Staatsaufgabe Umweltschutz, VVDStRL 38 (1980), S. 167 (184)

[275] *Schwabe,* NVwZ 1983, S. 523 (525)

[276] *Alexy,* Theorie der Grundrechte, S. 417; kritisch gegenüber einer Verantwortung des Staates im weiten Sinne auch *Robbers,* Sicherheit als Menschenrecht, S. 128 f.

esse an Störungsfreiheit auf Seiten der übrigen Privaten voraus, das für den Staat verpflichtend wirkt, ein allgemeines Interessenstörungsverbot. Gerade dieses existiert aber nicht.[277]

Dennoch hat der genehmigende Verwaltungsakt Auswirkungen auf die Beteiligten und damit auch auf die Verantwortlichkeit des Staates. Die Bedeutung der Genehmigung liegt in einer Einschränkung der Rechtsschutzmöglichkeiten des Belasteten. Beginnt ein Privater ohne Genehmigung ein genehmigungspflichtiges Vorhaben, kann der Belastete sowohl zivilrechtliche als auch verwaltungsrechtliche Abwehransprüche geltend machen. Dem Vorhabensträger steht insoweit kein Schutz seiner Rechtsposition zu. Dies ändert sich mit der Erteilung einer behördlichen Genehmigung, die dem Begünstigten Vertrauensschutz verschafft, was sich zunächst im Verhältnis zur Behörde zeigt. Die Behörde ist an die Genehmigung gebunden. Eine Aufhebung der Genehmigung oder ihre inhaltliche Veränderung ist nur unter den eingeschränkten Voraussetzungen der §§ 48, 49 VwVfG und entsprechender Spezialnormen möglich. Entsprechendes gilt, wenn auch mit zeitlicher Verschiebung, für den Belasteten. Wenn die Genehmigung für ihn unanfechtbar geworden ist, reduziert sich parallel zu den Sanktionsmöglichkeiten der Verwaltung auch die Rechtsmacht des Privaten, normkonformes Verhalten des anderen Privaten durchzusetzen.[278] Hinsichtlich der zivilrechtlichen Ansprüche ist zu differenzieren. Auch sie können durch die Bestandskraft der Genehmigung eingeschränkt werden, wie sich an § 75 VwVfG oder an § 14 BImSchG zeigt. Inwieweit Genehmigungen auf zivilrechtliche Ansprüche einwirken, wenn diese Einwirkung nicht ausdrücklich vorgeschrieben ist, ist umstritten.[279] Jedoch ist davon auszugehen, daß die bestandskräftige Genehmigung eines Vorhabens zivilrechtliche Ansprüche zumindest insoweit einschränkt, als über dieselbe rechtliche Frage entschieden worden ist.[280] Jedenfalls hinsichtlich der verwaltungsrechtlichen Rechtsschutzmöglichkeiten tritt durch die Bestandskraft der Genehmigung für den durch den Verwaltungsakt Belasteten eine Verschlechterung ein. Diese Rechts-

---

[277] *Preu,* Subjektivrechtliche Grundlagen, S. 72

[278] *Preu,* Subjektivrechtliche Grundlagen, S. 85

[279] vgl. nur *Gerhardt.* BayVBl. 1990, S. 549 ff.; *Ossenbühl,* DVBl. 1990, S. 963; *Peine,* JuS 1987, S. 169 *Sach,* Genehmigung als Schutzschild, Diss. Freiburg 1993; m.w.Nachw.

[280] *Jarras,* Verwaltungsrecht als Vorgabe für Zivil- und Strafrecht, VVDStRL 50 (1991); S. 238 (268); *Ossenbühl,* DVBl. 1990, S. 963 (968)

schutzmöglichkeiten können verschiedene Ansprüche des Belasteten betreffen, die vom Inhalt der für ihn im Einzelfall Drittschutz vermittelnden Norm abhängen. Es kann sich dabei um echte Abwehransprüche handeln oder auch nur um Ansprüche auf Abwägung und Berücksichtigung der Belange des Belasteten. Unabhängig davon, welcher Anspruch gegeben wäre, nach Eintritt der Bestandskraft der Genehmigung kann der Belastete sie nicht mehr durchsetzen. Insoweit verkürzt die Genehmigung eines vorher verbotenen Verhaltens immer die Rechte des Belasteten.[281]

Daraus lassen sich Folgerungen im Hinblick auf eine Mitverantwortung des Staates für die beim Belasteten eintretenden Störungen ziehen. Bereits bei der Frage, ob dem Staat aufgrund der Erlaubnis die Störung des einen Privaten durch den anderen Privaten zugerechnet werden kann, wurde darauf hingewiesen, daß jede Verantwortung eine Pflicht voraussetzt. Die Beeinträchtigung des Belasteten durch die Genehmigung liegt in der Verkürzung von Rechtsschutzmöglichkeiten durch die Bestandskraft der Genehmigung. Will man dafür eine Verantwortung des Staates annehmen, läßt sich die Pflicht des Staates dahingehend konkretisieren, daß der Staat die Rechtsschutzmöglichkeiten nicht über die Maßen verkürzen darf. Daraus läßt sich z.B. die Pflicht ableiten, eventuell Belastete von der Genehmigung zu benachrichtigen, damit der Belastete seine Rechtsschutzmöglichkeiten durch Einlegung eines Rechtsbehelfs wahren kann. Das geschieht dort, wo die Rechtsschutzverkürzung besonders massiv ist, so insbesondere bei Planfeststellungsverfahren, §§ 73 VwVfG, 10 III BImSchG, 7 AbfG, 3 BauGB, 7 IV AtG. Hier zeigt sich auch, daß diese Mitverantwortung des Staates nichts mit dem vorläufigen Rechtsschutz nach § 80 a VwGO zu tun hat. Mit dem vorläufigen Rechtsschutz nach § 80 a VwGO wird gegen faktische Störungen durch das Verhalten des begünstigten Privaten vorgegangen, nicht gegen Störungen durch den Staat. Die Verantwortung des Staates, Rechtsschutzmöglichkeiten nicht über die Maßen zu verkürzen, hat nichts damit zu tun, ob der potentiell Belastete vorläufigen Rechtsschutz gegen das Vorhaben des Privaten in Anspruch nimmt oder nicht. Eine Verantwortung des Staates wirkt damit in einer anderen Relation, als die rechtliche Verbindung zwischen den beiden Privaten, die die Annahme einer Schadensersatzpflicht rechtfertigt. Eine Verantwortungsübernahme durch die Erteilung einer Genehmigung läßt sich so zwar annehmen, ihr fehlt aber der Bezug zu dem rechtlichen Verhältnis, in dem sich die Frage nach einer Schadensersatzpflicht bewegt. Infolgedessen kann eine solche Mitverantwortung des Staates auch

---

281 *Preu*, Subjektivrechtliche Grundlagen, S. 88

nicht eine vom Zivilrecht abweichende Interessenbewertung rechtfertigen. Auch der Gedanke einer Mitverantwortung des Staates führt damit nicht zu einer vom Zivilrecht abweichenden Interessenbewertung.

4. Lastenverteilung durch präventives Kontrollverfahren

Ein weiterer Gesichtspunkt, der gegen eine dem Zivilrecht entsprechende Interessenbewertung sprechen könnte, liegt in dem präventiven Kontrollverfahren selbst. Wie oben bereits angedeutet, ließe sich das Erfordernis eines Genehmigungsverfahrens als gesetzliche Lastenverteilung zum Nachteil des Begünstigten verstehen. Die hier relevanten Streitigkeiten unter Privaten entzünden sich an der Erteilung einer Genehmigung. Diese Genehmigungen ergehen in unterschiedlich ausgestalteten Verfahren, wobei das bauordnungsrechtliche Verfahren und das immissionsschutz- oder atomrechtliche Verfahren hinsichtlich der Komplexität des Verfahrensablaufs als jeweilige Extrempunkte angesehen werden können. Das bauordnungsrechtliche Genehmigungsverfahren ist ein einfaches Verwaltungsverfahren. Die Hinzuziehung weiterer Beteiligter neben dem Bauherrn ist eher als Ausnahme ausgestaltet.[282] Ganz anders dagegen das atomrechtliche Genehmigungsverfahren, das durch eine Vielzahl von Einwendungen, stufenweises Fortschreiten der Entscheidungen und aufwendige Anhörungsverfahren gekennzeichnet ist. Die Hinzuziehung weiterer Beteiligter neben dem Vorhabensträger ist hier nicht die Ausnahme, sondern beabsichtigt, was schon daran deutlich wird, daß nach § 4 AtVfV auf die Bekanntmachung des Genehmigungsverfahrens im Bundesanzeiger (!) hinzuweisen ist. Daraus ließe sich ableiten, daß der Gesetzgeber die Risiko- und Kostenverteilung unter den beteiligten Privaten bereits durch dieses aufwendige Verfahren und die Beteiligung eines großen Personenkreises[283] endgültig verteilt hat, und zwar zu Lasten desjenigen, der die Genehmigung seines Vorhabens anstrebt.[284] Der Staat ist in gewissen Grenzen, die durch Art. 19 IV GG und die Rechtsstaatsgarantie gezogen werden, in der Entscheidung über die Subjektivierung von Rechtssvorschriften frei. Der Gesetzgeber kann daher in bestimmten Bereichen die

---

[282] vgl. §§ 72 II NBauO, 69 BauO NW, 88 BauO Bln

[283] zu den Auswirkungen einer großen Zahl potentieller Sanktionäre normkonformen Verhaltens vgl. 3.Teil, 2. Kapitel, IV. 1., S. 96 ff.

[284] Im bauordnungsrechtlichen Genehmigungsverfahren zeigt sich die Risikoverteilung nicht so deutlich. Sie beschränkt sich auf die Bestandskraft der Genehmigung. Diese Einfachheit des Verfahrens wird dadurch ausgeglichen, daß das Baurecht auch keine materiellen Präklusionen kennt.

Zahl drittschützender Normen vermehren, die Zahl potentieller Sanktionäre damit erhöhen und so die Belastung des Genehmigungsempfängers erhöhen. In einem solchen Fall läßt sich argumentieren, durch die Ausgestaltung des Verfahrens sei das Risiko bereits zu Lasten des Genehmigungsempfängers verteilt und durch eine Schadensersatzpflicht nach § 945 ZPO würde diese Risikoverteilung unterlaufen.

Eine solche Argumentation würde aber übersehen, daß das detailliert geregelte Verwaltungsverfahren nicht die Belastung des Genehmigungsempfängers erhöht, sondern zu seinem Schutz gedacht ist, um ihm eine möglichst stabile Rechtsposition zu verschaffen. Zwar ist es richtig, daß der Zeitablauf und die damit verbundene Ungewißheit durch das aufwendige Verwaltungsverfahren zu Lasten des Genehmigungsempfängers gehen. Das erscheint auch gerechtfertigt, da ja schließlich der Genehmigungsempfänger derjenige ist, der ein störendes Vorhaben verwirklichen will und sein Vorhaben eine komplexe Interessenabwägung erst notwendig macht. Der Gesetzgeber hat aber die Belastung durch den Zeitfaktor, die durch die Ausdehnung der Zahl der Partizipienten noch erhöht wird, durchaus gesehen. Ebenso hat er die Gefahr erkannt, die der Freiheit des einen Privaten durch die Vermehrung der potentiellen Sanktionäre droht, und hat ein ausgleichend wirkendes Instrument geschaffen. Durch eine Abfolge von Vorbescheiden und Teilgenehmigungen in Verbindung mit materiellen Präklusionsvorschriften erlangt der Genehmigungsempfänger relativ rasch eine stabile Rechtsposition, die nicht mehr ohne weiteres angreifbar ist. Dadurch wird die hohe Zahl der Partizipienten und die daraus resultierende Ungewißheit für den Genehmigungsempfänger wieder ausgeglichen. Von einer einseitigen Lastenverteilung zum Nachteil des Genehmigungsempfängers kann daher keine Rede sein. Vielmehr werden dessen Nachteile durch Mitwirkungslasten der Partizipienten ausgeglichen. Auch der Gesichtspunkt der Lastenverteilung durch Verfahrensregelungen spricht daher nicht gegen eine dem Zivilrecht entsprechende Interessenbewertung.

5. Folgerungen für die Interessenbewertung

Mit den vorigen Darlegungen ist deutlich geworden, daß hinsichtlich einer Schadensersatzpflicht aus § 945 ZPO analog bei ungerechtfertigter Inanspruchnahme vorläufigen Rechtsschutzes nach § 80 a I Nr. 2, III VwGO eine vom Zivilrecht abweichende Interessenbewertung nicht geboten ist.

Die Rechtsschutzgrantie des Art. 19 IV GG und der öffentlich-rechtliche Charakter der Streitigkeit können eine abweichende Interessenbewertung nicht begründen. Argumentationen in dieser Richtung können die besondere Struktur des multipolaren Verwaltungsrechtsverhältnisses nicht berücksichtigen. Eine Mitverantwortung des Staates durch Erteilung der Genehmigung existiert zwar, wirkt aber in einem anderen Rechtsverhältnis als dem zwischen den Privaten, das für eine Schadensersatzpflicht entscheidend ist. Durch aufwendige präventive Kontrollverfahren wird das Risiko nicht auf den später Begünstigten abgewälzt. Die Genehmigungsverfahren dienen vielmehr dazu, dem Vorhabensträger möglichst rasch eine relativ stabile Rechtsposition zu verschaffen.

Alle diese Gesichtspunkte können eine vom Zivilrecht abweichende Interessenbewertung und damit den Ausschluß einer Analogie nicht nur nicht rechtfertigen. Es hat sich auch gezeigt, daß diese Gesichtspunkte zum Teil sogar für eine analoge Anwendung des § 945 ZPO sprechen. Eine solche Schadensersatzpflicht betont den dem Rechtsschutzverfahren zugrundeliegenden Konflikt und führt damit dazu, die Inkongruenz von Anspruchsebene und Konfliktebene in multipolaren Verwaltungsrechtsverhältnissen auszugleichen. Eine Schadensersatzpflicht des Antragstellers gegenüber dem Drittbetroffenen nach § 945 ZPO analog in Fällen ungerechtfertigter Inanspruchnahme vorläufigen Rechtsschutzes nach § 80 a I Nr. 2, III VwGO ist nicht nur möglich, sondern auch geboten.

3. Kapitel
Tatbestandsmerkmale eines Schadensersatzanspruches aus §§ 80 a I Nr. 2, III VwGO, 945 ZPO analog

Nach der Bejahung einer analogen Anwendung des § 945 ZPO bleibt nun die Konkretisierung der Anspruchsvoraussetzungen dieser Schadensersatzpflicht in Hinblick auf die Unterschiede zwischen privatrechtlichem und verwaltungsrechtlichem vorläufigen Rechtsschutz. Ausgehend von den Tatbestandsvoraussetzungen des § 945 ZPO - der Vollziehung einer anfänglich unbegründeten einstweiligen Verfügung - sind die Voraussetzungen einer analogen Anwendung des § 945 ZPO auf den vorläufigen Rechtsschutz nach § 80a VwGO in dreierlei Hinsicht zu präzisieren. Erstens ist zu klären, wann die Inanspruchnahme vorläufigen Rechtsschutzes nach § 80 a VwGO ungerechtfertigt ist. Zum zweiten stellt sich angesichts der vom Zivilrecht abweichenden Struktur von Primär- und Sekundärnorm (Zuweisungsgehalt und Anspruchsrichtung) die Frage, wann das Merkmal der Vollziehung erfüllt ist. Im Zivilrecht meint Vollziehung die Anwendung von Maßnahmen der Zwangsvollstreckung. Es geht also um die Durchsetzung der im vorläufigen Rechtsschutz angeordneten Maßnahme.[285] Die Durchsetzung der angeordneten Maßnahme gehört allerdings schon zur Anspruchsrichtung, also zum Rechtsverhältnis zwischen Bürger und Staat. Demgegenüber ist tragender Grund einer Haftung aus § 945 ZPO die Veränderung des Zuweisungsgehalts, also eine Veränderung im Rechtsverhältnis zwischen den beteiligten Privaten, das durch die Zuweisungsnorm geprägt wird. Im Zivilrecht ist vorläufiger Rechtsschutz immer gerichtlicher Rechtsschutz, während im öffentlichen Recht vorläufiger Rechtsschutz auch durch die Behörde möglich ist. Es stellt sich daher drittens die Frage, ob eine Schadensersatzpflicht nur bei ungerechtfertigter Inanspruchnahme gerichtlichen Rechtsschutzes gegeben sein kann, oder ob eine Schadensersatzpflicht auch bei ungerechtfertigtem behördlichen Rechtsschutz in Betracht kommt.

I. Mangelnde Berechtigung der Inanspruchnahme vorläufigen Rechtsschutzes nach § 80 a VwGO

Bei der Untersuchung einer Schadensersatzpflicht nach § 123 III i.V.m. § 945 ZPO in bipolaren Verwaltungsrechtsverhältnissen hat sich ergeben, daß die Voraussetzungen für den Erlaß einer einstweiligen Anordnung nach § 123 I VwGO Ansatzpunkte für die Beantwortung der Frage bieten, wann eine einstweilige Anordnung ungerechtfertigt ist, auch wenn aus dem Fehlen einer dieser Voraussetzungen nicht automatisch auf eine Schadensersatzpflicht nach § 945 ZPO geschlossen werden kann. Weder § 80 a VwGO noch die ihm zugrundeliegende, vorgeordnete Norm des § 80 VwGO enthalten Maßstäbe, wann ein Antrag auf Gewährung vorläufigen Rechtsschutzes Erfolg hat.[286] Infolgedessen ist sowohl der Entscheidungscharakter als auch der Entscheidungsmaßstab stark umstritten. Aus dem Charakter der Entscheidung

---

[285] Diese Durchsetzung darf nicht verwechselt werden mit der Durchsetzung des zugrundeliegenden Anspruches. Der vorläufige Rechtsschutz dient nur der Sicherung der Durchsetzbarkeit eines Anspruches, nicht der Befriedigung dieses Anspruches. Ausnahmen davon gibt es zwar in Form der sog. Leistungsverfügungen mit befriedigender Wirkung, diese sind aber sehr restriktiv zu handhaben.

[286] nach *Schoch,* NVwZ 1991, S. 1121 (1124 m.Fn. 50) "ein Skandal"

und dem Entscheidungsmaßstab ergeben sich aber die Voraussetzungen für die Gewährung vorläufigen Rechtsschutzes und damit auch Anhaltspunkte für die Frage, wann die Inanspruchnahme vorläufigen Rechtsschutzes ungerechtfertigt ist.

1. Charakter der Entscheidung nach §§ 80 V, 80 a III VwGO

Hinsichtlich des Charakters der Entscheidung geht es um die Frage, ob es sich um eine gerichtliche Ermessensentscheidung oder um eine Rechtsentscheidung handelt. Diese Frage ist von Bedeutung, weil eine Ermessensentscheidung auch Zweckmäßigkeitserwägungen enthält, während Gerichte ansonsten Ermessensentscheidungen hinsichtlich ihrer Zweckmäßigkeit nur sehr eingeschränkt oder gar nicht überprüfen.[287] Beim Wechsel zwischen Ermessensentscheidung und Rechtsentscheidung wechselt damit auch der Entscheidungsmaßstab.

Nach herrschender Meinung handelt es sich bei der Entscheidung nach §§ 80 V, 80 a III VwGO um eine gerichtliche Ermessensentscheidung.[288] Diese Ansicht kann sich zwar auf mehrere Begründungen stützen, ihr ist aber im Ergebnis nicht zu folgen. Zunächst "kann" das Gericht nach § 80 V, 80 a III VwGO Maßnahmen des vorläufigen Rechtsschutzes treffen. Dies läßt sich im Sinne einer Ermesseneinräumung interpretieren.[289] Desweiteren ermöglichen die §§ 80 V S. 1, 4, 5, 80 a III VwGO die Beschränkung der Maßnahmen auf Teilbereiche, daneben Sicherheitsleistungen und Auflagen und schließlich eine Befristung. Auch dies spricht für eine Ermessensentscheidung.[290] Schließlich handelt es sich nicht wie bei § 113 I VwGO um eine kassatorische, sondern um eine reformatorische Entscheidung. Das Gericht gestaltet selbst die Rechts-

---

[287] vgl. nur *Eyermann/Fröhler,* VwGO § 114 Rdnr. 6 ff.; *Kopp,* VwGO § 114 Rdnr. 1; *Redeker/v.Oertzen,* VwGO § 114 Rdnr. 1 ff;

[288] BVerwG, DVBl. 1994, S. 341 VGH BW, ESVGH 27, S. 45 (47); Hess. VGH, NVwZ 1993, S. 293; DVBl. 1985, S. 1184 (1185); OVG Bremen, DÖV 1980, S. 572 (573); OVG Lüneburg, DVBl 1976, S. 81 (82); OVG Münster, OVGE 30, S. 1 (2); *Eyermann/ Fröhler,* VwGO § 80 Rdnr. 48; *Finkelnburg/Jank,* Vorläufiger Rechtsschutz, Rdnr. 651; *Kopp,* VwGO § 80 Rdnr. 78; *Papier,* Die Stellung der Verwaltungsgerichtsbarkeit, S. 39 f.; *Redeker/v.Oertzen,* VwGO § 80 Rdnr. 52; *Reimer,* VBlBW. 1986, S. 291 (292); *Schmidt,* VBlBW. 1983, S. 131 (133); *Vogel* in Drews/Wacke/Vogel, Gefahrenabwehr, S. 594;

[289] OVG Münster, OVGE 22, S. 209 (210); *Kuhla/Hüttenbrink,* Der Verwaltungsprozeß, Abschn. J, Rdnr. 81;

[290] *Finkelnburg/Jank,* Vorläufiger Rechtsschutz, 2. Aufl., Rdnr. 494

lage, was ebenfalls für eine Ermessensentscheidung spricht.[291] Weitere Begründungen sind allerdings nicht ersichtlich.[292]

Zunächst ist der Bezugspunkt des Ermessens zu präzisieren. Sieht man die Entscheidung nach §§ 80 V, 80 a III VwGO als Ermessensentscheidung an, so bezieht sich dieses Ermessen nur auf die Frage, ob die aufschiebende Wirkung anzuordnen/wiederherzustellen ist oder nicht, bzw. ob sonstige Maßnahmen zu treffen sind. Keinesfalls bezieht sich dieses Ermessen auf ein eventuell der Behörde hinsichtlich des ursprünglichen Verwaltungsakts eingeräumtes Ermessen.[293] Damit wird der Bereich, in dem das Gericht Ermessen ausüben kann, deutlich kleiner. Die Ansicht, das Gericht habe eine eigene Ermessensentscheidung zu treffen, läßt sich aber noch aus anderen Gründen bestreiten. Wie sich aus der Rechtsprechung zum Verwaltungsermessen ergibt, bedeutet eine Kannvorschrift keineswegs immer die Einräumung von Ermessen.[294] Auch § 123 I VwGO enthält eine Kann-Vorschrift. Dennoch ist hier eine einstweilige Anordnung zu erlassen, wenn die gesetzlichen Voraussetzungen dafür vorliegen.[295] Die Möglichkeit der Beschränkung der Entscheidung auf Teilbereiche nach §§ 80 V S. 1, 80 a III VwGO und die Möglichkeiten nach §§ 80 V S. 4, 5, 80 a III VwGO betreffen den Inhalt der Entscheidung, nicht die Frage, ob eine bestimmte Entscheidung ergehen muß. Entschließungs- und Auswahlermessen müssen aber getrennt gehalten werden.

Deutlicher gegen eine eigene Ermessensentscheidung spricht aber die Funktionenordnung. Mit der Ermessensentscheidung wird ein originärer Exekutivakt auf die Judikative übertragen. Damit wird der Grundsatz der Funktionentrennung verwischt. Zwar sind den Richtern im Einzelfall auch Ermessensentscheidungen übertragen[296], jedoch bedarf es wegen des Gesetzesvorbehalts für die Gerichtsorganisation

---

291 VGH BW, ESVGH 35, S. 278 (279 f.); *Finkelnburg/Jank,* Vorläufiger Rechtsschutz, 2. Aufl., Rdnr. 494

292 *Schoch,* Vorläufiger Rechtsschutz, S. 1383

293 *Meissner,* VBlBW. 1982, S. 26

294 vgl. nur BVerwGE 7, S. 304 (315); 15, S. 251 (254); 18, S. 247 (250)

295 *Eyermann/Fröhler,* VwGO § 123 Rdnr. 17; *Guthardt,* DVBl. 1972, S. 567 (572); *Quaritsch,* VerwArch. 51 (1960), S. 210 (217)

296 Insbesondere im Bereich der Freiwilligen Gerichtsbarkeit

eines übertragenden Gesetzes.[297] Eine solche ausdrückliche Einräumung einer Ermessensentscheidung ist nicht ersichtlich.

Antrags- und Klagebefugnis sind nach § 42 II VwGO strikt an das Bestehen eines subjektiven Rechts gebunden. Der Rechtsschutz dient dem Schutz subjektiver öffentlicher Rechte. Eröffnet man dem Gericht eine eigene Ermessensentscheidung, erstreckt sich die Prüfung auf Fragen der Zweckmäßigkeit. Erwägungen der Zweckmäßigkeit sind aber unabhängig von subjektiven Rechten. Die Frage der Sicherung der Durchsetzbarkeit subjektiver öffentlicher Rechte ist eine rechtliche Frage, keine einer Zweckmäßigkeitsüberlegung zugängliche Frage. Mit der Einräumung eines Ermessensfreiraums wird also die Bindung an das subjektive öffentliche Recht, die für die Zulässigkeit des Antrags noch von entscheidender Bedeutung ist, in der Begründetheit aufgegeben. Durch diese Abkoppelung vom subjektiven öffentlichen Recht gerät die Entscheidung damit an den Rand dessen, was noch als Rechtsschutz bezeichnet werden kann.[298] Aus diesen Gründen ist die Einordnung der Entscheidung nach §§ 80 V, 80 a III VwGO als gerichtliche Ermessensentscheidung abzulehnen. Vielmehr handelt es sich dabei um eine Rechtsentscheidung.[299] Damit ist auch die Frage nach dem Entscheidungsmaßstab bereits vorentschieden.

2. Entscheidungsmaßstab

Parallel zu dem Streit um den Entscheidungsmaßstab des § 123 I VwGO werden auch hinsichtlich §§ 80 V, 80 a III VwGO zwei verschiedene Grundformen der Eilentscheidungen vertreten, nämlich eine materiell-akzessorische und eine offene Eilentscheidung[300] in Form einer reinen Interessenabwägung, während ein materiell-akzessorischer Entscheidungsmaßstab nur die Aussichten in der Hauptsache berücksichtigt, sich also nicht an Interessen ausrichtet, sondern am materiellen Recht.

Nach einer älteren Auffassung hat das Gericht eine Interessenabwägung vorzunehmen, ohne die Erfolgsaussichten in der Hauptsache zu

---

297 *Stern,* Staatsrecht, Bd. II, § 43 I 5, S. 900

298 *Schoch,* Vorläufiger Rechtsschutz, S. 1387

299 *Guthardt,* DVBl. 1972, S. 567 (570); *Renck,* NVwZ 1992, S. 338 (339); *Schoch,* Vorläufiger Rechtsschutz, S. 1395;

300 Zu diesen Grundtypen vgl. *Leipold,* Grundlagen des einstweiligen Rechtsschutzes, S. 52 ff.

berücksichtigen.[301] Nach neuerer Auffassung ist unbestritten, daß die Erfolgsaussichten in der Hauptsache bei der Interessenabwägung zu berücksichtigen sind,[302] allerdings nur, wenn die Erfolgsaussichten offenbar sind.[303] Diese Interessenabwägung gründet sich auf die den Gerichten zugebilligte Ermessensentscheidung.[304] Durch die Berücksichtigung der Erfolgsaussichten in der Hauptsache ergibt sich für die Interessenabwägung in zweierlei Hinsicht ein Problem, das letztlich zu einer Ablehnung dieses Entscheidungsmaßstabes führen muß. Zum einen stellt sich das Problem der Rangfolge von Erfolgsaussichten in der Hauptsache und anderen zu berücksichtigenden Interessen. Ist die Prüfung der Erfolgsaussichten vorrangig, dann bleibt für eine Interessenabwägung kein Raum mehr. Über eine Interessenabwägung zu einer vom wahrscheinlichen Erfolg in der Hauptsache abweichenden Entscheidung zu gelangen, hieße, eine Entscheidung gegen das materielle Recht zu treffen. Sind dagegen die Erfolgsaussichten nur ein Teilaspekt einer umfassenderen Interessenabwägung, läßt sich selbst bei Evidenz der Erfolgsaussichten nicht mehr auf den Ausgang des Verfahrens schließen.[305] Eine Entscheidungsfindung, die selbst bei Evidenz der Rechtslage die Entscheidung unvorhersehbar macht, verstößt aber gegen das Gebot der Rechtssicherheit. Die Rechtssicherheit steht zwar in einem Spannungsverhältnis mit anderen Rechtsprinzipien wie Gerechtigkeit. Aber ein derart eklatanter Verstoß gegen ein Prinzip, von dem sich letztlich jede Auslegung von Gesetzen leiten lassen muß, kann nicht sinnvoll sein.[306]

Aufgrund dessen plädiert die herrschende Meinung und ein überwiegender Teil der Rechtsprechung für ein Stufensystem. Auf der ersten

---

301 OVG Lüneburg, DVBl. 1966, S. 275 (277)

302 BayVGH, BayVBl. 1972, S. 166; *Martens*, DVBl. 1985, S. 541; *Schoch*, Vorläufiger Rechtsschutz, S. 1577

303 OVG Koblenz, NVwZ 1987, S. 240; OVG Lüneburg, NVwZ 1987, S. 997; *Kopp*, VwGO § 80 Rdnr. 82; *Korbmacher*, VBlBW. 1981, S. 97 (103); *Kutscheidt*, NVwZ 1987, S. 33 (34); *Leipold*, Grundlagen des einstweilgen Rechtsschutzes, S. 191 ff.

304 *Kopp*, VwGO 3 80 Rdnr. 80 ff.; *Papier*, Die Stellung der Verwaltungsgerichte, S. 39 ; *Weides*, NVwZ 1987, S. 200 (202)

305 *Schoch*, Vorläufiger Rechtsschutz, S. 1578 ff. m.w.Nachw.

306 Zu den Zielen, die bei Auslegung von Normen zu beachten sind vgl. *Brugger*, AöR 120 (1994), S. 1 ff, insbes. S. 3 und 11 f.

Stufe soll geprüft werden, ob der Verwaltungsakt offensichtlich rechtmäßig oder rechtswidrig ist.[307] Nur wenn diese Überprüfung der Erfolgsaussichten ohne Ergebnis bleibt, wird eine Interessenabwägung vorgenommen. Diese Form des Entscheidungsmaßsstabes erzeugt allerdings in bestimmten Fällen eine deutliche Unzufriedenheit. Eine solche Interessenabwägung führt bei Fällen, in denen die Vollziehung des Verwaltungsaktes zu irreparablen Tatsachen führt, zu untragbaren Ergebnissen. Die Berücksichtigung irreparabler Tatsachen muß bei einer Interessenabwägung automatisch zu einer Aussetzung der Vollziehung führen, da anderenfalls die Interessen des den Verwaltungsakt Anfechtenden nicht mehr zu schützen sind. Da aber irreparable Tatsachen auch zu recht geschaffen werden können, nämlich wenn der Verwaltungsakt rechtmäßig ist, müßte die Gewährung vorläufigen Rechtsschutzes notwendig immer wieder zu Entscheidungen gegen das materielle Recht führen. Infolgedessen wird hinsichtlich solcher Fallkonstellationen gefordert, die Prüfung auf der ersten Stufe, also die Prüfung der Erfolgsaussichten in der Hauptsache zu intensivieren. Eine Evidenzkontrolle reiche in diesen Fällen nicht aus.[308]

Hieran zeigt sich bereits das letztlich entscheidend gegen eine Interessenabwägung sprechende Problem, nämlich die Frage, wie die zu berücksichtigenden Interessen zu ermitteln und zu bewerten sind. Zunächst soll jedoch noch auf andere Kritikpunkte eingegangen werden. Einmal treffen die §§ 80 V, 80 a III VwGO selbst keine Aussage über den Entscheidungsmaßstab. Dieses Schweigen hinsichtlich des Entscheidungsmaßstabes muß sowohl für eine offene Eilentscheidung aufgrund einer Interessenabwägung gelten als auch für eine materiell-akzessorische Eilentscheidung. Durch eine Ermessensentscheidung aufgrund einer Interessenabwägung wird die sonst allgemein die Rechtsordnung beherrschende Maxime verlassen, daß die Verhaltensnormen für die Beteiligten im Hinblick auf die gerichtliche Entscheidung Beurteilungsnormen sind.[309] Für die Beurteilung durch das Gericht sind daher dieselben Nomen maßgebend, wie für das Verhalten der Beteiligten. So schreibt z.B. § 433 BGB den Vertragsparteien ein bestimmtes Verhalten vor, nämlich Übergabe und Übereignung der Kaufsache und Zahlung des Kaufpreises. § 433 BGB wirkt so für die Vertragsparteien als Verhaltensnorm. Kommt es zum Rechtsstreit, beurteilt das Gericht anhand der

---

[307] *Schoch,* Vorläufiger Rechtsschutz, S. 1579 f. m.zahlr.w.Nachw.

[308] *Blümel,* DVBl. 1975, S. 695 (701 f.); *Ipsen,* AöR 107 (1982), S. 259 (295); *Kloepfer,* VerwArch. 77 (1986), S. 30 (39 f.); *Martens,* DVBl. 1985, S. 541 (545)

[309] *Martens,* NJW 1985, S. 2302 (2303); *Schoch,* Vorläufiger Rechtsschutz, S. 1584

Norm § 433 BGB das Verhalten der Parteien und schreibt ein bestimmtes Verhalten vor. Für das Gericht stellt dieselbe Norm damit einen Maßstab dar, anhand dessen es einen bestimmten Sachverhalt beurteilt. Dieselbe Norm ist einmal Verhaltens-, das andere Mal Beurteilungsnorm. Die im Verfahren des vorläufigen Rechtsschutzes in Streit stehende drittschützende verwaltungsrechtliche Norm weist über ihren Zuweisungsgehalt den beteiligten Privaten Rechte zu und stellt damit eine Verhaltensnorm auf.[310] Die Zugrundelegung einer Interessenabwägung führt dazu, daß diese drittschützende Norm nicht auch Beurteilungsnorm für das Gericht ist, sondern zur Beurteilung des Sachverhalts Gesichtspunkte außerhalb der in Streit stehenden Norm herangezogen werden müssen. Aufgrund dieser Abweichung von der ansonsten gültigen Maxime der Identität von Verhaltens- und Beurteilungsnorm liegt die Begründungslast eher bei den Befürwortern einer Interessenabwägung als bei den Befürwortern eines materiell-akzessorischen Entscheidungsmaßstabes.

Desweiteren, und das ist für die Ablehnung einer Interessenabwägung letztlich entscheidend, ist eine Interessenabwägung unter Berücksichtigung der Erfolgsaussichten in der Hauptsache in sich widersprüchlich. Eine Interessenabwägung muß von der Fiktion ausgehen, daß im Gesamtergebnis sowohl die eine wie auch die andere Entscheidung gerechtfertigt ist; daß der Verwaltungsakt gleichzeitig sowohl rechtswidrig als auch rechtmäßig sein könnte, was objektiv nicht der Fall ist. Berücksichtigt man die Erfolgsaussichten in der Hauptsache, verläßt man die Fiktion, die eine Interessenabwägung überhaupt erst möglich macht. Es liegt eine Vermischung inkommensurabler Größen vor.[311] Das führt auch zu dem weiteren Problem, welche Interessen ausgewählt und bewertet werden sollen. Berücksichtigt werden sollen die Interessen des Antragstellers, des Antragsgegeners, sowie betroffene Interessen Dritter jeweils mit dem Gewicht, das ihnen im konkreten Einzelfall zukommt, sowie alle sonst betroffenen öffentlichen und privaten Interessen. Außerdem sind der Zweck des Gesetzes und der Grundsatz der

---

310 Die beteiligten Privaten müssen diese Rechtszuweisung respektieren, auch wenn die Einhaltung der Verhaltensnorm nicht direkt gegenüber dem anderen Privaten durchsetzbar ist, sondern nur unter Zuhilfenahme einer staatlichen Behörde. Zuweisungsgehalt und Anspruchsrichtung fallen bei verwaltungsrechtlichen drittschützenden Normen auseinander.

311 *Schoch,* Vorläufiger Rechtsschutz, S. 1588; deutlich OVG Lüneburg, DVBl. 1961, S. 520 (521), das dann allerdings für eine reine Interessenabwägung plädiert. Unklar der Hinweis, daß sei nur in der Regel so.

Verhältnismäßigkeit zu beachten.[312] Angesichts dieses Gemengelages verschiedener Interessen muß man sich vor Augen halten, daß es sich bei dem Verfahren nach §§ 80 V, 80 a III VwGO um ein Rechtsschutzverfahren handelt. Es geht um den Schutz materieller Rechte. Das materielle Recht wählt und bewertet materielle Interessen verbindlich. Es ist daher unerfindlich, welche rechtlichen Interessen, außer denen, die bereits durch das materielle Recht gewertet worden sind, für eine Interessenabwägung überhaupt noch übrigbleiben sollen.[313] Da es um den Schutz bzw. die Durchsetzbarkeit materieller Rechte geht, kann die Entscheidung nur anhand des materiellen Rechts getroffen werden. Der streitige Verwaltungsakt ist anhand der in der Kürze der Zeit verfügbaren Tatsachengrundlage auf seine Rechtmäßigkeit zu überprüfen. Aufgrund dieses Ergebnisses ist die Entscheidung nach §§ 80 V, 80 a III VwGO zu treffen. Dagegen läßt sich auch nicht einwenden, wegen der nur eingeschränkten Tatsachengrundlage bestände die Gefahr von Fehlentscheidungen. Rasche Entscheidungsverfahren sind notwendig mit einer gewissen Fehlerquote versehen, der Gesetzgeber hat aber rasche Entscheidungsverfahren ausdrücklich vorgesehen.[314] Außerdem ist es keineswegs so, daß die Entscheidungen im Verfahren des vorläufigen Rechtsschutzes durch die Einbeziehung irgendwelcher Interessen richtiger würden, im Gegenteil, sie haben auch noch den Nachteil, nur sehr eingeschränkt voraussehbar zu sein.[315] Entscheidungsmaßstab für §§ 80 V, 80 a III VwGO kann demnach nur das materielle Recht sein. Notwendig ist dabei neben dem materiellen Recht ein Rückgriff auf den Gedanken der Identität von Verhaltens- und Beurteilungsnorm. In den hier relevanten Fällen des § 80 a I Nr. 2, III VwGO geht es darum, die aufschiebenden Wirkung anzuordnen bzw. wiederherzustellen. § 80 II Nr. 4 VwGO ermöglicht die Anordnung der sofortigen Vollziehung, wenn dies im öffentliche Interesse oder im überwiegenden Interesse eines Beteiligten liegt. Hinsichtlich bipolarer Verwaltungsrechtsverhältnisse bedeutet das, daß für eine Anordnung der sofortigen Vollziehung neben der Rechtmäßigkeit des Verwaltungsaktes auch ein besonderes,

---

[312] vgl. nur *Kopp,* VwGO § 80 Rdnr. 81 ff.; *Schenke,* Verwaltungsprozeßrecht, Rdnr. 1002

[313] Von der Berücksichtigung außerrechtlicher Interessen ganz abgesehen.

[314] Auch Entscheidungen, die in langandauernden Verfahren ergangen sind können "falsch" sein, wie an den zahlreichen zum Teil sehr kritischen Urteilsrezensionen zu sehen ist.

[315] Hinsichtlich der Voraussehbarkeit ist manchmal von einem "Vabanquespiel" die Rede, so *Breuer,* DVBl. 1982, S. 1085; *Redeker,* DVBl. 1984, S. 870

von dem Interesse an der Vollziehung rechtmäßiger Verwaltungsakte unterschiedenes, öffentliches Interesse vorliegen muß. Rechtmäßigkeit des Verwaltungsaktes und öffentliches Interesse sind nicht gleichbedeutend. Die Anordnung der sofortigen Vollziehung ist daher aufzuheben, wenn der Verwaltungsakt nach summarischer Prüfung als rechtswidrig erscheint. Um die Anordnung aufrechtzuerhalten muß der Verwaltungsakt nicht nur als rechmäßig erscheinen, sondern auch zusätzlich ein besonderes öffentliches Interesse vorliegen. § 80 II Nr. 4 VwGO bewirkt im bipolaren Verwaltungsrechtsverhältnis eine Schlechterstellung des Staates im Verfahren des vorläufigen Rechtsschutzes. Das entspricht der Ausgangslage, daß Vollziehungsmaßnahmen in der Regel erst nach Bestandskraft des Verwaltungsaktes möglich sind.[316] Anders stellt sich die Situation in multipolaren Verwaltungsrechtsverhältnissen dar. Hier stehen sich materielle Rechtspositionen Privater gegenüber. Beide Private sind gleichberechtigt schutzwürdig. Die Rechtsposition des Antragstellers ist prinzipiell nicht mehr oder weniger schutzwürdig als diejenige des Drittbetroffenen.[317] Da sich beide Private in gleichwertig schützenswerten materiellen Rechtpositionen gegenüberstehen, entfällt hinsichtlich des Entscheidungsmaßstabes das Merkmal des öffentlichen Interesses, da dieses die Schlechterstellung des Staates zum Ausdruck bringen soll. Die Entscheidung nach § 80 a I Nr. 2, III VwGO ist daher nur aufgrund des materiellen Verwaltungsrechts zu treffen.

3. Folgerungen für die unberechtigte Inanspruchnahme vorläufigen Rechtsschutzes

Sowohl der zivilrechtliche einstweilige Rechtsschutz als auch der vorläufige Rechtsschutz nach § 123 I VwGO sind Rechtsentscheidungen, die nach dem Maßstab des materiellen Rechts zu treffen sind. Bei beiden Rechtsschutzformen ist zwischen Anordnungsgrund und Anordnungsanspruch zu unterscheiden, wobei der Anordnungsanspruch aus dem zu sichernden materiellen Recht resultiert, während der Anordnungsgrund in der Gefährdung der Durchsetzbarkeit bzw. der Verwirklichung oder Bewahrung des zu sichernden Rechts liegt. Auch bei Entscheidungen nach § 80 a I Nr. 2, III VwGO handelt es sich um Rechtsentscheidungen, die an das materielle Recht gebunden sind. Daher liegt es nahe, auch hier zwischen Anordnungsanspruch und Anordnungsgrund zu unterscheiden. Der Anordnungsanspruch wird wie sonst auch durch das zu

---

316 *Schoch,* Vorläufiger Rechtsschutz, S. 1594

317 BVerfG, GewArch. 1985, S. 14; BVerfGE 60, S. 297 (307); BVerwGE 61, S. 82 (114); *Martens,* DVBl. 1985, S. 541 (547); *Schmidt-Aßmann* in MDHS, GG Art. 19 IV Rdnr. 22; *Schoch,* Vorläufiger Rechtsschutz, S. 1136 ff.

sichernde materielle Recht gebildet. Dieses materielle Recht ergibt sich aus der in Streit stehenden drittschützenden Norm. Diese weist im Verhältnis der Privaten materielle Rechtspositionen zu, die Gegenstand einer Sicherungsmaßnahme sein können. Einen Hinweis auf das Erfordernis eines Anordnungsgrundes findet sich in §§ 80 V, 80 a VwGO im Gegensatz zu §§ 917, 918, 935 ZPO, 123 I VwGO jedoch nicht. Daraus kann aber nicht geschlossen werden, außer einem zu sichernden materiellen Recht gäbe es keine weiteren Voraussetzungen für die Gewährung vorläufigen Rechtsschutzes. Vielmehr ist auch hier von der Notwendigkeit eines Anordnungsgrundes auszugehen. Von dieser Voraussetzung gehen auch Literatur und Rechtsprechung aus. In die Interessenabwägung soll immer auch das Interesse am Vollzug des Verwaltungsaktes bzw. am Nichtvollzug eingestellt werden.[318] Darin ist die Gefährdung der Verwirklichung des materiellen Rechts angedeutet. Ein Grund für vorläufigen Rechtsschutz ist dann gegeben, wenn das zu sichernde Recht später nicht mehr zu verwirklichen ist.

Mit der Übernahme dieser Gesichtspunkte ist keine Rückkehr zu der oben abgelehnten Interessenabwägung verbunden. Eine Interessenabwägung ermöglicht die Gewährung vorläufigen Rechtsschutzes auch allein bei möglicher Gefährdung eines Rechts, ohne vorherige Feststellung, daß ein solches Recht dem Antragsteller überhaupt zusteht. Die Unterscheidung zwischen Anordnungsanspruch und Anordnungsgrund bedeutet aber eine Stufung. Zunächst ist festzustellen, ob überhaupt ein schützenswertes materielles Recht besteht (Anordnungsanspruch), erst auf einer zweiten Stufe ist zu entscheiden, ob vorläufiger Rechtsschutz zur Sicherung dieses Rechtes notwendig ist (Anordnungsgrund). Aus dieser Unterteilung ergibt sich auch die Antwort auf die Frage, wann die Inanspruchnahme vorläufigen Rechtsschutzes nach § 80 a I Nr. 2, III VwGO ungerechtfertigt ist. Ungerechtfertigt ist die Inanspruchnahme in Kongruenz zum sonstigen vorläufigen Rechtsschutz immer dann, wenn ein Anordnungsanspruch, also das zu sichernde materielle Recht, von Anfang an nicht bestand; wenn sich später herausstellt, daß der Begünstigte durch sein Vorhaben keine drittschützenden Normen verletzt hat. Ebenfalls in Kongruenz zum sonstigen vorläufigen Rechtsschutz dient der Anordnungsgrund zum Ausgleich der im Vergleich zum Hauptsacheverfahren unsichereren Entscheidungsbasis. Ihm kommt wiederum nur eine Filterfunktion zu, die entfällt, wenn sich später die Existenz des zu sichernden Rechts herausstellt. Infolgedessen ist die Inanspruchnahme vorläufigen Rechtsschutzes bei fehlendem Anord-

[318] *Eyermann/Fröhler,* VwGO § 80 Rdnr. 47 b, 28; *Kopp,* VwGO § 80 Rdnr. 53 ff.; *Redeker/v. Oertzen,* VwGO § 80 Rdnr. 49, 20 ff.

nungsgrund nicht unberechtigt im Sinne des § 945 ZPO analog.[319] Die Inanspruchnahme vorläufigen Rechtsschutzes ist nur dann unberechtigt im Sinne des § 945 ZPO analog, wenn das behauptete materielle Recht des Antragstellers von vornherein nicht bestand.

II. Die Vollziehung der Maßnahme des vorläufigen Rechtsschutzes

§ 945 ZPO fordert die Vollziehung der Maßnahme des vorläufigen Rechtsschutzes als auslösendes Moment der Haftung. Vollziehung ist als Anwendung von Maßnahmen der Zwangsvollstreckung zu verstehen. Hinsichtlich einer Schadensersatzpflicht aus § 123 III VwGO i.V.m. § 945 ZPO in bipolaren Verwaltungsrechtsverhältnissen wurde festgestellt, daß haftungsauslösendes Moment die Einleitung der Zwangsvollstreckung oder bereits der Erlaß der einstweiligen Anordnung selbst in Verbindung mit einer Strafdrohung nach § 890 II ZPO ist. Grund für die Vollstreckung als Voraussetzung einer Schadensersatzpflicht nach § 945 ZPO ist die Ausübung von Druck auf den Antragsgegner, der einstweiligen Anordnung nachzukommen. Durch diesen Druck auf den Antragsgegner wird die Befolgung der einstweiligen Anordnung zum Zwang. Dieser Zwang rechtfertigt eine Schadensersatzpflicht. Erst die Ausübung von Zwang macht die Gewährung von vorläufigem Rechtsschutz riskant, erst die Vollziehung provoziert die Frage nach einer Schadensersatzpflicht. Infolgedessen muß auch im Rahmen des § 80 a I Nr. 2, III VwGO Zwang ausgeübt werden, um eine analoge Anwendung des § 945 ZPO zu rechtfertigen.

Im Privatrecht sind die unter Privaten bestehenden Rechte auch direkt unter den Privaten durchsetzbar. Infolgedessen geht im privatrechtlichen einstweiligen Rechtsschutz der Zwang, der erst die Schadensersatzpflicht rechtfertigt, von einem Privaten aus. Diese Ausübung von Zwang ist ihm zurechenbar, infolgedessen muß er für die Folgen einstehen. In multipolaren Verwaltungsrechtsverhältnissen ist das wegen der Inkongruenz von Zuweisungsebene und Anspruchsrichtung anders. Die unter den Privaten bestehenden Rechte sind nur über den Staat als materielles Pflichtsubjekt durchsetzbar. Es stellt sich daher die Frage, von wem in multipolaren Verwaltungsrechtsverhältnissen die Zwangswirkung ausgeht, wem dieser Druck auf den Begünstigten zurechenbar ist. Vorangestellt werden muß allerdings die Frage, inwieweit Entscheidungen nach §§ 80 V, 80 a I Nr. 2, III VwGO überhaupt vollstreckbar sind.

---

[319] Zum fehlenden Sicherungs-/Anordnungsgrund vgl. 1. Teil, 2. Kapitel, I. 2., S. 25 ff.

1. Vollstreckbarkeit der Entscheidungen nach § 80 a I Nr. 2, III VwGO

Nach § 80 a I Nr. 2, III VwGO kann das Gericht die aufschiebende Wirkung eines Widerspruchs anordnen oder wiederherstellen und einstweilige Maßnahmen zur Sicherung der Rechte des durch den Verwaltungsakt Belasteten treffen. Beim letzten Punkt geht es vor allem um die auch nach § 80 V VwGO mögliche Aufhebung der Vollziehung, also die Rückgängigmachung des Vollzugs, aber auch um sonstige auf den Drittbetroffenen wirkenden Maßnahmen. Die Entscheidung über die Anordnung oder Wiederherstellung der aufschiebenden Wirkung unterscheidet sich von der Aufhebung der Vollziehung in ihrem rechtlichen Charakter. Das ist auch bei der Vollstreckbarkeit zu berücksichtigen.

a) Vollstreckbarkeit der Anordnung oder Wiederherstellung der aufschiebenden Wirkung

Nach absolut herrschender Meinung sind Entscheidungen über die aufschiebende Wirkung nicht vollstreckungsfähig.[320] Es handelt sich um rechtsgestaltende Entscheidungen, die ipso iure wirken. Sie enthalten keinen Verhaltensbefehl und haben daher keinen vollstreckungsfähigen Inhalt. Infolgedessen können diese Entscheidungen nicht Anknüpfungspunkt für eine Schadensersatzpflicht nach § 945 ZPO sein.

b) Vollstreckbarkeit der Aufhebung der Vollziehung

Die Vollstreckbarkeit der Entscheidung über die Aufhebung der Vollziehung ist umstritten. Das überrascht zunächst, da die Aufhebung der Vollziehung ein Gebot enthält, die Vollzugsfolgen rückgängig zu machen. Gebote sind grundsätzlich der Vollstreckung zugänglich. Die Vollstreckbarkeit dieser Entscheidungen wird in erster Linie mit dem Argument abgelehnt, eine Rückgängimachung irgendwelcher Vollzugsfolgen sei nur unter den Voraussetzungen eines Folgenbeseitigungsanspruches möglich.[321] Die Regelungen der §§ 80 V S. 3, 80 a III VwGO werden damit zu § 113 I S. 2 VwGO in Parallelität gesetzt. § 113 I S. 2 VwGO erlaubt die Geltendmachung eines Folgenbeseitigungsanspruches gleichzeitig mit der Anfechtungsklage, stellt aber selbst keine Anspruchsgrundlage, sondern nur eine verfahrenstechnische Verein-

---

320 OVG Koblenz, DÖV 1965, S. 674 (675); OVG Lüneburg OVGE 30, S. 365 (368); BayVGH, NVwZ 1985, S. 921 (922); *Finkelnburg/Jank*, Vorläufiger Rechtsschutz, Rdnr. 675; *Guthardt*, DVBl. 1972, S. 567; *Kopp*, VwGO § 80 Rdnr. 118; *Löwer*, DVBl. 1966, S. 251 (252); *Schenke*, DVBl. 1986, S. 9 (11); *Schoch*, Vorläufiger Rechtsschutz, S. 1422;

321 *Kopp*, VwGO § 80 Rdnr. 72

fachung dar. Ebensolches soll für §§ 80 V S. 3, 80 a III VwGO gelten. Begründet wird das mit der gegenüber dem materiellen Recht dienenden Funktion des Prozeßrechts.[322] Aus dieser folgt dann, daß im Wege des vorläufigen Rechtsschutzes nicht mehr erreicht werden kann als im Hauptverfahren.[323] Hauptsacheverfahren ist die Anfechtungsklage, mit der aber nur die Aufhebung des Verwaltungsakts erreicht werden kann. Die Verpflichtung der Behörde, gegen den begünstigten Drittbetroffenen vorzugehen, ließe sich nur mit einer Verpflichtungsklage erreichen, wobei vorläufiger Rechtsschutz nach § 123 I VwGO gesucht werden müßte.[324] Diese Ansicht ist indes nach der Neuregelung des § 80 a VwGO und der Neufassung des § 123 V VwGO nicht mehr haltbar. § 80 a VwGO weist den Rechtsschutz bei Verwaltungsakten mit Drittwirkung im ganzen dem System der aufschiebenden Wirkung zu. Bei der Anfechtung von Verwaltungsakten mit Doppelwirkung ist Rechtsschutz über § 123 VwGO nicht mehr möglich, so daß sich die Frage der Vollstreckbarkeit der Entscheidung über die Aufhebung der Vollziehung wiederum stellt.

Nach § 80 a I Nr. 2, III VwGO kann das Gericht einstweilige Maßnahmen zur Sicherung der Rechte des durch den Verwaltungsakt Belasteten treffen. Damit ist klargestellt, daß das Gericht die Behörde zu Maßnahmen gegen den Begünstigten verpflichten kann. Insofern bekommen diese Beschlüsse einen vollstreckungsfähigen Inhalt.[325] Damit kommt man aber um das Problem der Eingriffsgrundlage nicht herum. Das Gericht kann die Behörde nur zu rechtlich zulässigen Maßnahmen verpflichten. Da es sich dabei auf Seiten des Begünstigten um Eingriffe handelt, könnte wegen des Gesetzesvorbehalts eine Eingriffsermächtigung erforderlich sein. § 80 a VwGO gilt für den vorläufigen Rechtsschutz im gesamten Besonderen Verwaltungsrecht.[326] Daraus ergeben sich vielfältige Formen denkbarer Eingriffe. Da § 80 a VwGO keinerlei Voraussetzungen hinsichtlich Art und Intensität des Eingriffs

---

322 *Kopp,* JuS 1983, S. 673 (677)

323 *Schenke,* DVBl. 1986, S. 9 (11)

324 So vor Erlaß des § 80 a VwGO BayVGH, BayVBl. 1975, S. 562 (563); BayVBl. 1977, S. 566 (567); OVG Saarland, BRS 24 Nr. 183, S. 287 (288); OVG Münster, BRS 29 Nr. 157, S. 287; OVG Bremen, VerwRspr. 26 Nr. 127, S. 564; OVG Berlin, DÖV 1967, S. 174 ;*Finkelnburg/Jank,* Vorläufiger Rechtsschutz, Rdnr. 892; *Kopp,* JuS 1983, S. 673 (678);

325 OVG Münster, NVwZ 1993, S. 383 (384); *Günther,* NVwZ 1986, S. 697 (700)

326 Mit Ausnahme des Sozial- und Steuerrechts

enthält, kann darin unmöglich eine Eingriffsermächtigung gesehen werden. Dazu stößt die Charakterisierung des § 80 a VwGO als Eingriffsermächtigung auf ein Kompetenzproblem. § 80 a VwGO kommt dann nur als Eingriffsnorm für das Verwaltungsrecht des Bundes in Betracht, nicht aber für das Landesrecht. Damit fiele z.B. das in diesem Bereich überragend wichtige Bauordnungsrecht heraus. Das müßte dazu führen, daß vorläufiger Rechtsschutz unter verschiedenen Voraussetzungen in Anspruch genommen werden könnte, mal mit, mal ohne besondere Eingriffsnorm, je nachdem ob Bundes- oder Landesrecht betroffen ist. Insofern ist die Lösung, § 80 a I Nr. 2, III VwGO zur Eingriffsnorm zu erklären, abgesehen vom Problem der ausreichenden Bestimmheit, schlicht unpraktisch.

2. Untauglichkeit der Anknüpfung an § 80 a I Nr. 2, III VwGO

Die Vollstreckbarkeit von Entscheidungen nach § 80a I Nr. 2, III VwGO ist jedoch auch insoweit, als derartige Entscheidungen nach dem zuvor Gesagten überhaupt vollstreckbar sind, untauglich als Ansatzpunkt für eine Schadensersatzpflicht nach § 945 ZPO analog. Der Grund dafür liegt in der vom Privatrecht abweichenden Struktur des multipolaren Verwaltungsrechtsverhältnisses. Der Anspruch aus § 945 ZPO setzt im Privatrecht als haftungsauslösendes Moment einen vom Gläubiger gegenüber dem Schuldner ausgeübten Druck voraus, der einstweiligen Anordnung nachzukommen. Der Antragsteller muß unmittelbar mit Zwang drohen, der Antragsgegner ernsthaft mit Zwang rechnen. Dann ist die Befolgung einer einstweiligen Anordnung nicht mehr freiwillig, was eine Schadensersatzpflicht rechtfertigt. Im Privatrecht wird der Antragsteller unmittelbar gegenüber dem Antragsgegner, seinem Schuldner tätig. Die Ausübung oder ernsthafte Androhung von Zwang richtet sich unmittelbar gegen den Verpflichteten und gleichzeitig hält sich die Zwangsausübung in dem Verhältnis, in dem die Primärnorm, die Zuweisungsnorm wirkt. Im Privatrecht fallen Anspruchsrichtung und Zuweisungsebene zusammen. Im öffentlichen Recht dagegen fallen Primärnorm und Sekundärnorm, Zuweisungsgehalt und Anspruchsrichtung bei drittschützenden Normen auseinander. Die Zuweisung materieller Rechtspositionen findet im Verhältnis der Privaten statt. Der Staat bleibt aber als materielles Pflichtsubjekt gehalten, den durch die Zuweisungsebene festgestellten Rechtszustand herzustellen oder zu schützen. Durch die Subjektivierung verwaltungsrechtlicher Normen kann ein Privater den Staat veranlassen, in dieser Richtung tätig zu werden; das heißt, der Private bekommt die Rechtsmacht, auf den durch die Zuweisungsebene festgelegte Rechtszustand einzuwirken.

Entscheidender Haftungsgrund des § 945 ZPO ist der Widerspruch zwischen Vollziehungserfolg und tatsächlicher materieller Rechtslage; der Gläubiger nimmt ein Recht in Anspruch, das ihm nicht zugewiesen ist. Es kommt damit für eine Schadensersatzpflicht aus § 945 ZPO analog auf die Einwirkung auf die Zuweisungsebene an, nicht auf die Anspruchsrichtung. Eine Vollstreckung der Entscheidungen nach § 80 a Nr. 2, III VwGO wirkt aber in der Anspruchsrichtung gegen den Staat und erscheint damit als ungeeignet zur Anknüpfung einer Schadensersatzpflicht, denn damit würde die Trennung von Anspruchsrichtung und Zuweisungsebene wieder aufgegeben. Die Bedeutung dieser Trennung liegt aber gerade darin, den durch drittschützende Verwaltungsrechtsnormen geregelten Privatkonflikt in das öffentliche Recht integrieren zu können, ohne darauf angewiesen zu sein, den Konflikt der Privaten in das Rechtsverhältnis des einen Privaten zum Staat "hineinspiegeln"[327] zu müssen. Dies läßt es zu, den Privatkonflikt von den jeweiligen Rechtsverhältnissen der Beteiligten zum Staat systematisch zu trennen.

Eine Schadensersatzpflicht nach § 945 ZPO analog betrifft den Privatkonflikt, nicht das Verhältnis zum Staat. Infolgedessen ist hinsichtlich des Merkmals der Vollziehung ebenfalls auf die Auswirkungen der Inanspruchnahme vorläufigen Rechtsschutzes auf das Verhältnis der Privaten, auf die Zuweisungsebene, abzustellen. Das Merkmal der Vollziehung ist demnach dann erfüllt, wenn der private Antragsteller eine Maßnahme ergreift, aufgrund derer der andere Private, der Drittbetroffene, ernsthaft mit Zwang rechnen muß, falls er sich an die Entscheidung des vorläufigen Rechtsschutzes nicht hält.

3. Zwangswirkung auf den Drittbetroffenen durch eine Pflicht des Staates, Entscheidungen nach § 80 a I Nr. 2, III VwGO durchzusetzen ?

Eine Schadensersatzpflicht nach § 945 ZPO analog ist dann gerechtfertigt, wenn auf den Drittbetroffenen ein Zwang wirkt. Eine solche Zwangswirkung könnte sich aus einer gesetzlichen Verpflichtung der Behörde ergeben, die im Verfahren des vorläufigen Rechtsschutzes getroffene Entscheidung umzusetzen. Das würde für den vom Verwaltungsakt Begünstigten bedeuten, daß er mit der Anwendung von Verwaltungszwang rechnen müßte, falls er sich der gerichtlichen Entscheidung nicht beugt. So müßte der Bauherr mit einer zwangsweisen Stillegung seines Bauvorhabens rechnen, wenn er trotz der Anordnung der aufschiebenden Wirkung mit dem Bauvorhaben fortfährt. Der Anla-

327 *Martens,* NJW 1985, S. 2302 (2307)

genbetreiber müßte mit einer Zwangsschließung rechnen, wenn er entgegen der gerichtlichen Entscheidung die Anlage weiterbetreibt. In einer solchen Situation kann von einer freiwilligen Befolgung nicht mehr die Rede sein, womit dem Merkmal der Vollziehung genüge getan wäre.[328] Da die Initiative zur Inanspruchnahme vorläufigen Rechtsschutzes nach wie vor beim Antragsteller liegt und die drohende Zwangswirkung automatisch eintritt, bleibt die Zwangswirkung auch weiterhin dem Antragsteller zurechenbar.

Eine solche Pflicht der Behörde könnte sich aus einer Ermessensreduzierung auf Null oder aus dem Fehlen eines Ermessensspielraums für die Behörde ergeben. Eine solche Ermessensreduzierung wird häufig im Zusammenhang mit einem Folgenbeseitigungsanspruch des Rechtsbehelfsführers genannt. Der Folgenbeseitigungsanspruch wurde zunächst für die Folgen eines sofort vollzogenen, aber rechtswidrigen und später aufgehobenen Verwaltungsakts entwickelt[329], findet aber, wie sich schon aus der Formulierung der §§ 80 V S. 3, 80 a I Nr. 2 VwGO ergibt, auch im Bereich des vorläufigen Rechtsschutzes Anwendung.[330] Die Problematik des Folgenbeseitigungsanspruches liegt, wie schon angedeutet, darin, daß die Folgenbeseitigung häufig den Erlaß eines Verwaltungsaktes voraussetzt, der gegenüber dem vormals Begünstigten einen Eingriff darstellt. So muß dem drittbetroffenen Bauherrn unter Umständen per Einstellungsverfügung die Fortführung der Bauarbeiten verboten werden, eventuell muß sogar eine Abrißverfügung ergehen; dem Anlagenbetreiber muß die Fortführung des Betriebes untersagt werden. Hierfür benötigt die Behörde zumindest nach überwiegender Ansicht in Literatur und Rechtsprechung eine Eingriffsermächtigung.[331] Die vorhandenen Eingriffsermächtigungen räumen der Behörde in aller Regel ein Ermessen ein. Hinsichtlich einer Verpflichtung der Behörde, die Entscheidung nach § 80 a I Nr. 2, III VwGO durchzusetzen, ergibt sich daher das Problem, ob ein Folgenbeseitigungsanspruch sich auf den Erlaß eines Verwaltungsakts beziehen kann, ob eine besondere Eingriffsermächtigung notwendig ist und welche Rolle der Folgenbe-

---

[328] vgl. dazu die Ausführungen zum Merkmal der Vollziehung bei freiwilliger Befolgung der einstweiligen Verfügung im 1. Teil, 2. Kapitel, II. 3., S. 11 ff.

[329] grundl. *Bachof,* Die verwaltungsgerichtliche Klage auf Vornahme einer Amtshandlung, Tübingen 1951; *Weyreuther,* Gutachten B zum 47. DJT (1968); vgl. auch *Maurer,* Allgemeines Verwaltungsrecht, § 29 Rdnr. 3

[330] *Kopp,* VwGO § 80 Rdnr. 88 ff.

[331] vgl. nur *Ossenbühl,* Staatshaftungsrecht, § 38 m.w.Nachw.

seitigungsanspruch hinsichtlich einer eventuellen Ermessensreduzierung spielt.

a) Erlaß eines Verwaltungsaktes

Um eine Pflicht der Behörde zum Tätigwerden gegenüber dem Drittbetroffenen aus dem Folgenbeseitigungsanspruch abzuleiten, muß dieser überhaupt den Erlaß von Verwaltungsakten umfassen. Der Folgenbeseitigungsanspruch richtet sich auf Wiederherstellung des ursprünglichen Zustandes. Dabei liegt es außerhalb des Anspruchsinhalts, wie dieser Erfolg erreicht wird. Von daher soll sich der Folgenbeseitigungsanspruch nicht auf den Erlaß von Verwaltungsakten beziehen.[332] Richtig ist, daß der Folgenbeseitigungsanspruch nicht auf ein bestimmtes Mittel zur Erreichung des Erfolgs festgelegt ist. Daraus kann aber nicht gefolgert werden, der Erlaß von Verwaltungsakten sei nicht über einen Folgenbeseitigungsanspruch erreichbar. Vielmehr ist das jeweils zur Folgenbeseitigung geeignetste Mittel zu ergreifen. Infolgedessen ist auch der Erlaß von Verwaltungsakten möglich.[333]

b) Folgenbeseitigungsanspruch und Eingriffsermächtigung

Kontroverser behandelt wird die Frage, ob in Fällen mit Drittbeteiligung der Folgenbeseitigungsanspruch selbst eine ausreichende Grundlage für einen Eingriff beim Drittbetroffenen bietet oder ob zur Rechtfertigung solcher Eingriffe noch eine besondere Eingriffsermächtigung notwendig ist. Die jeweiligen Gegenpositionen argumentieren mit dem Vorbehalt des Gesetzes und mit den Besonderheiten des multipolaren Verwaltungsrechtsverhältnisses.

Das Erfordernis einer besonderen Eingriffsermächtigung zusätzlich zum Folgenbeseitigungsanspruch wird vor allem mit dem Vorbehalt des Gesetzes begründet. Der Folgenbeseitigungsanspruch selbst gäbe für einen Eingriff keine Basis ab.[334] Dagegen ist vorgebracht worden, § 113

---

332 *Weyreuther,* Gutachten B zum 47. DJT, Bd. I, S. 102 m. zahlr. w. Nachw.

333 Heute herrschende Meinung, vgl. *Bachof,* Die verwaltungsgerichtliche Klage auf Vornahme einer Amtshandlung, S. 133; *Horn,* DÖV 1989; S. 976 (980); *Knemeyer,* JuS 1988, S. 696 (698); *Köckerbauer,* JuS 1988, S. 782 (786); *Maurer,* Allgemeines Verwaltungsrecht, § 29 Rdnr. 11, 12; *Schenke,* DVBl. 1990, S. 328 (332); *Ule,*Verwaltungsprozeßrecht, § 32 II 3, S. 156;

334 *Kopp,* VwGO § 80 Rdnr. 42; *Weyreuther,* Gutachten B zum 47. DJT, Bd. I, S. 110

I S. 2 VwGO eröffne eine gerichtliche Anordnung der Folgenbeseitigung, die bei Bestehen eines Folgenbeseitigungsanspruches auszusprechen sei, so daß § 113 I S. 2 VwGO eine Grundlage für Eingriffe gegenüber dem Drittbetroffenen biete. Auch der prozeßrechtliche Charakter des § 113 I S. 2 VwGO soll daran nichts ändern, denn die Anordnung der Folgenbeseitigung sei zwar inhaltlich vom Folgenbeseitigungsanspruch abhängig, beruhe aber ihrerseits auf einer formalgesetzlichen Grundlage.[335] Damit ist aber das Problem des Gesetzesvorbehalts unterlaufen. § 113 I S. 2 VwGO ist zwar eine formalgesetzliche Befugnisnorm zur Anordnung der Folgenbeseitigung. Aus der Befugnis lassen sich aber keine Rückschlüsse auf ihren Inhalt ziehen und gerade der Inhalt des Folgenbeseitigungsanspruches (Ermächtigungsnorm oder nicht) löst die Frage nach dem Gesetzesvorbehalt aus. Ähnliches gilt für die Begründung, der Folgenbeseitigungsanspruch beruhe auf dem Prinzip der Gesetzmäßigkeit des Art. 20 III GG, woraus folge, daß die Verwaltung ohne besondere Ermächtigung zur Beseitigung einer rechtswidrigen Begünstigung befugt sei, was schon vor der Geltung des § 48 VwVfG gegolten habe.[336] Zunächst schließt § 48 VwVfG die Rücknahme begünstigender Verwaltungsakte unter bestimmten Umständen gerade aus, so daß von einer allgemeinen Befugnis zur Folgenbeseitigung aus Art. 20 III GG gerade nicht ausgegangen werden kann. Desweiteren eignet sich Art. 20 III GG nicht zur Begründung des Inhalts eines Folgebeseitigungsanspruches. Art. 20 III GG kann herangezogen werden, um den Folgenbeseitigungsanspruch als Rechtsinstitut zu begründen, hinsichtlich der inhaltlichen Ausgestaltung kommt es auf die zu schützenden Rechte, insbesondere also auf die Freiheitsrechte an.[337] Für einen Eingriff bei dem Drittbetroffenen aufgrund eines Folgenbeseitigungsanspruches ist daher eine zusätzliche Eingriffsermächtigung erforderlich. Dies auch deshalb, weil der Folgenbeseitigungsanspruch nur im Rechtsverhältnis zwischen Behörde und Belastetem, hier dem Antragsteller, wirkt und keinen Einfluß auf das Verhältnis zwischen Behörde und vormals Begünstigtem hat.[338] Eine

---

[335] *Horn,* DÖV 1989, S. 976 (980); *Schenke,* DVBl. 1990, S. 328 (333 f.)

[336] *Schenke,* DVBl. 1990, S. 328 (331)

[337] BVerwGE 82, S. 76 (95);*Fiedler,* NVwZ 1986, S. 969 (971); *Maurer,* Allgemeines Verwaltungsrecht, § 29 Rdnr. 5

[338] OVG Münster, NJW 1984, S. 883; OVG Saarland, NVwZ 1983, S. 685; OVG Lüneburg, BauR 1982, S. 147 (148); VGH BW, VerwRspr. 24, S. 815 (818); *Maurer,* Allgemeines Verwaltungsrecht, § 29 Rdnr. 12; *Schoch,* Vorläufiger Rechtsschutz, S. 350

Eingriffsermächtigung kann nur dem Verhältnis zwischen Behörde und Drittbetroffenem entnommen werden, nicht aber dem Rechtsverhältnis zwischen dem Antragsteller und der Behörde, in dem ein eventueller Folgenbeseitigungsanspruch wirkt. Das ändert sich auch nicht dadurch, daß der Drittbetroffene im Verfahren notwendig beizuladen ist.[339] Die notwendige Beiladung sagt nur über die Beteiligung an einem materiellen Rechtsverhältnis etwas aus, nicht aber etwas über dessen inhaltliche Ausgestaltung. Diese ergibt sich aus dem materiellen Recht. Das Prozeßrecht kann nicht zu Fragen materiellen Rechts herangezogen werden, soweit es um dessen inhaltliche Ausgestaltung geht. Die inhaltliche Ausgestaltung des Rechtsverhältnisses zwischen der Behörde und dem Drittbetroffenen geschieht durch die im Einzelfall einschlägige Eingriffsermächtigung. In Fällen mit Drittbeteiligung setzt daher ein Folgenbeseitigungsanspruch des Antragstellers gegen den Staat immer eine entsprechende Eingriffsermächtigung des Staates gegenüber dem Drittbetroffenen voraus.

Das Erfordernis einer besonderen Eingriffsermächtigung bedeutet, daß hinsichtlich einer Ermessensreduzierung nicht mehr mit dem Bestehen eines Folgenbeseitigungsanspruches argumentiert werden kann. Das Ermessen wird der Behörde durch die Eingriffsnorm eingeräumt, nicht durch den Folgenbeseitigungsanspruch. Das Bestehen eines Folgenbeseitigungsanspruches ist daher für die Frage einer Ermessensreduzierung irrelevant.

c) Ermessensspielraum der Behörde ?

Die Eingriffsermächtigungen räumen der Behörde in aller Regel einen Ermessensspielraum ein.[340] Eine Verpflichtung der Behörde zur Umsetzung der im Verfahren des vorläufigen Rechtsschutzes getroffenen Entscheidung kommt daher nur dann in Betracht, wenn dieses Ermessen im Falle einer Drittbeteiligung auf Null reduziert ist. Literatur und Rechtsprechung gehen dabei von einer regelmäßigen Ermessensreduzierung auf Null aus.[341] Diese Ermessensreduzierung wird allerdings verschieden begründet. Nach einer Auffassung folgt die Ermessensreduzierung auf Null aus dem Folgenbeseitigungsanspruch selbst, auch wenn für die Behörde ein Rest Ermessensspielraum bleiben

---

[339] so aber *Schenke,* DVBl. 1990, S. 328 (333 f.)

[340] Klassisches Beispiel sind die polizeiliche Generalklausel, z.B. § 11 NGefAG, und die bauordnungsrechtliche Eingriffsermächtigung, z.B. § 89 NBauO

[341] vgl. *Finkelnburg/Ortloff,* Öffentliches Baurecht, § 19, S. 213 m.w.Nachw.

soll, zumindest was den Zeitpunkt der Durchsetzung der gerichtlichen Entscheidung angeht.[342] Aus den oben genannten Gründen - der Folgenbeseitigungsanspruch wirkt nicht im Verhältnis zwischen dem Staat und dem von der angefochtenen Genehmigung Begünstigten - ist dieser aber hinsichtlich einer Ermessensreduzieung irrelevant. Aus diesem Grund wird die Ermessensreduzierung von einer anderen Ansicht aus der Folgenbeseitigungslast abgeleitet. Während der Folgenbeseitigungsanspruch einen materiellrechtlichen Anspruch darstellt, handelt es sich bei der Folgenbeseitigungslast um eine Element, das die Ermessensabwägung bestimmt. Über das Element der Folgenbeseitigungslast wird die aus dem Rechtsstaatsprinzip resultierende grundsätzliche Verpflichtung der Behörde, die Folgen ihres rechtswidrigen Verhaltens zu beseitigen, in die Ermessensabwägung einbezogen. Diese Folgenbeseitigungslast wird umso höher, je mehr rechtlich geschützte Nachbarinteressen einzubeziehen sind.[343] Die Ermessensreduzierung über die Folgenbeseitigungslast leidet jedoch daran, daß die Ermessensreduzierung davon abhängt, ob die Verletzung nachbarlicher Rechte durch ein genehmigtes oder durch ein ungenehmigtes Vorhaben erfolgt. § 80 V S. 3 VwGO bildet nicht nur die Grundlage für die Aufhebung der Vollziehung nach Wiederherstellung oder Anordnung der aufschiebenden Wirkung, sondern auch für Anordnungen in den Fällen, in denen die aufschiebende Wirkung durch den Begünstigten nicht beachtet wird. Eine Ermessensreduzierung aufgrund einer Folgenbeseitigungslast kommt aber nur in den Fällen in Betracht, in denen das Vorhaben, das jetzt Nachbarrechte verletzt, vorher von der Behörde genehmigt wurde. Denn nur dann läßt sich überhaupt von einem rechtswidrigen Verhalten der Behörde reden, daß eine Folgenbeseitigungslast auslösen kann. Für diese Differenzierung gibt es aber keinen hinreichenden sachlichen Grund. Aus der Sicht des in seinen Rechten verletzten Nachbarn ist es nicht einsichtig, warum der Ermessensspielraum der Behörde größer sein soll und er damit eher einen rechtswidrigen Zustand hinnehmen muß, wenn das störende Vorhaben noch nicht einmal formelle Legalität für sich in Anspruch nehmen kann. Aus seiner Sicht ist die Verletzung seiner Rechte immer dieselbe.[344]

Nach einer dritten Auffassung tritt eine automatische Ermessensreduzierung überhaupt nicht ein. Die Nachbarinteressen sind neben den Interessen an der (bau-)rechtlichen Ordnung in die Ermessensabwägung

---

[342] VGH BW BRS 27 Nr. 199, S. 336 (337)

[343] OVG Münster BRS 25, Nr. 194, S. 322 (324)

[344] vgl. OVG Münster BRS 40, Nr. 191, S. 425 (427 f.)

einzustellen.[345] Zu berücksichtigen sind das Ausmaß des Rechtsverstoßes und der Grad der tatsächlichen Beeinträchtigung, andererseits aber auch der finanzielle Aufwand, der zur Beseitigung der Störung notwendig ist.[346] Diese Ansicht ist wegen der Berücksichtigung des finanziellen Aufwands für die Beseitigung der Störung abzulehnen. Die Berücksichtigung des Beseitigungsaufwands bedeutet, daß der in seinen Rechten Verletzte und nicht der Verletzende das wirtschaftliche Risiko des Vorhabens tragen müßte, was jedoch rechtlich unbillig ist.[347]

Letztlich gestehen alle diese Auffassungen der Behörde bei der Frage, ob eine gerichtliche Entscheidung durchzusetzen sei, einen mehr oder weniger großen Spielraum zu. Die Einräumung eines noch so kleinen Ermessensspielraums ist jedoch, zumindest was den vorläufigen Rechtsschutz in multipolaren Verwaltungsrechtsverhältnissen angeht, abzulehnen. Vielmehr ist von einer strikten Verpflichtung der Behörde zum Einschreiten gegen den Drittbetroffenen auszugehen, wenn dieser sich nicht an die Entscheidung nach § 80 a I Nr. 2, III VwGO hält. Das gilt auch für die Ansicht, die einen Ermessensspielraum nur hinsichtlich des Zeitpunkts der Durchsetzung der gerichtlichen Entscheidung anerkennt.[348] Diese Ansicht übersieht, daß die Rechte des Antragstellers, auch wenn es sich nur um vermeintliche Rechte handeln sollte, nicht verwirklicht werden können, solange sich die Behörde nicht zur Durchsetzung bereitfindet. Die Durchsetzung materieller Rechte kann aber nicht irgendwann erfolgen, sondern so schnell als möglich. Die Geltung materieller Rechte hat auch in zeitlicher Hinsicht ihre Bedeutung.[349] Die Zubilligung eines, wenn auch geringen, Ermessensspielraums berücksichtigt nicht ausreichend die Struktur multipolarer Verwaltungsrechtsverhältnisse. Zu beachten sind die Auswirkungen des Art. 19 IV GG, der beiden Privaten effektiven Rechtsschutz garantiert.

---

345 VGH BW BRS 33, Nr. 159, S. 315

346 VGH München BRS 48, Nr. 174, S. 425 (426)

347 OVG Münster BRS 40, Nr. 191, S. 425 (431)

348 VGH BW BRS 27 Nr. 199, S. 336 (337)

349 Die Bedeutung des Zeitfaktors bei der Geltung materieller Rechte zeigt sich bereits an den Regelungen über die Selbsthilfe und über Vorläufigen Rechtsschutz, die von einem zeitlichen Moment abhängig sind. Selbsthilfe ist nur zulässig, wenn nicht obrigkeitliche Hilfe *rechtzeitig* zu erreichen ist. Im Vorläufigen Rechtsschutz ist das zeitliche Moment im Anordnungs-/Regelungsgrund enthalten. Zur Bedeutung des Zeitfaktors im vorläufigen Rechtsschutz allgemein *Schoch,* Vorläufiger Rechtsschutz, S. 184 ff.

Die gerichtliche Entscheidung über den Rechtsbehelf des Antragstellers realisiert diesen Rechtsschutz (nur) auf rechtlicher Ebene. Um einen effektiven Rechtsschutz zu gewährleisten, muß diese rechtliche Entscheidung auch ins Tatsächliche umgesetzt werden. Nur unter dieser Bedingung ist Rechtsschutz wirklich effektiv.[350] Diese Umsetzung kann einmal dadurch geschehen, daß der Drittbetroffene die gerichtliche Entscheidung befolgt. Falls er dies nicht tut, ist die Verwaltung als materielles Pflichtsubjekt (Anspruchsrichtung) verpflichtet, die getroffene Entscheidung durchzusetzen. Dies ergibt sich aus der besonderen Struktur des multipolaren Verwaltungsrechtsverhältnisses. Durch die öffentlich-rechtliche Regelung des privaten Konflikts sind Anspruchsrichtung und Zuweisungsgehalt der diesen Konflikt regelnden drittschützenden Normen auseinandergefallen. Der Private kann seine Rechte nicht mehr unmittelbar gegen den anderen Privaten durchsetzen. Rechtsschutz kann nur über den (Um-)Weg der Herbeiführung einer Anordnung gegenüber der staatlichen Verwaltung erreicht werden. Unter Berücksichtigung der Verpflichtung des Staates zur umfassenden Gewährung effektiven Rechtsschutzes ist es nicht möglich, diese Rechtsschutzmöglichkeiten durch die Einräumung eines noch so kleinen Ermessensspielraums der Behörde zu beschneiden.

In bipolaren Verwaltungsrechtsverhältnissen fallen Anspruchsrichtung und Zuweisungsgehalt einer Norm zusammen. Staat und Bürger haben gegenseitige Rechte und können diese Rechte auch direkt durchsetzen. Aus diesem Grund kann in diesen Rechtsverhältnissen der Behörde ein Ermessensspielraum zugestanden werden. Entscheidet sich die Behörde, bestimmte Rechte gegenüber dem Bürger nicht oder nicht vollständig durchzusetzen, verzichtet sie auf Durchsetzung von Rechten des Staates gegenüber dem Bürger. In multipolaren Verwaltungsrechtsverhältnissen liegt dagegen eine grundlegend andere Situation vor. Die in drittschützenden Normen festgelegten Rechtspositionen sind subjektive öffentliche Rechte des Einzelnen. Diese subjektiven öffentlichen Rechte erschöpfen sich nicht darin, bestimmte Anträge auf gerichtlichen Rechtsschutz zu stellen. Es sind Rechte auf Befolgung bestimmter gesetzlicher Regelungen, nämlich drittschützender Regelungen. Drittschützende Normen regeln über ihren Zuweisungsgehalt einen bestimmten Konflikt, indem sie den Privaten bestimmte Rechte zuweisen oder Rechte inhaltlich beschränken. Der in diesen Normen festgelegte Rechtszustand muß auch im Tatsächlichen eingehalten werden. Das durch eine dritt-

---

[350] Man stelle sich ein Zivilprozeßrecht vor, dem das Zwangsvollstreckungsrecht fehlt. Damit würde der Prozeß zur Farce. Zur diesbezüglichen Bedeutung des § 80 V S. 3 VwGO vgl. *Schoch,* Vorläufiger Rechtsschutz, S. 1424 ff.

schützende Norm eingeräumte subjektive öffentliche Recht geht sozusagen auf Erfüllung, nicht auf Erfüllung nach Ermessen der Behörde.[351] Ein subjektives Recht ist das Recht, von einem anderen ein bestimmtes Verhalten verlangen zu können, nicht bloß das Recht, zur Klärung dieser Rechte ein Gericht in Anspruch nehmen zu können. Ist das subjektive Recht festgestellt, liegt darin ein Verhaltensbefehl. Macht man die Durchsetzung subjektiver öffentlicher Rechte von einer Ermessensentscheidung der Behörde abhängig, verlieren sie diesen Charakter wieder. Entschließt sich die Behörde, die gerichtliche Entscheidung nicht umzusetzen, verzichtet sie, anders als in bipolaren Verwaltungsrechtsverhältnissen nicht auf die Durchsetzung eigener Rechte, sondern auf die Durchsetzung der Rechte des Bürgers gegenüber einem anderen Bürger.

Das Ermessen ist der Behörde nicht zur eigenen Verfügung eingeräumt. Die Verwaltungsorgane müssen nach §§ 40 VwVfG, 114 VwGO von dem Ermessen in einer dem Zweck der Ermächtigung entsprechenden Weise Gebrauch machen.[352] Zweck der Eingriffsermächtigungen ist die Verhinderung oder Beseitigung rechtswidriger Zustände. Soweit die Normen, in deren Kontext die Eingriffsnorm steht, Nachbarschutz bezwecken, ist es deshalb Aufgabe des Staates, die tatsächliche Einhaltung dieses Nachbarschutzes zu sichern. Zweck der Eingriffsermächtigung ist es daher zumindest auch, diesen Nachbarschutz durchzusetzen.[353] Aus diesem Zweck der Norm folgt dann aber die Verpflichtung der Behörde, gegenüber dem Drittbetroffenen einzuschreiten, wenn gerichtlich eine Verletzung von Rechten des Antragstellers festgestellt ist.[354] Ein Nichteinschreiten der Behörde stellt dann einen

351 So auch das OVG Münster, BRS 40 Nr. 191, S. 425 (428) mit dem Hinweis, Endzweck des Nachbarrechtsschutzes sei nicht die Aufhebung der Genehmigung, sondern die Beseitigung der rechtswidrigen Beeinträchtigung des Nachbarn.

352 vgl. dazu *Maurer,* Allgemeines Verwaltungsrecht, § 7 Rdnr. 17; *Ossenbühl* in Erichsen, Allgemeines Verwaltungsrecht, § 10 Rdnr. 13; *Wolff/Bachof/Stober,* Allgemeines Verwaltungsrecht, § 31 Rdnr. 40 m. w. Nachw.

353 OVG Münster, BRS 40 Nr. 191, S. 425 (428)

354 Die Ausnahme, die OVG Münster, BRS 40 Nr. 191, S. 425 (428) macht, ist für die Verneinung eines Ermessensspielraums in diesem Zusammenhang nicht relevant: Das Gericht bejaht hier dennoch ein Ermessen der Behörde, weil der Nachbar bisher nur in den Ausnutzungsmöglichkeiten, noch nicht in der konkreten Ausnutzung des Grundstücks beeinträchtigt ist. Das ist meines Erachtens aber keine Frage des Ermessens. Wenn der Nachbar nur in abstrakten Nutzungsmöglichkeiten verletzt ist, nicht aber in der konkreten Nutzung,

Ermessensfehler dar. Das Ermessen ist fehlerhaft ausgeübt, wenn es nicht dem Zweck der Norm entspricht. Ein Verstoß gegen einen Zweck liegt vor, wenn die Realisierung des Zwecks vereitelt oder erschwert wird.[355] Ein Verzicht der Behörde auf ein Einschreiten gegenüber dem Drittbetroffenen würde aber den öffentlich-rechtlichen Drittschutz im Hinblick auf den gerichtlichen vorläufigen Rechtsschutz vereiteln. Eine direkte Möglichkeit, subjektive öffentliche Rechte gegenüber dem anderen Privaten durchzusetzen, besteht wegen der Trennung der Anspruchsrichtung von der Zuweisungsebene nicht. Es kann aber nicht im Ermessen der Behörde stehen, ob sich der Rechtsschutz des Privaten realisiert oder nicht.[356] Damit würde der einfachgesetzlich gewollte und durch Art. 19 IV GG garantierte Rechtsschutz völlig unterlaufen. Infolgedessen ist von einer strikten Verpflichtung der Behörde zur Durchsetzung der im vorläufigen Rechtsschutzverfahren nach § 80 a I Nr. 2, III VwGO getroffenen Entscheidung auszugehen. Von einer bestehenden Eingriffsermächtigung ist prinzipiell Gebrauch zu machen.

Gegen diese strikte Verpflichtung der Behörde, die im Verfahren des vorläufigen Rechtsschutzes getroffene gerichtliche Entscheidung ins Tatsächliche umzusetzen, scheint jedoch die konzeptionale Grundorientierung des vorläufigen Rechtsschutzes zu sprechen. Diese Grundkonzeption sieht vor, durch vorläufigen Rechtsschutz die Schaffung vollendeter Tatsachen zu verhindern.[357] Die Umsetzung der gerichtlichen Entscheidung durch die Behörde schafft aber vollendete Tatsachen und droht somit, die Hauptsacheentscheidung vorwegzunehmen, womit der Bereich des vorläufigen Rechtsschutzes verlassen würde.[358] Diese Sichtweise führt nach Ansicht von *Eyermann/Fröhler* sogar dazu, daß bereits die Entscheidungsbefugnis des Gerichts nach § 80 a I Nr. 2, III VwGO eingeschränkt ist. Ein Antrag, der die Schaffung vollendeter Tatsachen forderte, wäre demnach nicht nur unbegründet, sondern

---

dann liegt keine Rechtsverletzung, sondern nur eine Rechtsbedrohung vor. Diese rechtfertigt ein Einschreiten der Behörde aber nicht.

355 *Alexy,* JZ 1986, S. 701 (710)

356 OVG Münster, NJW 1984, S. 883 (884); *Martens,* NJW 1985, S. 2302 (2308); nicht ganz konsequent *Schoch,* Vorläufiger Rechtsschutz, S. 351

357 *Eyermann/Fröhler,* VwGO § 80 Rdnr. 44 f.; *Degenhart,* AöR 103 (1978); S. 163 (193 ff.); zur zivilrechtlichen Situation vgl. *Grunsky,* JuS 1976, S. 279 (284 f.)

358 *Kopp,* VwGO § 80 Rdnr. 84

bereits unzulässig.[359] Zumindest kann nach dieser Ansicht keine strikte Verpflichtung der Behörde zur Umsetzung der gerichtlichen Entscheidung bestehen, weil damit etwas rechtlich unzulässiges gefordert würde. Mit dieser Verpflichtung der Behörde entfiele auch der Befolgungsdruck auf den Drittbetroffenen, der die Befolgung der gerichtlichen Entscheidung als nicht mehr freiwillig erscheinen läßt. Die Art und Weise der Berücksichtigung vollendeter Tatsachen im Bereich des vorläufigen Rechtsschutzes in multipolaren Verwaltungsrechtsverhältnissen ist daher für eine analoge Anwendung des § 945 ZPO von entscheidender Bedeutung. Von ihr hängt ab, ob eine Verpflichtung der Behörde zur Umsetzung der gerichtlichen Entscheidung und damit eine Zwangswirkung auf den Drittbetroffenen besteht. In Literatur und Rechtsprechung wird die Schaffung vollendeter Tatsachen in der Regel unter dem Gesichtspunkt betrachtet, daß der Rechtsbehelfsführer durch Anordnung oder Wiederherstellung der aufschiebenden Wirkung vor vollendeten Tatsachen geschützt werden müsse.[360] Prinzipiell gilt diese Aussage aber als Grundkonzept des gesamten vorläufigen Rechtsschutzes. Vorläufiger Rechtsschutz soll den Eintritt vollendeter Tatsachen vor endgültiger Klärung der Rechtslage verhindern. Dieses Ziel des vorläufigen Rechtsschutzes und die allgemeine Geltung dieses Ziels für alle Beteiligten macht aber gleichzeitig die Schwäche dieser Argumentation deutlich.Die Verhinderung vollendeter Tatsachen allein aus der Sicht des Rechtsbehelfsführers als Ziel des vorläufigen Rechtsschutzes geht an den Besonderheiten multipolarer Verwaltungsrechtsverhältnisse vorbei. Dasselbe gilt natürlich auch für den umgekehrten Fall, die Ausrichtung allein auf den Blickwinkel des Begünstigten.[361] Desweiteren wird auch die Bedeutung des Zeitfaktors bei der Verwirklichung materieller Rechte mißachtet. Multipolare Verwaltungsrechtsverhältnisse zeichnen sich dadurch aus, daß sich in ihnen Rechtspositionen zweier Privater gegenüberstehen. Durch die Gewährung oder Verweigerung vorläufigen Rechtsschutzes wird eine dieser Positionen bis zur Entscheidung in der Hauptsache bevorzugt. Entweder kann der beigeladene Begünstigte von dem ihn begünstigenden Verwaltungsakt keinen Gebrauch machen. Durch eventuell bis zur endgültigen Entscheidung eintretende wirtschaftliche Schäden oder sonstige Ver-

---

359 *Eyermann/Fröhler,* VwGO § 80 Rdnr. 45

360 BVerfGE 53, S. 69 (94, Sondervotum); VGH BW, NVwZ 1986, S, 490; OVG Münster, NJW 1985, S. 2315; NJW 1984, S. 883 (885); BRS 22 Nr. 179; OVG Lüneburg, DVBl. 1975, S. 190 (194); *Degenhart,* AöR 103 (1978), S. 163 (172); *Korbmacher,* VBlBW. 1981, S. 97 (101);

361 In dieser Tendenz OVG Rhld.-Pfalz, AS 16, S. 11 (18 f.)

änderungen[362] kann das geplante Vorhaben völlig wertlos oder für den Drittbetroffenen uninteressant werden.[363] Im umgekehrten Fall kann der Begünstigte von dem ihn begünstigenden Verwaltungsakt vorzeitig Gebrauch machen. Dann treten unter Umständen bei dem Antragsteller, dem Rechtsschutzsuchenden, Veränderungen zu seinem Nachteil ein. Sein Garten wird abgeschattet oder er ist einer Lärm- oder Geruchsbelästigung ausgesetzt. Schon bei der Diskussion um den Entscheidungsmaßstab des § 80 a I Nr. 2, III VwGO wurde darauf hingewiesen, daß vorläufiger Rechtsschutz nur im Hinblick auf die später nachfolgende Hauptsacheentscheidung vorläufig ist. Hinsichtlich des Zeitraums, in dem der vorläufige Rechtsschutz greift, sind die vorläufigen Regelungen abschließend und endgültig.[364] Wegen des Zeitablaufs bis zur Hauptsacheentscheidung werden durch vorläufigen Rechtsschutz vollendete Tatsachen geschaffen, die als solche nicht mehr rückgängig gemacht werden können. Vorläufiger Rechtsschutz schafft in jedem Falle vollendete Tatsachen. In multipolaren Verwaltungsrechtsverhältnissen trifft dieses Risiko alle Beteiligten.[365] Da vorläufiger Rechtsschutz wegen des Zeitablaufs bis zur Hauptsacheentscheidung immer abschließende Regelungen trifft und somit immer vollendete Tatsachen geschaffen werden, dieses Risiko aber alle Beteiligten trifft, können aus der Irreparabilität irgendwelcher Tatsachen an sich keine rechtlichen Folgerungen mehr gezogen werden.[366] Vielmehr gibt es auch hier kein Bedürfnis, die Schaffung vollendeter Tatsachen zu verhindern. Vollendete Tatsachen sind nicht etwas grundsätzlich Negatives. Die Problematik vollendeter Tatsachen stellt sich immer nur dann, wenn die Entscheidung im Verfahren des vorläufigen Rechtsschutzes und die Hauptsacheentscheidung nicht übereinstimmen. Liegt eine Übereinstimmung vor, ist die Schaffung vollendeter Tatsachen geradezu wünschenswert. Wie die Hauptsacheentscheidung aussieht, läßt sich

---

362 Zu denken ist z.B. an die Abwanderung von Fachpersonal oder Kunden.

363 vgl. die Beispiele bei *Schoch,* Vorläufiger Rechtsschutz, S. 921

364 *Martens,* Die Praxis des Verwaltungsprozesses, S. 207 f.

365 OVG Hamburg, VerwRspr. 30, S. 379 (380 f.); *Degenhart,* AöR 103 (1978), S. 163 (178); *Korbmacher,* VBlBW. 1981, S. 97 (102)

366 *Schoch,* Vorläufiger Rechtsschutz, S. 1336; *Kloepfer,* VerwArch. 77 (1986), S. 30 (38 f.) spricht von einem Entscheidungspatt.

aber nicht voraussehen.[367] Insofern sind vollendete Tatsachen im Hinblick auf vorläufigen Rechtsschutz weder grundsätzlich positiv noch negativ. Innerhalb des vorläufigen Rechtsschutzes sind nicht vollendete Tatsachen problematisch, sondern die Garantie effektiven Rechtsschutzes. Ziel des vorläufigen Rechtsschutzes ist die Minimierung des Rechtsabweichungsintervalls.[368]

Die Entscheidung über die Gewährung vorläufigen Rechtsschutzes richtet sich nach einem materiell-akzessorischen Maßstab. Sie ist für die Zeit bis zur Entscheidung in der Hauptsache endgültig, der Zeitablauf ist nicht mehr umkehrbar. Damit ist für dieses Zeitintervall die rechtliche Situation endgültig festgelegt. Dem vorläufigen Rechtsschutz kommt so eine interimistische Befriedungsfunktion zu. Es gibt keinen Grund, die tatsächliche Lage von der gerichtlich getroffenen Entscheidung abweichen zu lassen. Aus der Schaffung vollendeter Tatsachen läßt sich, insbesondere in multipolaren Verwaltungsrechtsverhältnissen, keine Einschränkung und damit ein Abgehen von der Garantie effektiven Rechtsschutzes rechtfertigen. Die Behörde ist uneingeschränkt zur Umsetzung der gerichtlich getroffenen Entscheidung verpflichtet.

Daraus ergeben sich Folgerungen für die Anwendung des § 945 ZPO analog. Aus der strikten Verpflichtung der Behörde ergibt sich der Druck auf den Drittbetroffenen. Kommt er der gerichtlichen Entscheidung nicht nach, muß er ernsthaft mit der Ausübung von Zwang in Form von Verwaltungsakten und deren Durchsetzung mittels Verwaltungszwang rechnen. Damit liegt aber eine Situation vor wie bei einer zivilrechtlichen einstweiligen Anordnung, die mit einer Strafdrohung nach § 890 II ZPO versehen ist. Dies rechtfertigt den Verzicht auf eine Vollziehung im Sinne einer "klassischen" Zwangsvollstreckung. Auch macht die Verpflichtung der Behörde zur Umsetzung des gerichtlichen Rechtsschutzes die Unterscheidung zwischen Anordnung oder Wiederherstellung der aufschiebenden Wirkung und sonstigen Maßnahmen zur Sicherung der Rechte des Belasteten überflüssig. Die Realisierung des Rechtsschutzes durch die Verwaltung ist davon unabhängig. Eine der Vollziehung einer privatrechtlichen einstweiligen Anordnung vergleichbare Situation liegt also bereits dann vor, wenn der Antrag auf gerichtlichen vorläufigen Rechtsschutz nach § 80 a I Nr. 2, III VwGO Erfolg hat. Von diesem Augenblick an lastet auf dem beigeladenen Drittbetroffenen ein Befol-

---

367 Wäre die Entscheidung voraussehbar, wäre vorläufiger Rechtsschutz überflüssig, dann könnte sofort in der Hauptsache entschieden werden, vgl. *Martens*, Die Praxis des Verwaltungsprozesses, S. 210

368 *Kloepfer*, JZ 1979, S. 209 (210)

gungsdruck, der die Befolgung der gerichtlichen Entscheidung nicht mehr als freiwillig erscheinen läßt. Diesem relativ weiten Begriff der Vollziehung läßt sich nicht entgegenhalten, bei der Anfechtungsklage trete die aufschiebende Wirkung gem. § 80 I VwGO automatisch ein und konsequenterweise müßte dann auch hier eine Schadensersatzpflicht angenommen werden. Der entscheidende Unterschied zum vorläufigen Rechtsschutz nach § 80 a I Nr. 2, III VwGO liegt in der gerichtlichen Entscheidung über die Verletzung einer drittschützenden Norm. Diese Entscheidung ist wegen der notwendigen Beiladung nach § 65 II VwGO für alle Beteiligten bindend. Anders verhält es sich bei Erhebung der Anfechtungsklage. Hier fehlt es an einer alle Beteiligten bindenden Entscheidung, insbesondere im Verhältnis der beteiligten Privaten. Vollziehung im Sinne des § 945 ZPO liegt damit mit Erlaß der Entscheidung nach § 80 I Nr. 2, III VwGO vor.

III. Schadensersatz nur bei gerichtlichem oder auch bei behördlichem vorläufigen Rechtsschutz ?

Bisher wurde die Frage nach einer Schadensersatzpflicht bei ungerechtfertigter Inanspruchnahme vorläufigen Rechtsschutzes nur unter dem Gesichtspunkt des gerichtlichen Rechtsschutzes betrachtet. Nach § 80 a I Nr. 2 kann aber auch die Behörde die aufschiebende Wirkung eines Rechtsbehelfs anordnen oder wiederherstellen. Die Auswirkungen auf das materiellrechtliche Verhältnis der Privaten entsprechen den Auswirkungen des gerichtlichen Rechtsschutzes. Es stellt sich daher die Frage, ob eine Schadensersatzpflicht nach § 945 ZPO analog nur bei gerichtlichem Rechtsschutz entstehen kann oder ob dies auch bei behördlichem Rechtsschutz nach § 80 a I Nr. 2 VwGO der Fall sein kann. Gegen eine Ausdehnung der Schadensersatzpflicht spricht auf den ersten Blick, daß es sich im eigentlichen Anwendungsbereich des § 945 ZPO um gerichtlichen Rechtsschutz handelt. Andererseits geht es um eine analoge Anwendung des § 945 ZPO und im Privatrecht gibt es keinen außergerichtlichen vorläufigen Rechtsschutz. Dennoch bestehen zwischen gerichtlichem und behördlichem vorläufigem Rechtsschutz, auch und gerade im Hinblick auf das rechtliche Verhältnis der Privaten, gravierende Unterschiede, die es angezeigt sein lassen, eine Schadensersatzpflicht aus § 945 ZPO analog auf gerichtlichen vorläufigen Rechtsschutz zu beschränken.

Der Grund für diese Beschränkung ist in dem Unterschied zwischen Exekutive und Judikative angelegt. Zur Abgrenzung der Funktionen von Legislative, Exekutive und Judikative sind zahlreiche Kriterien entwickelt worden, die eine Abgrenzung mehr oder weniger klar ermöglichen.[369] Hinsichtlich einer Schadensersatzpflicht sind zwei Gesichtspunkte entscheidend, die Exekutive und Judikative und damit behördlichen und gerichtlichen Rechtsschutz unterscheiden, nämlich einmal die Unterscheidung von Verhaltensnormen und Beurteilungsnormen und zum anderen die Letztverbindlichkeit gerichtlicher Akte. Einer Schadensersatzpflicht liegt das Grundprinzip des neminem laedere zugrunde. Ein Schadensersatz fängt Schäden auf, die den einzelnen treffen, auf deren Entstehung er aber keinen Einfluß hat.[370] Der Geschädigte kann dem schädigenden Ereignis nicht ausweichen, der Schaden ist insoweit für ihn überraschend. Dieser überraschende Charakter des Schadensereignisses, die Unausweichlichkeit des Schadens für den Geschädigten kann einmal auf tatsächlichen Faktoren beruhen. So z.B. bei einer Körperverletzung durch einen herabstürzenden Ast oder beim Untergang eines Schiffes. Hier ist es vor allem das Überraschungsmoment, daß zur Unausweichlichkeit führt. Der Schadenseintritt kann aber auch aus rechtlichen Gründen unausweichlich sein. In diesen Fällen tritt das Überraschungsmoment zurück, dafür ist die Unausweichlichkeit stärker. Dieses Fälle treten gerade in dem hier betroffenen Bereich, der ungerechtfertigten Vollstreckung, auf, aber grundsätzlich auch bei ungerechtfertigtem Prozeßbetrieb.[371]

Der Schaden aus der ungerechtfertigten Inanspruchnahme vorläufigen Rechtsschutzes ist für den Geschädigten deshalb unausweichlich, weil er den Eingriff in seine Rechte dulden muß. Diese Unausweichlichkeit beruht auf der Letztverbindlichkeit gerichtlicher Entscheidungen. Mit Letztverbindlichkeit ist nicht der Abschluß des Instanzenzuges gemeint, was hinsichtlich des vorläufigen Rechtsschutzes auch gar nicht sinnvoll wäre, weil die in Rede stehenden Schäden schon begrifflich vor Abschluß des Instanzenzuges auftreten. Mit Letztverbindlichkeit ist vielmehr gemeint, daß die richterliche Rechtsanwendung und die daraus resultierenden Folgen nicht mehr von einem weiteren außenstehenden Dritten überprüft werden können. Rechtsanwendungsakte der Gerichte sind nur von Organen derselben Gewalt überprüfbar. Es gibt keinen neutralen Dritten mehr.[372] Die Letztverbindlichkeit beruht damit auf

---

[369] vgl. *Hesse,* Grundzüge des Verfassungsrechts, Rdnr, 547 ff. m.w.Nachw.

[370] zu dieser Funktion von Schadensersatz vgl. *Meder,* Schadensersatz als Enttäuschungsverarbeitung, S. 107 ff.

[371] vgl. dazu *Staudinger/Schäfer,* BGB § 826 Rdnr. 95 ff.

[372] *Heyde* in HdB des VerfR, § 33 Rdnr. 15; *Stern,* Staatsrecht, Bd II, S. 896

der Unterscheidung von Verhaltens- und Beurteilungsnormen.[373] Die Verhaltensnormen des materiellen Rechts binden die an dem materiellen Rechtsverhältnis Beteiligten in dem Sinne, daß ihnen ein bestimmtes Verhalten vorgeschrieben wird. Dieselben Normen dienen im Hinblick auf den gerichtlichen Rechtsschutz als Normen, die die Beurteilung des Verhaltens als normgemäß oder normwidrig erlauben, eben als Beurteilungsnormen. Dem Gericht wird durch diese Normen kein Verhalten vorgeschrieben, sondern ein Beurteilungsmaßstab gegeben.[374] Da es außer der Judikative kein anderes Organ mehr gibt, bei dem Verhaltensnormen und Beurteilungsnormen getrennt sind, bekommen gerichtliche Entscheidungen eine Letztverbindlichkeit. Es ist kein anderer Beurteilungsmaßstab vorhanden. Insofern sind aus gerichtlichen Entscheidungen resultierende Schäden für den Geschädigten unausweichlich.

Betrachtet man vor diesem Hintergrund behördlichen und gerichtlichen vorläufigen Rechtsschutz nach § 80a VwGO, ergibt sich folgendes Bild: Nach § 80 a I Nr. 2 VwGO kann die Behörde zwar die aufschiebende Wirkung des Rechtsbehelfs anordnen oder wiederherstellen. Welche Entscheidung sie trifft, hängt aber vom materiellen Recht ab.[375] Das materielle Recht gibt aber der Behörde ein bestimmtes Verhalten vor. Aus der Sicht der Behörde handelt es sich dabei um Verhaltensnormen, nicht um Beurteilungsnormen.[376] An dieser Charakterisierung als Verhaltensnorm ändert auch nichts, daß die Behörde über ihre Rechte zunächst selbst mittels Verwaltungsakt entscheidet. Die doppelte Funktion der Verwaltung muß hier beachtet werden. Die Verwaltung verfolgt ihre Ansprüche und es ist ihr das Recht zugebilligt, über die

---

[373] Zu dieser Unterscheidung grundlegend *Goldschmidt,* Der Prozeß als Rechtslage, S. 227 ff. (246); vgl. auch *Rosenberg/Schwab/Gottwald* Zivilprozeßrecht, § 1 V, S. 4 f.; *Blomeyer,* Zivilprozeßrecht, 1 II 2;

[374] *Bettermann,* Verwaltungsakt und Richterspruch, in Gedächtnisschrift Walter Jellinek, S. 361 (369); *Goldschmidt,* Der Prozeß als Rechtslage, S. 246

[375] Der Entscheidungsmaßstab ist für Behörde und Gericht gleich. Dafür muß die Unterscheidung zwischen Verhaltens- und Beurteilungsnormen noch nicht herangezogen werden. Beide Male geht es um Rechtsschutz und daher muß Entscheidungsmaßstab das materielle Recht sein, unabhängig davon, wer diesen Rechtsschutz gewährt.

[376] *Bettermann,* Das Verwaltungsverfahren, VVDStRL 17 (1959), S. 118 (120); *Martens,* NJW 1985, S, 2302 (2302 f.); *Stern,* Staatsrecht, Bd. II, S. 896; im Hinblick auf das öffentliche-rechtliche Rechtsverhältnis *Henke,* DÖV 1980, S. 621 (623)

Reichweite dieser Ansprüche zunächst selbst zu entscheiden.[377] Damit wird aber nicht das materielle Recht verändert. Aus der Charakterisierung der materiellen Normen als Verhaltensnormen für die Behörde resultiert auch der im Hinblick auf eine Schadensersatzpflicht entscheidende Unterschied zwischen behördlichem und gerichtlichem Rechtsschutz. Die Entscheidung der Behörde ist nicht letztverbindlich und unterliegt der Beurteilung durch die Gerichte. Diese mangelnde Letztverbindlichkeit wirkt sich auch auf die Unausweichlichkeit des Schadens aus. Aufgrund dieser Unterschiede zwischen behördlichem und gerichtlichem Rechtsschutz ist eine Schadensersatzpflicht nach § 945 ZPO analog auf die Inanspruchnahme gerichtlichen Rechtsschutzes zu beschränken.

IV. Schadensersatz auch bei Anordnung der sofortigen Vollziehbarkeit auf Antrag des Begünstigten?

Bisher wurde die Frage nach einer Schadensersatzpflicht von der Konstellation her angegangen, daß ein Dritter vorläufigen Rechtsschutz in Anspruch nimmt gegen einen Verwaltungsakt, der ihn belastet und gleichzeitig einen anderen, den Adressaten des Verwaltungsaktes, begünstigt. Es handelt sich dabei also um die typische Situation der Drittanfechtung von Genehmigungen aller Art, die sogenannten Nachbarklagen.

Nach § 80 a I Nr. 1 VwGO kann aber auch der Begünstigte vorläufigen Rechtsschutz in Anspruch nehmen, indem er die Anordnung der sofortigen Vollziehbarkeit des begünstigenden Verwaltungsaktes beantragt. Stellt sich diese Inanspruchnahme vorläufigen Rechtsschutzes später als ungerechtfertigt heraus, besteht eine mit der vorher behandelten Konstellation vergleichbare Lage. Durch die vorschnelle Vollziehung des begünstigenden Verwaltungsaktes durch den Begünstigten selbst, wird der Zuweisungsgehalt der drittschützenden Norm im Verhältnis der beteiligten Privaten verändert, genauer, die Rechtspositionen werden nicht dem Zuweisungsgehalt entsprechend zugeordnet. Damit widerspricht der durch die Vollziehung eingetretene Erfolg der tatsächlichen materiellen Rechtslage, womit der Haftungsgrund des § 945 ZPO gegeben ist. Infolgedessen stellt sich die Frage, ob auch in dieser Konstellation eine Schadensersatzpflicht aus § 945 ZPO analog anzunehmen ist.

Im Falle des § 80 a I Nr. 2, III VwGO kann das Gericht die Vollziehung aussetzen und damit die aufschiebende Wirkung anordnen oder wieder-

377 *Schapp*, Das subjektive Recht im Prozeß der Rechtsgewinnung, S. 152 ff.

herstellen. Dieser Beschluß setzt den Drittbetroffenen einem Befolgungsdruck aus, weil die Behörde verpflichtet ist, diese Entscheidung umzusetzen. Aufgrund dieser Situation konnte eine Schadensersatzpflicht bejaht werden. Hinsichtlich der Anordnung der sofortigen Vollziehbarkeit ist zu differenzieren. Nach § 80 a I Nr. 1, III VwGO kann der Begünstigte die Anordnung der sofortigen Vollziehbarkeit erreichen, nach § 80 a II, III VwGO kann ein Dritter einen belastenden Verwaltungsakt, der sich an einen anderen richtet, für sofort vollziehbar erklären lassen. Zunächst scheint es sich dabei um eine bloße Differenzierung nach dem Adressaten des in Streit stehenden Verwaltungsaktes zu handeln.[378] Der Unterschied liegt aber in einem für eine analoge Anwendung des § 945 ZPO entscheidenden Punkt, nämlich in der Vollziehung im Sinne einer Vollstreckung des gerichtlichen Beschlusses. Die zivilrechtliche einstweilige Anordnung ist nach den Regeln der Zwangsvollstreckung vollziehbar. Auf den Antragsgegner wird von außen Druck ausgeübt, dem er sich nicht entziehen kann. Die Entscheidung über die Aussetzung der Vollziehung nach § 80 a I Nr. 2, III VwGO bewirkt eine Verpflichtung der Behörde, diese Entscheidung umzusetzen. Auf den Drittbetroffenen, den vom Verwaltungsakt Begünstigten, wird Druck oder gar Zwang ausgeübt, dem er sich nicht entziehen kann. Ähnlich ist die Situation bei § 80 a II, III VwGO. Betroffen sind Verwaltungsakte, die einem Anlagebetreiber immissionsschutzrechtliche Auflagen machen, einem Gaststättenbetreiber Lärmschutzauflagen machen und ähnliches. Diese Verwaltungsakte begünstigen einen Dritten. Nimmt dieser Dritte nach Einlegung eines Rechtsbehelfs des Belasteten vorläufigen Rechtsschutz in Anspruch und läßt den Verwaltungsakt in einem gerichtlichen Verfahren[379] für sofort vollziehbar erklären, ergibt sich aus den oben genannten Gründen eine Verpflichtung der Behörde, diese Entscheidung umzusetzen, also notfalls Zwangsmaßnahmen gegen den Adressaten des belastenden Verwaltungsakts zu ergreifen. Auch hier kann die Gewährung effektiven Rechtsschutzes nicht im Ermessen der Behörde stehen. Damit ergibt sich eine der gerichtlichen Aussetzung der Vollziehung nach § 80 a I Nr. 2, III VwGO entsprechende Situation. Auf den Betroffenen wird Druck ausgeübt, dem er sich nicht entziehen kann. Folglich muß auch hier gelten, daß eine Schadensersatzpflicht nach § 945 ZPO analog anzunehmen ist.

Anders stellt sich die Situation bei § 80 a I Nr. 1, III VwGO dar. Bei Verwaltungsakten, auf die § 80 a I Nr. 1, III VwGO Anwendung findet,

---

[378] Eine Differenzierung, die § 80 a VwGO insgesamt zugrundliegt.

[379] vgl. oben unter III.

handelt es sich um Genehmigungen aller Art. Die Besonderheit dieser Verwaltungsakte gegenüber den anderen Konstellationen des § 80 a VwGO liegt darin, daß der Begünstigte diese Verwaltungsakte selbst vollzieht.[380] Bei den vorherigen Konstellationen hat sich gezeigt, daß auslösendes Moment der Haftung aus § 945 ZPO analog die Ausübung von Druck oder Zwang ist.[381] In den zuvor besprochenen Fällen besteht eine Verpflichtung der Behörde zur Umsetzung der gerichtlichen Entscheidung. Bei der Vollziehung der gerichtlichen Entscheidung nach § 80 a I Nr. 1, III VwGO ist das nicht denkbar, der Begünstigte vollzieht die Entscheidung selbst, indem er von der Genehmigung Gebrauch macht. Es scheint jedoch an dem von außen ausgeübten Druck zu fehlen. Gegenüber dem von der Vollziehung der Genehmigung Belasteten werden keine Maßnahmen der Zwangsvollstreckung ergriffen, der Belastete muß die Vollziehung schlicht dulden.

Bei zivilrechtlichen einstweiligen Verfügungen, die auf eine Duldung gerichtet sind, gilt die einstweilige Verfügung als vollzogen, wenn sie auf Betreiben des Gläubigers dem Schuldner zugestellt wurde.[382] Im Falle einer unberechtigten einstweiligen Verfügung nimmt der Gläubiger von diesem Zeitpunkt an unter Ausübung von Druck auf den Schuldner Rechte war, die ihm tatsächlich nicht zustehen.[383] Auch im Falle der unberechtigten sofortigen Vollziehung eines Verwaltungsaktes durch den Begünstigten übt dieser Rechte aus, die ihm nach dem Zuweisungsgehalt des jeweiligen drittschützenden Norm nicht zustehen. Es tritt damit ebenfalls ein Zustand ein, der zur tatsächlichen materiellen Rechtslage in Widerspruch steht.

Wie bei den zivilprozessualen einstweiligen Verfügungen, die sich auf eine Duldung richten, zeigt sich auch hier, daß ein unmittelbarer prä-

---

[380] Dieser weite Vollziehungsbegriff, der alle Maßnahmen erfasst, die auf Verwirklichung des Inhalts der Verwaltungsakte, sei es durch privates oder behördliches Handeln, gerichtet sind, wurde, soweit ersichtlich, zuerst von *Quaritsch,* VerwArch. 51 (1960); S. 21 (227) vertreten und ist heute herrschende Meinung; vgl. *Finkelnburg/Jank,* Vorläufiger Rechtsschutz, Rdnr. 488; *Kopp,* VwGO § 80 Rdnr. 15; *Schoch,* Vorläufiger Rechtsschutz, S. 1171 ff. (1172);

[381] vgl. oben "freiwillige" Befolgung, 1. Teil, 2. Kapitel, II. 3., S. 11 ff.

[382] *Heinze* in Münchner Kommentar, ZPO § 938 Rdnr. 36; *Rosenberg/Gaul/Schilken,* Zwangsvollstreckungsrecht, § 79 II 1, S. 815

[383] vgl. hinsichtlich der auf Duldung gerichteten einstweiligen Verfügung 1. Teil, 2. Kapitel, II. 2., S. 29 f.

ventiver Zwang dem Zwangsvollstreckungsrecht fremd ist. Die Notwendigkeit von Zwang realisiert sich erst bei pflichtwidriger Aktivität des Schuldners. Bei der Vollziehung des Verwaltungsakts durch den Begünstigten selbst kommt ebenfalls eine irgendwie geartete Ausübung von Druck oder Zwang nur bei Zuwiderhandeln gegen die Vollziehung in Betracht, konkret bei mehr oder weniger gewaltsamer Behinderung z.B. von Bauarbeiten durch den Belasteten. Dann kommen repressive Maßnahmen gegen den Belasteten in Betracht, z.B. aufgrund der polizeirechtlichen Normen. Auch hier besteht aus den oben genannten Gründen eine Verpflichtung der Behörde zum Einschreiten. Auch hier kann es nicht im Ermessen der Behörde stehen, ob der Begünstigte in den Genuß effektiven Rechtsschutzes kommt oder nicht. Damit wirkt in den Fällen des § 80 a I Nr. 1, III VwGO, sofern ein Gericht über den Rechtsbehelf entschieden hat[384], derselbe Druck auf den Belasteten, wie in den Fällen des § 80 a I Nr. 2, III VwGO auf den Begünstigten, nämlich die Erwartung repressiver Maßnahmen. Infolgedessen liegt auch hier eine Situation vor, die eine analoge Anwendung des § 945 ZPO rechtfertigt.[385]

V. Umfang des Schadensersatzes

Zu ersetzen ist, wie im Zivilprozeßrecht auch, der Schaden, der durch die Vollziehung der Maßnahmen des vorläufigen Rechtsschutzes entstanden ist. Die besondere Struktur der multipolaren Verwaltungsrechtsverhältnisse - das Auseinanderfallen von Zuweisungsebene und Anspruchsrichtung - wirkt sich auch auf die Entstehung des Schadens aus. Da wegen dieser besonderen Struktur das Merkmal der Vollziehung bereits durch einen Erfolg im Verfahren des vorläufigen Rechtsschutzes erfüllt ist, ist der Schaden zu ersetzen, der adäquat kausal durch die Umsetzung der gerichtlichen Entscheidung entsteht.

---

384 vgl. oben unter III

385 Hier könnte man allerdings die Befürchtung haben, der Kreis der potentiell anspruchsberechtigten Belasteten sei insbesondere bei Großvorhaben unübersehbar und daher das Risiko für den Begünstigten nicht mehr kalkulierbar. Zu bedenken ist aber, daß die gerichtliche Entscheidung nur zwischen Antragsteller(n) und notwendig Beigeladenen (in diesem Fall die Belasteten) wirkt, nur diese sind daher potentiell anspruchsberechtigt. Durch das Erfordernis der notwendigen Beiladung ist dieser Kreis sehr wohl überschaubar und das Risiko daher kalkulierbar.

Damit wird der potentielle Umfang des Schadens gegenüber der Regelung des § 945 ZPO nicht erweitert. Die Umsetzung der gerichtlichen Entscheidung entspricht letztlich deren Vollstreckung. Zu ersetzen sind daher z.B. Schäden, die ein Bauherr durch eine von vorneherein unberechtigte Stillegung seines Bauvorhabens erleidet, oder, im umgekehrten Fall, die Einbußen, die jemand durch die voreilige von vorneherein unberchtigte Inbetriebnahme einer industriellen Anlage erleidet.

4. Kapitel
Schadensersatzansprüche aus § 123 III VwGO i.V.m. § 945 ZPO in multipolaren Verwaltungsrechtsverhältnissen

I. Beschränkung auf Verwaltungsakte mit Doppelwirkung, die nicht von § 80 a VwGO erfaßt werden

Durch die Einführung des § 80 a VwGO durch das 4. VwGOÄndG sollte der vorläufige Rechtsschutz bei Verwaltungsakten mit Doppelwirkung insgesamt dem System der aufschiebenden Wirkung unterstellt werden. Dies wird auch durch die Neufassung des § 123 V VwGO zum Ausdruck gebracht, der die einstweilige Anordnung ausschließt, soweit § 80 a VwGO eingreift. Es stellt sich also die Frage, auf welche (eventuell schadensträchtigen) Konstellationen des vorläufigen Rechtsschutzes nach § 123 I VwGO in multipolaren Verwaltungsrechtsverhältnissen § 123 III VwGO i.V.m § 945 ZPO noch Anwendung finden kann.

§ 80 a I und II VwGO erfassen zwei Konfliktkonstellationen. § 80 a I gewährt vorläufigen Rechtsschutz in den Fällen, in denen Rechtsschutz von dem durch den Verwaltungsakt Belasteten in Anspruch genommen wird, der aber nicht Adressat des Verwaltungsaktes ist. § 80a II VwGO erfasst den Fall, in dem Rechtsschutz von dem belasteten Adressaten des Verwaltungsaktes nachgesucht wird. Beide Fälle lassen sich nicht immer eindeutig auseinanderhalten, eine gewisse Typisierung wird aber immerhin erreicht. § 80a VwGO betrifft damit Fälle, in denen ein Verwaltungsakt schon existiert. Dieser Verwaltungsakt wird dann entweder von dem Adressaten oder einem Dritten angegriffen .Für die Anwendung des § 123 I VwGO in multipolaren Verwaltungsrechtsverhältnissen bleibt demnach ein dem § 80 a VwGO noch vorgelagerter Rechtsschutz übrig. § 123 I VwGO findet Anwendung in den Fällen, in denen über das Instrument des vorläufigen Rechtsschutzes erst der Erlaß eines

Verwaltungsaktes mit Doppelwirkung angestrebt wird, also im Bereich der Verpflichtungsklage.

II. Die Voraussetzungen für einen Schadensersatzanspruch aus § 123 III VwGO i.V.m. § 945 ZPO

Im Streit steht auch hier eine drittschützende Norm (Antragsbefugnis). Wie ansonsten auch ist im Streit um einen Verwaltungsakt mit Doppelwirkung der Drittbetroffene nach § 65 II VwGO notwendig beizuladen.[386] Zu denken ist hier beispielswiese an einen Antrag auf Erlaß einer einstweiligen Anordnung in Bezug auf bauvorbereitende Maßnahmen unter Befreiung von nachbarschützenden Vorschriften oder aber an den vorläufigen Rechtsschutz im Zusammenhang mit Einstellungen oder Beförderungen im Beamtenrecht. Durch die einstweiligen Anordnung wird die Behörde im Erfolgsfall verpflichtet, gegenüber dem Drittbetroffenen die entsprechende Anordnung zu treffen, die auch darin bestehen kann, den entsprechenden Verwaltungsakt zu erlassen. Das dabei auftauchende Problem, daß unter Umständen die Entscheidung in der Hauptsache vorweggenommen wird, was der Grundkonzeption des vorläufigen Rechtsschutzes zuwiderläuft, wurde bereits im Rahmen der Untersuchung des § 80a VwGO behandelt. Die Maßnahmen des vorläufigen Rechtsschutzes sind in zeitlicher Hinsicht immer endgültig und nehmen bis zur Hauptsachenentscheidung immer die Hauptsache vorweg. Dies unabhängig davon, ob der Antrag auf Erlaß einer einstweiligen Anordnung Erfolg hat oder nicht. Bei Ablehnung einer einstweiligen Anordnung wird die Hauptsache zu Lasten des Antragstellers bis zur Hauptsachenentscheidung vorweggenommen. Da in multipolaren Verwaltungsrechtsverhältnissen für beide beteiligten Privaten das Risiko der Vorwegnahme der Hauptsache besteht, kann daraus allein keine Schlußfolgerung zu Gunsten oder zu Lasten eines der Beteiligten gezogen werden. Dies passt auch zur Tendenz in Literatur und Rechtsprechung, die Vorwegnahme der Hauptsache unter relativ leicht zu erfüllenden Bedingungen zuzulassen. Zwar wird zunächst ein strenger Maßstab behauptet[387], der aber durch zahlreiche Ausnahmen aus beinahe allen Gebieten des Besonderen Verwaltungsrechts deutlich relati-

---

[386] Unterbleibt die notwendige Beiladung, kann der Drittbetroffene, der Adressat des angestrebten Verwaltungsaktes ist, seinerseits vorläufigen Rechtsschutz nach § 80 a II VwGO in Anspruch nehmen.

[387] *Redeker/v. Oertzen,* VwGO § 123 Rdnr. 13 m.w.Nachw.

viert wird.[388] Aus Gründen der Effektivität des Rechtsschutzes, die durch Art. 19 IV GG geboten ist, ist die Behörde verpflichtet, diese Entscheidung auch umzusetzen. Damit wird auf den drittbetroffenen Adressaten des Verwaltungsaktes ein Befolgungsdruck ausgeübt. Stellt sich die einstweilige Anordnung später als von Anfang an unberechtigt heraus, sind die Rechtspositionen im Widerspruch zum Zuweisungsgehalt der drittschützenden Norm verteilt. Damit sind alle Tatbestandselemente einer Schadensersatzpflicht nach § 945 ZPO erfüllt. Ein Schadensersatzanspruch aus § 123 III VwGO i.V.m. § 945 ZPO ist daher auch in multipolaren Verwaltungsrechtsverhältnissen zu bejahen.

Die einstweilige Anordnung nach § 123 I VwGO ist in multipolaren Verwaltungsrechtsverhältnissen ebenso wie in bipolaren Verwaltungsrechtsverhältnissen unberechtigt, wenn von Anfang an kein Anordnungsanspruch bestand. Für das Fehlen des Anordnungsgrundes gilt, wie ansonsten auch, daß dieser nur gegenüber dem Rechtsschutz in der Hauptsache eine zusätzliche Filterfunktion erfüllt. Diese Filterfunktion steht in keinem Zusammenhang mit dem Haftungsgrund des § 945 ZPO, dem Widerspruch zwischen tatsächlicher Rechtslage und dem durch die einstweilige Anordnung herbeigeführten Zustand. Infolgedessen führt das Fehlen des Anordnungsgrundes hier ebenfalls nicht zu einer unberechtigten Inanspruchnahme vorläufigen Rechtsschutzes.

Die einstweilige Anordnung nach § 123 I VwGO ergeht dann, wenn aufgrund des im Zeitpunkt der Entscheidung verfügbaren Tatsachenmaterials ein Anordnungsanspruch besteht. Dieser Anordnungsanspruch resultiert in multipolaren Verwaltungsrechtsverhältnissen aus einer drittschützenden Norm, durch die materielle Rechtspositionen unter den Privaten zugewiesen werden. Wegen der von der Zuweisungsebene abweichenden Anspruchsrichtung und der Garantie effektiven Rechtsschutzes aus Art. 19 IV GG ist die Behörde verpflichtet, die gerichtliche Entscheidung notfalls mit Zwang durchzusetzen. Damit gilt hier wie im Bereich des § 80 a VwGO, daß bereits mit Erlaß der einstweiligen Anordnung auf den notwendig Beigeladenen, den Drittbetroffenen, ein der Vollziehung entsprechender Befolgungsdruck lastet.

Der Umfang des Schadensersatzanspruches entspricht ebenfalls dem für die Fälle des § 80 a VwGO ermittelten Umfang. Zu ersetzen sind die Schäden, die der Drittbetroffene durch die Umsetzung der gerichtlichen Entscheidung erleidet.

---

388 vgl. nur *Kopp,* VwGO § 123 Rdnr. 14, dessen Aufzählung von Ausnahmen beinahe drei Seiten des Kommentars ausfüllt.

4. Teil
Der Rechtsweg

Nachdem die Möglichkeit der Entstehung eines Schadensersatzanspruches aus §§ 80 a VwGO, 945 ZPO analog in multipolaren Verwaltungsrechtsverhältnissen und ein ebensolcher aus § 123 III VwGO i.V.m. § 945 ZPO in bipolaren und multipolaren Verwaltungsrechtsverhältnissen bejaht wurde, stellt sich die Frage, auf welchem Rechtsweg ein solcher Schadensersatzanspruch durchzusetzen ist. Grundsätzlich kommt dabei eine Zuständigkeit der Zivilgerichte oder der Verwaltungsgerichte in Betracht.

1. Kapitel
Öffentlich-rechtlicher oder bürgerlich-rechtlicher Charakter des Schadensersatzanspruches

Ausgangspunkt für die Klärung der Frage nach dem möglichen Rechtsweg zur Durchsetzung eines Schadensersatzanspruches wegen ungerechtfertigter Inanspruchnahme vorläufigen Rechtsschutzes nach der VwGO müssen die §§ 13 GVG, 40 I VwGO sein. Nach § 13 GVG gehören alle bürgerlich-rechtlichen Streitigkeiten vor die ordentlichen Gerichte, soweit nicht die Zuständigkeit der Verwaltungsgerichte (oder anderer Gerichte) begründet ist. § 40 I VwGO eröffnet den Verwaltungsrechtsweg für alle öffentlich-rechtlichen Streitigkeiten nichtverfassungsrechtlicher Art. Die Frage nach dem Rechtsweg hängt damit von der Charakterisierung des Schadensersatzanspruches ab.[389]

Der Schadensersatzanspruch aus § 945 ZPO ist primär ein bürgerlichrechtlicher Anspruch. Er entsteht während der gerichtlichen Auseinandersetzung unter Privaten um privatrechtliche Ansprüche. § 945 ZPO wird häufig als Anspruch aus unerlaubter Handlung im weiteren Sinne bezeichnet.[390] Das legt es nahe, auch die Ansprüche, die aus der unberechtigten Inanspruchnahme verwaltungsrechtlichen vorläufigen

---

[389] § 40 II VwGO, der verschiedene Ersatzansprüche an die ordentlichen Gerichte verweist, hilft hier noch nicht weiter, denn für diese Zuweisung an die ordentlichen Gerichte muß es sich zunächst einmal um eine öffentlich-rechtliche Streitigkeit nach § 40 I VwGO handeln.

[390] BGHZ 30, S. 123 (127); 78, S. 127 (129); *Lemke*, DVBl. 1982, S. 989 (991)

Rechtsschutzes resultieren, als bürgerlich-rechtlich anzusehen. Bei den hier in Rede stehenden Ansprüchen handelt es sich allerdings nicht allein um eine Auseinandersetzung unter Privaten. Der vorläufige Rechtsschutz wird im verwaltungsgerichtlichen Verfahren gewährt, im Streit stehen Normen des öffentlichen Rechts. Die Veränderung des dem Rechtsstreit zugrundeliegenden Normenmaterials kann sich auch auf den Charakter der Schadensersatzanspruches auswirken. Insofern scheint auch eine Klassifizierung als öffentlich-rechtlicher Anspruch möglich.

Eine öffentlich-rechtliche Streitigkeit liegt vor, wenn sich der Streitgegenstand als unmittelbare Folge des öffentlichen Rechts darstellt; sich das Klagebegehren als Folge eines Sachverhalts darstellt, der nach öffentlichem Recht zu beurteilen ist.[391] Dem Schadensersatzanspruch liegt als Sachverhalt die Vollziehung[392] von Maßnahmen des vorläufigen Rechtsschutzes zugrunde, die sich später als von vornherein ungerechtfertigt herausstellen. Diese Maßnahmen sind unberechtigt, wenn ihnen auf Seiten des Antragstellers kein subjektives Recht zugrundeliegt, wenn also der zu sichernde Anspruch nicht besteht.[393] Ob dem Antragsteller das gesicherte subjektive Recht zustand oder nicht, ist eine Frage, die sich nach öffentlichem Recht beurteilt. Streitentscheidende Norm ist eine drittschützende Norm des öffentlichen Rechts. Insoweit stellt sich das Klagebegehren als Folge eines Sachverhalts dar, der nach öffentlichem Recht zu beurteilen ist.

Demgegenüber betonen der BGH und ein Teil des Schriftums die bürgerlich-rechtliche Struktur des Anspruches aus § 945 ZPO, die auch dann vorliege, wenn eine öffentlich-rechtliche Streitigkeit zugrundeläge. In zwei früheren Entscheidungen begründet der BGH die Zuständigkeit der ordentlichen Gerichte für Ansprüche aus § 945 ZPO auch bei im Ausgangsverfahren öffentlich-rechtlichen Streitigkeiten mit dem Charakter der Ansprüche aus § 945 ZPO als unerlaubte Handlungen und mit der besonderen Nähe zum Amtshaftungsanspruch aus § 839 BGB, Art. 34 GG, für den ebenfalls die ordentlichen Gerichte zuständig sind.[394] In zwei

---

391 vgl. nur *Kopp,* VwGO § 40 Rdnr. 6 m. w. Nachw.

392 bzw. eine Situation, in der ein entsprechender Befolgungsdruck auf dem Drittbetroffenen lastet.

393 Zum Fehlen des Sicherungsanspruches vgl. oben 3. Teil, 3. Kapitel, I. 3., S. 130 ff.

394 BGHZ 30, S. 123 (127); 63, S. 277 (278)

späteren Entscheidungen liegt die Betonung stärker auf der Charakterisierung des Anspruches als bürgerlich-rechtlich strukturierter Anspruch.[395] Die Argumentation des BGH beruht auf der Subordinationstheorie[396], wonach öffentlich-rechtliche Streitigkeiten vorliegen, wenn die Parteien in einem Über-Unterordnungsverhältnis stehen. Bei einem Schadensersatzanspruch aus § 945 ZPO stehen sich die Parteien aber als gleichberechtigt gegenüber. Dies insbesondere deswegen, weil der Anspruch aus einem Prozeßrechtsverhältnis entspringt, das durch die vollkommene Gleichstellung der Parteien im Rahmen des Rechtsstreits geprägt ist.[397] Infolgedessen soll hier ein privatrechtlicher Anspruch vorliegen. Dem haben sich Stimmen in der Literatur angeschlossen und zusätzlich mit dem Argument der Sachnähe für den Zivilrechtsweg plädiert.[398]

Diese Argumentation und die darauf gestützte Eröffnung des Zivilrechtsweges ist jedoch nicht überzeugend. Zunächst ist das Argument der Sachnähe, in der die ordentlichen Gerichte zu Schadensersatzansprüchen stehen, ambivalent. Zum einen sind Ansprüche, die verwaltungsrechtliche Verträge als Grundlage haben nach den §§ 54 VwVfG, 40 II VwGO vor den Verwaltungsgerichten geltend zu machen. Die Parteien verwaltungsrechtlicher Verträge stehen aber in einem Verhältnis der Gleichordnung und nicht in einem Über-Unterordnungsverhältnis. Aus solchen Verträgen können auch Schadensersatzansprüche entstehen, für deren Geltendmachung dann ebenfalls der Verwaltungsrechtsweg gegeben ist. Auch Verwaltungsgerichte entscheiden also über Fragen des Schadensrechts. Zum anderen lag zwar in den vom BGH zu entscheidenden Fällen[399] eine das Zivilgericht bindende Entscheidung der Finanzgerichte bzw. der Verwaltungsgerichte über die Aufhebung der Maßnahmen des vorläufigen Rechtsschutzes vor, so daß sich die Prüfung auf privatrechtliche Normen beschränkte. Die Aufhebung dieser Maßnahmen ist aber nicht Voraussetzung für die Entstehung

---

395 BGHZ 66, S. 182; 78, S. 127

396 Zur Subordinationstheorie vgl. *Eyermann/Fröhler,* VwGO § 40 Rdnr. 4; *Hufen,* Verwaltungsprozeßrecht, § 11 Rdnr. 18 f.; *Schmitt Glaeser,* Verwaltungsprozeßrecht, Rdnr. 47

397 BGHZ 66, S. 182 (186 f.); 78, S. 127 (129)

398 *Lemke,* DVBl. 1982, S. 989 (990 ff.); *Straub,* Die Rechtswegabgrenzung in der Rechtsprechung des BGH, S. 29 ff.

399 BGHZ 30, S. 123 (127); 63, S. 277; 78, S. 127

eines Anspruches aus § 945 ZPO. Insofern kann dann auch die Überprüfung der Rechtmäßigkeit der vorläufigen Rechtsschutzmaßnahme durch die Zivilgerichte erforderlich sein. Diese richtet sich aber nach öffentlichem Recht. Infolgedessen läßt sich aus dem Argument der Sachnähe weder für noch gegen die Zuständigkeit der Zivilgerichte oder der Verwaltungsgerichte etwas gewinnen.

Auch die Argumentation des BGH, die Parteien ständen sich hinsichtlich des Schadensersatzanspruches gleichgeordnet gegenüber und deswegen läge ein bürgerlich-rechtlicher Streit vor[400], erscheint nicht überzeugend. Die Subordinationstheorie, die der Argumentation des BGH zugrundeliegt, ist auf die Eingriffsverwaltung hin konzipiert und erfasst nicht, daß es auch im öffentlichen Recht Gleichordnungsverhältnisse wie z.B. den öffentlich-rechtlichen Vertrag gibt.[401] Infolgedessen ist die Argumentation des BGH bereits in ihrem Ausgangspunkt zu kritisieren. Die Subordinationstheorie kann heute zumindest nicht mehr als herrschend angesehen werden.[402] Weiter soll sich die Gleichordnung daraus ergeben, daß der Schadensersatzanspruch einem Prozeßrechtsverhältnis entspringt, das vom Grundsatz der Gleichordnung geprägt ist. Das Prozeßrechtsverhältnis als Grundlage des Schadensersatzanspruches ist aber seinerseits öffentlich-rechtlich und müßte daher zu einem öffentlich-rechtlichen Anspruch führen.[403]

Auch aus der Nähe zur Amtshaftung läßt sich eine Zuständigkeit der Zivilgerichte nicht ableiten. Zunächst behandeln die Urteile BGHZ 30, S. 123 und BGHZ 63, S. 277 den Sonderfall des ungerechtfertigten Steuerarrests, also einen Fall, in dem die Behörde eine Form vorläufigen Rechtsschutzes in Anspruch nimmt. Beide Male lagen Amtshaftungsansprüche nahe, so daß insoweit die Ansicht, diese Schadensersatzansprüche sollten über denselben Rechtsweg verfolgt werden, durchaus dem Grundsatz der Prozeßökonomie entspricht. Diese Argumentation ist jedoch aus mehreren Gründen nicht verallgemeinerungsfähig. Die Frage nach einem Schadensersatzanspruch aus § 945 ZPO im

---

400 BGHZ 66, S. 182 (187); 78, S. 127 (129)

401 *Ehlers* in Erichsen, Allgemeines Verwaltungsrecht, § 2 Rdnr. 14; *Hufen,* Verwaltungsprozeßrecht, Rdnr. 19; *Schmitt Glaeser,* Verwaltungsprozeßrecht, Rdnr. 47

402 vgl. *Maurer,* Allgemeines Verwaltungsrecht, § 3 Rdnr. 14 ff; *Schenke,* Verwaltungsprozeßrecht, Rdnr. 99 ff.

403 *Grunsky,* JuS 1982, S. 177 (178)

Zusammenhang mit verwaltungsgerichtlichem vorläufigen Rechtsschutz stellt sich auch in Situationen, in denen eine Amtspflichtverletzung nicht in Betracht kommt, insbesondere bei multipolaren Verwaltungsrechtsverhältnissen. Auch stehen sich Amtshaftungsanspruch und der Schadensersatzanspruch aus § 945 ZPO strukturell nicht so nahe, daß die Zuweisung der Amtshaftungsansprüche an die ordentliche Gerichtsbarkeit geradezu zwingend auf Ansprüche aus § 945 ZPO auszudehen ist. Beim Amtshaftunganspruch ist die konkrete Pflichtverletzung eines zumindest prinzipiell individualisierbaren[404] Amtsträgers entscheidend, der schuldhaft gehandelt hat. Hinsichtlich des Anspruches aus § 945 ZPO kommt es weder auf eine bestimmte Personeneigenschaft noch auf eine Pflichtverletzung und auch nicht auf ein Verschulden an. Haftungsgrund des § 945 ZPO ist nur der Widerspruch zwischen tatsächlicher Lage und materiellem Recht. Angesichts dessen läßt sich von einer strukturellen Nähe beider Ansprüche nicht reden.[405]

Auch grundsätzlich ist die Anknüpfung an die Amtshaftung zur Begründung der zivilgerichtlichen Zuständigkeit problematisch. Die Zuweisung der Amtshaftungsansprüche an die ordentliche Gerichtsbarkeit ist im Grunde nur vor dem Hintergrund der deutschen Rechtsentwicklung zu verstehen. Zum einen ist die Amtshaftung als Überleitung der persönlichen "privaten" Haftung des Beamten auf den Staat konstruiert.[406] Zum anderen entwickelte sich in Deutschland erst relativ spät eine unabhängige "echte" Verwaltungsgerichtsbarkeit, so daß die Zivilgerichte als die einzigen "ordentlichen" Gerichte galten.[407] In Abkehr von dieser traditionellen Zuweisung der Amtshaftungsansprüche an die ordentlichen Gerichte sah der Entwurf zum StHG[408] auch vor, die entsprechenden Schadensersatzansprüche an die für den jeweiligen

---

404 Zur Entindividualisierung der Amtshaftung über den Weg der Objektivierung des Verschuldens siehe *Ossenbühl,* Staatshaftungsrecht, S. 62

405 vgl. *Bettermann,* JZ 1960, S. 335 (340)

406 *Ossenbühl,* Staatshaftungsrecht, S. 99

407 vgl. *Hufen,* Verwaltungsprozeßrecht, § 2, insb. Rdnr. 5 mit dem Hinweis auf § 182 der Paulskirchenverfassung, der das Ende der Verwaltungsrechtspflege durch die Administrativjustiz anordnete und festlegte, daß über alle Rechtsverletzungen Gerichte entscheiden müssen.

408 § 33 I E-StHG; BT-DrS 8/2079

Primärrechtsschutz zuständigen Gerichte zu verweisen.[409] Entscheidend für die Einordnung des Schadensersatzanspruches aus § 945 ZPO im Zusammenhang mit verwaltungsgerichtlichem vorläufigen Rechtsschutz ist, daß Sekundäransprüche denselben Rechtscharakter haben, wie der Primäranspruch, aus dem sie hervorgegangen sind.[410] Der Anspruch aus § 945 ZPO hat in diesem Zusammenhang seinen Ursprung in einer öffentlich-rechtlichen Streitigkeit und ist deshalb seinerseits öffentlich-rechtlicher Natur.[411] Die Schadensersatzpflicht ist daher eine Folge eines Sachverhalts, der nach öffentlichem Recht zu beurteilen ist. § 945 ZPO ist als Folge verwaltungsgerichtlichen vorläufigen Rechtsschutzes als öffentlich-rechtlicher Anspruch unter § 40 I VwGO einzuordnen.

2. Kapitel
Abdrängende Sonderzuweisungen

Die Charakterisierung des Schadensersatzanspruches aus § 945 ZPO im Zusammenhang mit verwaltungsgerichtlichem Rechtsschutz als öffentlich-rechtlicher Anspruch bedeutet nicht notwendig eine Zuständigkeit der Verwaltungsgerichte. Die verwaltungsgerichtliche Zuständigkeit bleibt nur dann erhalten, wenn nicht durch eine abdrängende Sonderzuweisung ein anderer Rechtsweg eröffnet wird. Als abdrängende Sonderzuweisung kommt hier § 40 II S. 1 VwGO in Betracht, wonach für Schadensersatzansprüche aus der Verletzung öffentlich-rechtlicher Pflichten, die nicht auf einem öffentlich-rechtlichen Vertrag beruhen, der ordentliche Rechtsweg gegeben ist. Zu den vor den ordentlichen Gerichten zu verfolgenden Schadensersatzansprüchen aus der Verletzung öffentlich-rechtlicher Pflichten gehören neben der Amtshaftung Ansprüche gegen einen Notar nach § 19 BNotO[412], Ansprüche aus der

---

[409] vgl. *Bender,* Staatshaftungsrecht, Rdnr. 854 ff.; *Kirchberg,* VBlBW.1981, S. 169 (170); *Papier,* Rechtsschutz und Staatshaftung, in HdBStR, § 157 Rdnr. 79

[410] BVerwGE 25, S. 72 (76); BVerwG, DVBl. 1980, S. 686 (687); *Grunsky,* JuS 1982, S. 177; *Ossenbühl,* NVwZ 1991,S. 513 (522); *Wolff/Bachof/Stober,* Verwaltungsrecht I, § 22 Rdnr. 49

[411] *Finkelnburg/Jank,* Vorläufiger Rechtsschutz, Rdnr. 436; *Bothe,* JZ 1975, S. 399 (405)

[412] *Redeker/v.Oertzen,* VwGO § 40 Rdnr. 43

Verletzung einer öffentlich-rechtlichen Verkehrssicherungspflicht[413] und Ansprüche gegen den Konkursverwalter nach § 82 KO.[414]

Aus diesen Beispielen und der Entstehungsgeschichte der Norm folgt, daß der ordentliche Rechtsweg trotz öffentlich-rechtlicher Streitigkeit nur dann erhalten bleibt, wenn ein enger Sachzusammenhang mit der Enteignung oder der Amtshaftung gegeben ist.[415] Ein irgendwie gearteter Sachzusammenhang mit der Enteignung oder der Amtshaftung ist bei einem Schadensersatzanspruch unter Privaten nicht gegeben. Dennoch könnte es sich um einen Schadensersatzanspruch aus der Verletzung öffentlich-rechtlicher Pflichten handeln. Haftungsgrund des § 945 ZPO im öffentlichen Recht ist die ungerechtfertigte Veränderung des Zuweisungsgehalts einer verwaltungsrechtlichen (drittschützenden) Norm. Diese Zuweisungsgehalte ordnen Rechte und Pflichten sowohl im Verhältnis zwischen Bürger und Staat als auch im Verhältnis der Privaten untereinander gegenseitig zu. Insoweit läßt sich eine Veränderung dieses Zuweisungsgehalts durch die ungerechtfertigte Inanspruchnahme vorläufigen Rechtsschutzes eventuell doch als Verletzung öffentlich-rechtlicher Pflichten verstehen. Auch dieser Weg ist jedoch aufgrund der Bedeutung und der Entstehungsgeschichte des § 40 II S. 1 VwGO nicht gangbar. Die Regelung des § 40 II S. 1 VwGO bezweckt nicht, öffentlich-rechtliche Streitigkeiten aus dem Verwaltungsrechtsweg herauszunehmen, nur weil es um Schadensersatz geht. Vielmehr fallen die Ansprüche aus Enteignung und Amtshaftung traditionell in die Zuständigkeit der Zivilgerichte. Dem sollte mit § 40 II S. 1 VwGO Rechnung getragen werden.[416] Bei der Vorschrift des § 40 II S. 1 VwGO handelt es sich um eine legalisierte Traditionszuständigkeit[417] für Klagen des Bürgers gegen den Staat.[418] Insofern ist es nicht möglich, die Vorschrift des § 40 II S. 1 VwGO extensiv auszulegen. Bei dem Schadensersatzanspruch aus § 945 ZPO nach ungerechtfertigter Inanspruchnahme vor-

---

413 BGH, NJW 1988, S. 2808

414 vgl. *Kopp,* VwGO § 40 Rdnr. 70

415 BVerwGE 37, S. 231 (235); *Kopp,* VwGO § 40 Rdnr. 70; *Schmitt Glaeser,* Verwaltungsprozeßrecht, Rdnr. 63; *Stern,* Verwaltungsprozessuale Probleme in der öffentlich-rechtlichen Arbeit, S. 35

416 BVerwGE 37, S. 231 (235 f.)

417 *Stern,* Verwaltungsprozessuale Probleme in der öffentlich-rechtlichen Arbeit, S. 33

418 *Eyermann/Fröhler,* VwGO § 40 Rdnr. 110; *Kopp,* VwGO § 40 Rdnr. 71

läufigen Rechtsschutzes nach der VwGO handelt es sich nicht um einen Anspruch aus der Verletzung öffentlich-rechtlicher Pflichten im Sinne des § 40 II S. 1 VwGO. Es bleibt daher bei der Zuständigkeit der Verwaltungsgerichte nach § 40 I VwGO für Schadensersatzansprüche aus § 945 ZPO, wenn eine öffentlich-rechtliche Streitigkeit zugrundeliegt.

3. Kapitel
Geltendmachung des Anspruches im Wege der Widerklage ?

Da der Anspruch aus § 945 ZPO vor den Verwaltungsgerichten geltend zu machen ist, wenn eine öffentlich-rechtliche Streitigkeit zugrundeliegt, fragt sich, ob dies auch eine vernünftige Regelung darstellt. Das würde die obige Argumentation unterstützen.

Sinnvoll ist eine Rechtswegzuweisung dann, wenn sie der Prozeßökonomie dient. Rechtsstreitigkeiten sollen in möglichst kurzen und einfachen Verfahren schnell und umfassend geklärt werden.[419] Die Zuweisung an die Verwaltungsgerichte wäre daher dann sinnvoll, wenn diese Zuweisung dazu führte, den Rechtsstreit rasch, unkompliziert und umfassend zu erledigen. Im Privatrecht kann der Anspruch aus § 945 ZPO in einem eigenen Verfahren geltend gemacht werden.[420] Für die Geltendmachung in einem eigenen Verfahren ist die Zuweisung zu einem bestimmten Gerichtszweig hinsichtlich der Prozeßökonomie irrelevant. Auf jeden Fall muß ja ein vollständiges Verfahren durchgeführt werden. Der Anspruch aus § 945 ZPO kann im Privatrecht darüberhinaus aber auch durch Aufrechnung oder durch Widerklage im Hauptsacheverfahren geltend gemacht werden.[421] Das ist prozeßökonomisch sinnvoll, da der Rechtsstreit in einem einzigen Verfahren umfassend erledigt werden kann.

Die Zuweisung des Anspruchs aus § 945 ZPO im Zusammenhang mit verwaltungsgerichtlichem vorläufigen Rechtsschutz an die Verwaltungsgerichte wäre demnach dann sinnvoll, wenn sich die Möglichkeit böte, über die Hauptsache und den Schadensersatz in einem Verfahren

---

[419] vgl. nur *Rosenberg/Schwab*, Zivilprozeßrecht, § 84

[420] Allerdings bis auf wenige Ausnahmen nicht im summarischen Verfahren. Vgl. *Stolz*, Einstweiliger Rechtsschutz und Schadensersatzpflicht, S. 138 ff.; *Zöller-Vollkommer*, ZPO § 945 Rdnr. 7

[421] *Zöller-Vollkommer*, ZPO § 945 Rdnr. 7

umfassend zu entscheiden. Hauptsache im Verwaltungsprozeß ist, je nach Situation, eine Anfechtungsklage des "Nachbarn" oder eine Verpflichtungsklage des durch den beantragten Verwaltungsakt Begünstigten. Insofern scheidet eine Geltendmachung des Schadensersatzanspruches durch Aufrechnung aus. Denkbar ist nur eine Geltendmachung durch Widerklage nach § 89 VwGO.

Eine Widerklage zur Geltendmachung des Schadensersatzanspruches aus entsprechender (§ 123 III VwGO) oder analoger (§ 80 a VwGO) Anwendung des § 945 ZPO erscheint allerdings in mehrfacher Hinsicht problematisch. Einmal schließt § 89 II VwGO die Widerklage im Zusammenhang mit Anfechtungs- und Verpflichtungsklagen aus. Desweiteren ist in multipolaren Verwaltungsrechtsverhältnissen Gläubiger des Schadensersatzanspruches der notwendig beigeladene Drittbetroffene. Damit ergibt sich die Frage, ob die Stellung des notwendig Beigeladenen einen Antrag mit diesem Inhalt erlaubt. Dieser Antrag müsste dann auch noch als Widerklage nach § 89 ZPO zulässig sein.

I. Ausschluß der Widerklage nach § 89 II VwGO

Unabhängig davon, ob es um einen Schadensersatzanspruch aus § 123 III VwGO i.V.m. § 945 ZPO in bipolaren oder multipolaren Verwaltungsrechtsverhältnissen oder um einen Anspruch aus §§ 80 a VwGO, 945 ZPO analog geht, ist das Hauptsacheverfahren eine Anfechtungs- oder Verpflichtungsklage. § 89 II VwGO schließt die Widerklage gegenüber Anfechtungs- und Verpflichtungsklagen aus.

Die Vorschrift des § 89 II VwGO ist jedoch restriktiv auszulegen. Bei dem Ausschluß der Widerklage gegenüber Anfechtungs- und Verpflichtungsklagen handelt es sich um eine kodifizierte Form der allgemeinen Zulässigkeitsvoraussetzung des Rechtsschutzbedürfnisses. § 89 II VwGO ist auf die Anfechtungs- und Verpflichtungsklage in bipolaren Verwaltungsrechtsverhältnissen ausgerichtet. Widerkläger wäre in diesen Fällen die Behörde, die aber die angestrebte Regelung auch selbst durch den Erlaß eines Verwaltungsakts treffen könnte. Der Behörde fehlte damit das Rechtsschutzbedürfnis. Die Widerklage ist gegenüber Anfechtungs- und Verpflichtungsklagen aber eben auch nur dann ausgeschlossen, wenn dieses Rechtsschutzbedürfnis fehlt. Sie ist nur dann ausgeschlossen, wenn die Parteien in einem Über-Unterordnungsverhältnis stehen, nicht aber, wenn sie hinsichtlich des geltend gemachten

Anspruches in einem Verhältnis der Gleichordnung stehen.[422] Hinsichtlich des geltend gemachten Schadensersatzanspruches stehen sich die Parteien in einem Verhältnis der Gleichordnung gegenüber. Infolgedessen greift § 89 II VwGO hier nicht ein. Die Widerklage bleibt in diesen Fällen auch gegenüber Anfechtungs- und Verpflichtungsklagen zulässig.

II. Die Voraussetzungen der Widerklage in bipolaren Verwaltungsrechtsverhältnissen

Durch die Widerklage wird in bipolaren Verwaltungsrechtsverhältnissen der Schadensersatzanspruch aus § 123 III VwGO i.V.m. § 945 ZPO geltend gemacht. Solche Schadensersatzansprüche können sich immer dann ergeben, wenn die einstweilige Anordnung zu Zahlungen seitens der öffentlichen Hand geführt haben wie z.B. im Bereich wirtschaftlicher Subventionen oder im Zusammenhang mit beamtenrechtlichen Maßnahmen. Hauptsacheverfahren ist eine Verpflichtungsklage. Neben den sonstigen Zulässigkeitsvoraussetzungen für eine Klage muß das Hauptsacheverfahren anhängig sein, die Widerklage muß bei dem für die Hauptsacheklage zuständigen Gericht erhoben werden und der Gegenanspruch muß mit dem in der urprünglichen Klage geltend gemachten Anspruch in einem rechtlichen Zusammenhang stehen. § 89 VwGO ist im Gegensatz zur entsprechenden Vorschrift des § 33 ZPO keine bloße Zuständigkeitsregelung[423], sondern Zulässigkeitsvoraussetzung.[424] Schadensersatzanspruch und Hauptsache stehen in einem rechtlichen Zusammenhang. Die Entscheidung in der Hauptsache, der Verpflichtungsklage, hängt vom Bestehen eines subjektiven öffentlichen Rechts des Klägers ab. Genau davon hängt auch der Anspruch aus § 123 III VwGO i.V.m. § 945 ZPO ab. Zwischen Anspruch und Gegenanspruch besteht rechtliche Konnexität.

In bipolaren Verwaltungsrechtsverhältnissen ist damit die Geltendmachung des Schadensersatzanspruches aus § 123 III VwGO i.V.m. § 945 ZPO durch eine Widerklage nach § 89 VwGO im Hauptsacheverfahren

---

422 OVG Lüneburg NJW 1984, S. 2652 (2653); *Eyermann/Fröhler,* VwGO § 89 Rdnr. 2; *Kopp,* VwGO § 89 Rdnr. 2

423 *Patzina* in Münchner Kommentar, ZPO § 33 Rdnr. 2; *Schumann* in Stein-Jonas, ZPO § 33 Rdnr. 6;*Thomas-Putzo,* ZPO § 33 Rdnr. 1; *Zöller-Vollkommer,* ZPO § 33 Rdnr. 1; a.A. *Rosenberg/Gottwald/Schwab,* Zivilprozeßrecht, § 98 II d,e

424 *Eyermann/Fröhler,* VwGO § 89 Rdnr. 3 ff.; *Hufen,* Verwaltungsprozeßrecht, § 36 Rdnr. 22; *Kopp,* VwGO § 89 Rdnr. 1; *Redeker/v.Oertzen,* VwGO § 89 Rdnr. 5

fahren möglich. Dies dient auch der Vermeidung eines zweiten Prozesses nach Entscheidung in der Hauptsache und damit der Prozeßökonomie. Neben der Einordnung dieses Schadensersatzanspruches als öffentlich-rechtliche Streitigkeit im Sinne des § 40 I VwGO sprechen also auch Gründe der Prozeßökonomie für eine Zuweisung zu den Verwaltungsgerichten.

III. Die Erhebung der Widerklage durch den notwendig Beigeladenen in multipolaren Verwaltungsrechtsverhältnissen.

In multipolaren Verwaltungsrechtsverhältnissen ist der Gläubiger des Schadensersatzanspruches aus § 123 III VwGO i.V.m. § 945 ZPO oder aus §§ 80 a VwGO, 945 ZPO analog der Drittbetroffene, der im Verwaltungsstreitverfahren gem. 65 II VwGO notwendig beizuladen ist.

Die Widerklage nach § 89 VwGO zur Geltendmachung dieses Schadensersatzanspruches müsste hier also vom notwendig Beigeladenen, nicht vom Beklagten erhoben werden. Die Problematik der Widerklage durch den notwendig Beigeladenen hat zwei Aspekte. Einmal ist fraglich, inwieweit überhaupt ein Dritter eine Widerklage erheben kann. Zum anderen ist fraglich, ob ein solcher Antrag des notwendig Beigeladenen sich noch im Rahmen des § 66 VwGO hält, der die rechtliche Stellung des notwendig Beigeladenen regelt.

1. Die Widerklage durch einen Dritten

Nach überwiegender Ansicht steht die Widerklage nicht dem notwendig Beigeladenen offen, sondern nur dem Beklagten.[425] Eine Begründung dafür wird, soweit ersichtlich, nicht gegeben. Lediglich der Hessische VGH weist in einer Entscheidung[426], die im übrigen die Zulässigkeit einer Widerklage im Verfahren des vorläufigen Rechtsschutzes behandelt, daraufhin, das sei nicht Zweck des § 89 VwGO. Auch das erscheint lediglich als Behauptung. Diese Zurückhaltung liegt vermutlich daran, daß es bisher wenige Fälle gab, in denen dieses Problem relevant wurde. Im Privatrecht hingegen treten Fälle der Widerklage durch einen Dritten

---

[425] Hess. VGH DVBl. 1992, S. 780 (782); *Eyermann/Fröhler,* VwGO § 89 Rdnr. 1; *Kopp,* VwGO § 89 Rdnr. 1; *Redeker/v.Oertzen,* VwGO § 89 Rdnr. 1; a.A. *Joeres,* Die Rechtsstellung des notwendig Beigeladenen, S. 119; *Martens,* VerwArch. 60 (1969), S. 197 (252)

[426] Hess. VGH DVBl. 1992, S. 780 (782)

häufiger auf[427], wobei die Beteiligung Dritter durch Erhebung der Widerklage umstritten und problematisch ist. Diese Problematik braucht hier nicht im Ganzen dargestellt zu werden, weil für die hier in Rede stehende Konstellation der Widerklage durch einen Dritten[428] nur ein bestimmter Ausschnitt relevant ist.

Die Drittbeteiligung durch Widerklage ist im Zivilprozeß wegen der Zuständigkeitsregelung und der Konnexitätsregelung des § 33 ZPO problematisch. § 33 ZPO durchbricht die allgemeinen Zuständigkeitsregelungen der ZPO und erklärt das Gericht der Hauptsache auch für die Widerklage für zuständig. Diese Regelung stellt insofern eine Ausnahme dar, als die Zuständigkeitsregelungen in der ZPO beklagtenfreundlich ausgestaltet sind. Die örtliche Zuständigkeit ist schuldnernah.[429] Dem Vorteil des Klägers, das Ob, Wann und Wie der Klage zu bestimmen, entspricht die Vergünstigung des Beklagten, den unerwünschten Rechtsstreit nicht auch noch unter erschwerten Bedingungen an einem auswärtigen Gericht führen zu müssen.[430] Dem Kläger/Widerbeklagten wird ein sonst für ihn nicht zuständiges Gericht aufgezwungen. Das ist in bipolaren Rechtsverhältnissen auch gerechtfertigt. Der Kläger hat den Beklagten am Gericht der Hauptsache angegriffen, dann muß er auch als Widerbeklagter den Gegenangriff aushalten.[431]

Vor diesem Hintergrund wird die Einbeziehung eines Dritten durch Erhebung einer Widerklage problematisch. Dies jedoch nur, wenn der Dritte verklagt wird. Die Problematik des aufgezwungenen Gerichtsstandes tritt nicht auf, wenn der Dritte der Widerkläger ist und die Widerklage sich gegen einen der Beteiligten richtet. Die Parteien sind bereits an den Gerichtsstand gebunden, der Dritte wählt in freiwillig. Der Schutz, nicht von beliebigen Dritten mit beliebigen Klagen überzogen zu werden, wird durch das Erfordernis der rechtlichen Konnexität zwischen Anspruch und Gegenanspruch gewährleistet.

---

427 vgl. *Zöller-Vollkommer,* ZPO § 33 Rdnr. 18 ff.

428 im Gegensatz zur Widerklage gegen einen Dritten

429 So z.B. der dingliche Gerichtsstand des § 24 ZPO; "actor sequitur forum rei"; vgl. BGHZ 115, S. 90 (92)

430 BGHZ 88, S. 331 (335); *Patzina* in Münchner Kommentar, ZPO § 12 Rdnr. 2; *Schumann* in Stein-Jonas, ZPO vor § 12 Rdnr. 14; *Zöller-Vollkommer,* ZPO § 12 Rdnr. 2

431 *Zöller-Vollkommer,* ZPO § 33 Rdnr. 2

Übertragen auf die verwaltungsprozessuale Situation bedeutet dies, daß sich unter dem Gesichtspunkt der Zuständigkeitsdurchbrechung keine Bedenken gegen eine Widerklage des notwendig Beigeladenen ergeben. Kläger und Beklagter sind durch die Hauptsache an einen bestimmten Gerichtsstand gebunden. Auch der notwendig Beigeladene ist durch die Beiladung an diesen Gerichtsstand gebunden. Ob er dort Klage erhebt, steht in seiner Wahl. Vor beliebigen Klagen wird der Widerbeklagte durch das Erfordernis der rechtlichen Konnexität geschützt. Hinsichtlich der rechtlichen Konnexität zwischen Klage und Widerklage kann auf die Ausführungen zum materiellrechtlichen Verhältnis zwischen Antragsteller/Kläger und notwendig Beigeladenem verwiesen werden. Der Anspruch des Klägers und der Schadensersatzanspruch des notwendig beigeladenen Drittbetroffenen entspringen demselben multipolaren Verwaltungsrechtsverhältnis. Die Widerklage durch den notwendig Beigeladenen stößt also nicht auf grundsätzliche Bedenken hinsichtlich der Beteiligung Dritter an einem fremden Rechtsstreit.

2. Die Widerklage als abweichender Sachantrag nach § 66 S. 2 VwGO

Nach § 66 S. 1 VwGO kann der Beigeladene innerhalb der Anträge eines der Beteiligten selbständig Anträge stellen. Der einfache Beigeladene kann Anträge nur im Rahmen der Anträge der Hauptbeteiligten stellen, also z.B. nicht die Klage zurücknehmen oder einen Vergleich abschließen.[432] Der Drittbetroffene und potentielle Schadensersatzgläubiger ist immer notwendig Beigeladener nach § 65 II VwGO. Nach § 66 S. 2 VwGO kann der notwendig Beigeladene auch von den Anträgen der Hauptbeteiligten abweichende Sachanträge stellen. Dazu wird die Ansicht vertreten, der notwendig Beigeladene könne durch abweichende Sachanträge nicht den Streitgegenstand ändern oder erweitern, insbesondere keinen eigenständigen Klageanspruch erheben.[433] Nach dieser Ansicht wäre die Widerklage des notwendig Beigeladenen durch die Regelung des § 66 S. 2 VwGO ausgeschlossen.

Diese die Rechte des notwendig Beigeladenen einengende Ansicht wird der auch prozessual zu berücksichtigenden Struktur der multipolaren Verwaltungsrechtsverhältnisse nicht gerecht. Diese zeichnen sich dadurch aus, daß ein materielles Rechtsverhältnis mehrere Subjekte hat. Auch der notwendig Beigeladene ist Subjekt dieses Rechtsverhältnisses.

---

432 *Hufen,* Verwaltungsprozeßrecht, § 12 Rdnr. 13; *Kopp,* VwGO § 66 Rdnr. 5

433 *Eyermann/Fröhler,* VwGO § 66 Rdnr. 20; *Redeker/v.Oertzen,* VwGO § 66 Rdnr. 11

Genau deswegen erfolgt die notwendige Beiladung.[434] Diese Beteiligung an dem materiellen Rechtsverhältnis muß auch prozessual zum Ausdruck kommen und kann nicht von einer aus der Sicht der Beteiligten zufälligen Konstellation abhängen. Beantragt A eine Baugenehmigung, die wegen Verstoßes gegen nachbarschützende Vorschriften abgelehnt wird, und erhebt A daraufhin Verpflichtungsklage, wird der Nachbar B zum notwendig Beigeladenen. Wird dem A die Baugenehmigung erteilt und erhebt B daraufhin Anfechtungsklage, wird A zum notwendig Beigeladenen. Beide Male steht dasselbe materielle Rechtsverhältnis im Streit. A und B sind, neben dem Staat, Subjekte dieses Rechtsverhältnisses. Aus der Sicht der beteiligten Privaten ist die prozessuale Konstellation eher zufällig. Es ist kein Grund ersichtlich, warum sich dies auf die jeweilige prozessuale Rechtsstellung des A oder des B auswirken soll. Der notwendig Beigeladene hat daher prozessual dieselbe Stellung wie Kläger und Beklagter.[435] Da der notwendig Beigeladene durch die Rechtskraft des Urteils genauso gebunden wird, wie die Hauptbeteiligten, muß ihm auch ein entsprechender Einfluß auf das Urteil zustehen.[436] Er kann daher auch Sachanträge stellen, die über den bisherigen Streitstand hinausgehen. Beschränkt ist dieses Recht nur durch die Voraussetzungen, durch die auch die Hauptbeteiligten gebunden sind, nämlich die Sachurteilsvoraussetzungen.[437] Damit scheitert eine Geltendmachung des Schadensersatzanspruches durch Widerklage nicht an der Stellung des Drittbetroffenen als notwendig Beigeladenem.

IV. Folgerungen für den Rechtsweg

Schadensersatzansprüche wegen ungerechtfertigter Inanspruchnahme vorläufigen Rechtsschutzes nach der VwGO aus §§ 80 a VwGO, 945 ZPO analog oder aus § 123 III VwGO i.V.m. § 945 ZPO sind öffentlichrechtliche Ansprüche im Sinne des § 40 I VWGO. Sie können in allen Konstellationen im Wege der Widerklage nach § 89 VwGO in Verbindung mit der Hauptsache geltend gemacht werden. Damit spricht neben dem öffentlichen-rechtlichen Charakter des Anspruchs auch die Prozeßökonomie für eine Zuständigkeit der Verwaltungsgerichte.

---

434 vgl. dazu oben unter 3. Teil, 2. Kapitel, II. 2. a), S. 66 ff.

435 vgl. *Joeres,* Die Rechtsstellung des notwendig Beigeladenen, S. 117 ff.

436 Für den Zivilprozeß mit diesem Argument ausführlich *Nieder,* ZZP 85, S. 437 (449); vgl. auch BGHZ 91, S. 132 (134 f.); *Greger,* ZZP 88, S. 452 (454); *Rosenberg/Gottwald/ Schwab,* Zivilprozeßrecht, § 98 II 4;*Wieser,* ZZP 86, S. 36 (44 f.);

437 *Joeres,* Die Rechtsstellung des notwendig Beigeladenen, S. 118 f.; *Kopp,* VwGO § 66 Rdnr. 6 f.; *Martens,* VerwArch. 69 (1969); S. 197 (252)

Zusammenfassung

Die Ausgangsfrage nach Schadensersatzansprüchen bei ungerechtfertigter Inanspruchnahme vorläufigen Rechtsschutzes nach der VwGO muß hinsichtlich bipolarer und multipolarer Verwaltungsrechtsverhältnisse differenziert beantwortet werden.

In bipolaren Verwaltungsrechtsverhältnissen ist eine Schadensersatzpflicht nur nach § 123 III VwGO i.V.m. § 945 ZPO anzunehmen. Eine Ausdehnung auf die Fälle des § 80 VwGO ist nicht möglich.

In multipolaren Verwaltungsrechtsverhältnissen ist dagegen ein Schadensersatzanspruch im Verhältnis der beteiligten Privaten zu bejahen. § 945 ZPO ist auf die ungerechtfertigte Inanspruchnahme vorläufigen Rechtsschutzes nach § 80 a III VwGO analog anzuwenden.

Die fehlende Schadensersatzregelung bei § 80 a VwGO stellt eine planwidrige Regelungslücke dar, so daß eine analoge Anwendung des § 945 ZPO möglich ist. Die allgemeinen Voraussetzungen einer Haftung auf Schadensersatz liegen unter den beteiligten Privaten ebenso vor, wie die besonderen Voraussetzungen des § 945 ZPO. Dasselbe gilt im Hinblick auf den Anspruch aus § 123 III VwGO i.V.m. § 945 ZPO. Eine vom Zivilrecht abweichende Interessenbewertung wegen des öffentlich-rechtlichen Charakters der Streitigkeit ist nicht geboten, insbesondere nicht wegen einer Prohibitivwirkung auf die Inanspruchnahme vorläufigen Rechtsschutzes.

Durch die vermehrte Regelung privater Konflikte durch öffentliches Recht fallen Anspruchsrichtung und Zuweisungsebene auseinander. Das führt zu einer Inkongruenz von Konfliktaustragung und Risikoverteilung. Die Annahme einer Schadensersatzpflicht nach § 945 ZPO (analog) bringt Risikoverteilung und Konfliktstruktur wieder zur Deckung. Die Risikoverteilung erfolgt in dem Verhältnis, in dem auch der primäre Interessengegensatz liegt. Schadensersatzansprüche bei ungerechtfertigter Inanspruchnahme vorläufigen Rechtsschutzes nach der VwGO sind daher nicht nur möglich, sondern auch geboten.

Die Schadensersatzansprüche sind im Verwaltungsrechtsweg geltend zu machen.

Literaturverzeichnis

Achterberg, Norbert	Die Rechtsordnung als Rechtsverhältnisordnung Schriften zur Rechtsthorie Bd. 100 Berlin 1982
ders.	Allgemeines Verwaltungsrecht 2. Aufl. Heidelberg 1986
Alexy, Robert	Theorie der Grundrechte Baden-Baden 1985
ders.	Ermessensfehler JZ 1986, S. 701
Bachoff, Otto	Die verwaltungsgerichtliche Klage auf Vornahme einer Amtshandlung Tübingen 1951
Badura, Peter	Eigentumsschutz der drittbetroffenen Gemeinde im atomrechtlichen Genehmigungsverfahren - BVerfGE 61, S. 28 JZ 1984, S. 14
Battis, Ulrich Krautzberger, Michael Löhr, Rolf-Peter	Baugesetzbuch Kommentar 4. Aufl. München 1994
Bauer, Hartmut	Subjektive öffentliche Rechte des Staates DVBl. 1986, S. 208
ders.	Altes und Neues zur Schutznormtheorie AöR 113 (1988), S. 582
Baumbach, Adolf Lauterbach, Wolfgang Albers, Jan Hartmann, Peter	Zivilprozeßordnung Kommentar 53. Aufl. München 1995
Baur, Fritz	Studien zum einstweiligen Rechtsschutz Tübingen 1967

Benda, Ernst Maihofer, Werner Vogel, Hans-Jochen (Hrsg)	Handbuch des Verfassungsrechts der Bundesrepublik Deutschland 2. Aufl. Berlin 1994 (zitiert: Bearbeiter in HdBVerfR)
Bender, Bernd	Staatshaftungsrecht 3. Aufl. Heidelberg 1981
Bettermann, Karl August	Verwaltungsakt und Richterspruch, in Gedächtnisschrift für Walter Jellinek München 1955, S. 361
ders.	Das Verwaltungsverfahren VVDStRL 17 (1959), S. 118
ders.	Zivilrechtlich verfolgbarer Schadensersatzanspruch bei ungerechtfertigter Verwaltungsvollstreckung ? JZ 1960, S. 335
Blomeyer, Arwed	Zivilprozeßrecht 2. Aufl. Berlin 1985
Blümel, Willi	Planung und Verwaltungsgerichtsbarkeit DVBL. 1975, S. 695
Bothe, Michael	Die Entscheidung zwischen öffentlichrechtlich geschützten Positionen Privater durch Verwaltung und Gerichte JZ 1975, S. 399
Breuer, Rüdiger	Das baurechtliche Gebot der Rücksichtnahme - ein Irrgarten des Richterrechts - DVBl. 1982, S. 1065
Brohm, Winfried	Verwaltungsgerichtsbarkeit im modernen Sozialstaat DÖV 1982, S. 1
Brugger, Winfried	Konkretisierung des Rechts und Auslegung der Gesetze AöR 119 (1994), S. 1

Bruns, Rudolf
Peters, Egbert — Zwangsvollstreckungsrecht
3. Aufl. München 1987

Bühler, Ottmar — Altes und Neues über Begriff und Bedeutung der subjektiven öffentlichen Rechte, in Gedächtnisschrift für Walter Jellinek
München 1955, S. 269

Burkholz, Bernhard — Der Untersuchungsgrundsatz im verwaltungsgerichtlichen Eilverfahren
Schriften zum Öffentlichen Recht Bd. 527
Berlin 1988

Bydlinski, Franz — Juristische Methodenlehre und Rechtsbegriff
Wien 1982
(zitiert: Methodenlehre)

Canaris, Claus Wilhelm — Die Feststellung von Lücken im Gesetz
Schriften zur Rechtstheorie Bd. 3
2. Aufl. Berlin 1983

de Witt, Siegfried — Anmerkung zu BVerwG DVBL. 1980, S. 1001
DVBl. 1980, S. 1006

Degenhart, Christoph — Vollendete Tatschen und faktische Rechtslagen im Verwaltungsrecht
AöR 103 (1978), S. 163

Deutsch, Erwin — Haftungsrecht Bd. 1, Allgemeine Lehren
München 1976

ders. — Unerlaubte Handlung, Schadensersatz und Schmerzensgeld
Köln 1987

Dolzer, Rudolf (Hrsg.) — Bonner Kommentar zum Grundgesetz
Stand: 73. Lieferung Heidelberg 1995
(zitiert: Bearbeiter in Bonner Kommentar)

Drews, Bill; Wacke, Gerhard; Vogel, Klaus; Martens, Wolfgang — Gefahrenabwehr, 9. Aufl. Köln 1986

Engisch, Karl — Der Begriff der Rechtslücke, in Festschrift für Wilhelm Sauer, Berlin 1949, S. 85

ders. — Einführung in das juristische Denken, 8. Aufl. Stuttgart 1983

Erichsen, Hans Uwe — Die einstweilige Anordnung nach § 123 VwGO, Jura 1984, S. 644

Erichsen, Hans Uwe (Hrsg.) — Allgemeines Verwaltungsrecht, 10. Aufl. Berlin 1995

Ernst, Werner; Zinkahn, Willy; Bielenberg, Walter (Hrsg.) — Baugesetzbuch Kommentar, Stand: 50. Lieferung München 1994 (zitiert: Bearbeiter in Ernst/Zinkahn/Bielenberg)

Esser, Josef; Schmidt, Eike — Schuldrecht Bd. 1, Allgemeiner Teil, Teilbd.1, 7. Aufl. Heidelberg 1992

Eyermann, Erich; Fröhler, Ludwig; Kormann, Joachim — Verwaltungsgerichtsordnung Kommentar, 9. Aufl. München 1988

Fiedler, Wilfried — Der Folgenbeseitigungsanspruch - die "kleine" Münze des Staatshaftungsrechts, NVwZ 1986, S. 969

Finkelnburg, Klaus — Das Gebot der Effektivität des Rechtsschutzes in der Rechtsprechung des BVerwG, in Verwaltungsrechtsprechung zwischen Freiheit, Teilhabe und Bindung, Festgabe zum 25jährigen Bestehen des BVerwG, München 1978, S. 169

Finkelnburg, Klaus
Jank, Klaus Peter
Vorläufiger Rechtsschutz im Verwaltungsstreitverfahren
3. Aufl. München 1986
(zitiert: Vorläufiger Rechtsschutz)

Finkelnburg, Klaus
Ortloff, Karsten-Michael
Öffentliches Baurecht Bd. II
3. Aufl. München 1994

Fritzsche, Jörg
Die Durchsetzung nachbarschützender Auflagen über zivilrechtliche Abwehransprüche
NJW 1995, S. 1121

Gaentzsch, Günter
Ausbau des Individualschutzes gegen Umweltbelastungen als Aufgabe des bürgerlichen und des öffentlichen Rechts
NVwZ 1986, S. 601

Geib, Otto
Rechtsschutzbegehren und Anspruchsbetätigung im deutschen Zivilprozeß, in Abhandlungen zum Privatrecht und Civilprozeßrecht des Deutschen Reiches, Bd. 18, 1
München 1909

Gerhardt, Michael
Verwaltungsrecht als Vorgabe für Zivil- und Strafrecht
BayVBl. 1990, S. 549

Goldschmidt, James
Ungerechtfertigter Vollstreckungsbetrieb, in Abhandlungen zum Privatrecht und Civilprozeßrecht des Deutschen Reiches, Bd. 20, 3
München 1910

ders.
Der Prozeß als Rechtslage
Berlin 1925

Götz, Klaus Jürgen
Zivilrechtliche Ersatzansprüche bei schädigender Rechtsverfolgung
Schriften zum bürgerlichen Recht Bd. 116
Berlin 1989

Greger, Reinhard — Anmerkungen zu OLG Karlsruhe ZZP 88 (1975), S. 451
ZZP 88 (1975), S. 452

Grunsky, Wolfgang — Grundlagen des einstweiligen Rechtsschutzes
JuS 1976, S. 279

ders. — Schadensersatzklage nach Aufhebung einer einstweiligen Anordung im Verwaltungsprozeß - BGHZ 78, S. 127
JuS 1982, S. 177

Günther, Hellmuth — Einstweiliger Rechtsschutz im Vorfeld der Beförderung
NVwZ 1986, S. 697

Guthardt, Harald — Der Anspruch auf Anordnung der sofortigen Vollziehung eines Verwaltungsakts mit Drittwirkung
DVBl. 1972, S. 567

Hartmann, Roland — Genehmigung und Planfeststellung für Verkehrsflughäfen und Rechtsschutz Dritter
Schriften zum Öffentlichen Recht Bd. 654
Berlin 1994
(zitiert: Planfeststellung für Verkehrsflughäfen)

Hellwig, Konrad — Klagrecht und Klagmöglichkeit
Leipzig 1905

Henckel, Wolfram — Prozeßrecht und materielles Recht
Göttingen 1970

Henke, Wilhelm — Das subjektive Recht im System des öffentlichen Rechts
DÖV 1980, S. 621

Henß, Olaf — Obliegenheit und Pflicht im bürgerlichen Recht
Frankfurt a.M. 1988

Hesse, Konrad — Grundzüge des Verfassungsrechts der Bundesrepublik Deutschland
19. Aufl. Heidelberg 1993

Hett, Frank-Thomas — Öffentlichkeitsbeteiligung bei atom- und immissionsschutzrechtlichen Genehmigungsverfahren
Köln 1994

Hetzer, Wolfgang — Vorläufiger Rechtsschutz gegen Aufrechnung durch Finanzbehörden
BB 1985, S. 2315

Horn, Thomas — Folgenbeseitigung bei aufgehobenem Verwaltungsakt mit Drittwirkung
DÖV 1989, S. 976

Huba, Hermann — Grundfälle zum vorläufigen Rechtsschutz nach der VwGO
Jus 1990, S. 983

Hufen, Friedhelm — Verwaltungsprozeßrecht
2. Aufl. München 1996

Ipsen, Jörn — Einwendungsbefugnis und Einwendungsausschluß im atomrechtlichen Genehmigungsverfahren
DVBl. 1980, S. 146

ders. — Die Genehmigung technischer Großanlagen, Rechtliche Regelung und neuere Judikatur
AöR 107 (1982), S. 259

Isensee, Josef
Kirchhof, Paul (Hrsg.) — Handbuch des Staatsrechts der Bundesrepublik Deutschland
Bd. I, 2. Aufl. Heidelberg 1995
Bd. V, Heidelberg 1992
Bd. VI, Heidelberg 1989
(zitiert: Bearbeiter in HdBStr)

Jakobs, Otto Wilhelm	Der vorläufige Rechtsschutz im Prüfungsrecht VBlBW. 1984, S. 129
Jarras, Hans Otto	Verwaltungsrecht als Vorgabe für Zivil- und Strafrecht VVDtRL 50 (1991), S. 238
ders.	Bundesimmissionsschutzgesetz Kommentar 2. Aufl. München 1993
Jescheck, Hans Heinrich Ruß, Wolfgang Willms, Günther	Strafgesetzbuch Leipziger Kommentar Bd. 1 10. Aufl. Berlin 1985 (zitiert: Bearbeiter in LK)
Joeres, Ulrich	Die Rechtstellung des notwendig Beigeladenen im Verwaltungsstreitverfahren Schriften zum Öffentlichen Recht Bd. 419 Berlin 1982
Kelsen, Hans	Reine Rechtslehre 2. Aufl. Wien 1960
Kirchberg, Christian	Schadensersatz wegen erfolgloser Erhebung der Baunachbarklage ? VBlBW. 1981, S. 169
Kirchhoff, Ferdinand	Die Baurechtsnovelle 1976 als Rechtswegsperre NJW 1981, S. 2382
Kloepfer, Michael	Verfahrensdauer und Verfassungsrecht JZ 1979, S. 209
ders.	Rechtsschutz im Umweltrecht VerwArch. 77 (1986), S. 30
ders.	Umweltschutz und Verfassungsrecht DVBL. 1988, S. 305

ders. — Umweltrecht
München 1989

Knack, Hans Joachim (Hrsg.) — Verwaltungsverfahrensgesetz (VwVfG)
Kommentar
4. Aufl. Köln 1994

Knemeyer, Franz Ludwig — Folgenbeseitigungsanspruch oder Anspruch auf polizeiliches Einschreiten
VGH Mannheim NvWZ 1988, S. 1101
JuS 1988, S. 696

Köckerbauer, Hans Peter — Rechtsgrundlagen und Haftungsumfang des Folgenbeseitigungsanspruches
JuS 1988, S. 782

König, Sigurd — Drittschutz; der Rechtsschutz Drittbetroffener gegen Bau- und Anlagengenehmigung im öffentlichen Baurecht, Immissionsschutzrecht und Atomrecht
Berlin 1993

Konrad, Horst — Verwaltungsrechtsschutz im Nachbarschaftsverhältnis
BayVBl. 1984, S. 70

Kopp, Ferdinand — Die Anordnung des Vorgehens gegen einen Dritten im Rahmen des vorläufigen Rechtsschutzes - VGH München NJW 1983, S. 835
JuS 1983, S. 673

ders. — Verwaltungsverfahrensgesetz
Kommentar
6. Aufl. München 1996

ders. — Verwaltungsgerichtsordnung
Kommentar
10. Aufl. München 1994

Korbmacher, Günter — Vorläufiger Rechtsschutz im bau- und bodenrechtlichen Nachbarstreit - dargestellt an der Rechtsprechung des BVerwG
VBlBW. 1981, S. 97

Kuhla, Wolfgang
Hüttenbrink, Jost — Der Verwaltungsprozeß
München 1995

Kutscheid, Ernst — Das stillgelegte Atomkraftwerk
NVwZ 1987, S. 33

Larenz, Karl — Allgemeiner Teil des Deutschen Bürgerlichen Rechts
7. Aufl. München 1989

ders. — Methodenlehre der Rechtswissenschaft
6. Aufl. Berlin 1991

Laubinger, Hans Werner — Der Verwaltungsakt mit Doppelwirkung
Göttingen 1967

Leipold, Dieter — Grundlagen des einstweiligen Rechtsschutzes
München 1971

Lemke, Michael — Zur Frage des Rechtswegs bei Schadensersatzansprüchen aus § 945 ZPO, wenn ein verwaltungsgerichtliches einstweiliges Anordnungsverfahren zugrundeliegt
DVBl. 1982, S. 989

Lorenz, Dieter — Der grundrechtliche Anspruch auf effektiven Rechtsschutz
AöR 105 (1980), S. 623

Löwer, Karl — Zum Inhalt und zur Vollstreckbarkeit verwaltungsgerichtlicher Beschlüsse nach § 80 V S. 1 und S. 3 VwGO
DVBl. 1966, S. 251

Lüke, Gerhard — Vorläufiger Rechtsschutz bei Verwaltungsakten mit Drittwirkung
NJW 1978, S. 81

Lüke, Gerhard
Walchshöfer, Alfred (Hrsg.) — Münchner Kommentar zur Zivilprozeßordnung
München 1992
(zitiert: Bearb. in Münchner Kommentar)

Martens, Joachim	Streitgenossenschaft und Beiladung VerwArch. 60 (1969), S. 197
ders.	Die Praxis des Verwaltungsprozesses München 1975
ders.	Der verwaltungsrechtliche Nachbarschutz - eine unendliche Geschichte ? NJW 1985, S. 2302
Martens, Wolfgang	Tendenzen der Rechtsprechung zum Sofortvollzug der Zulassung von großtechnischen Anlagen DVBl. 1985, S. 541
Maunz, Theodor Dürig, Güner Herzog, Roman Scholz, Rupert	Grundgesetz Kommentar Stand: 31. Lieferung München 1994 (zitiert: Bearbeiter in MDHS)
Maurer, Hartmut	Allgemeines Verwaltungsrecht 9. Aufl. München 1997
Mayer, Otto	Deutsches Verwaltungsrecht Bd. 1 3. Aufl. Leipzig 1924
Meder, Stephan	Schadensersatz als Enttäuschungsverarbeitung Schriften zur Rechtstheorie Bd. 135 Berlin 1989
Meissner, Claus	Die öffentlich-rechtliche Aufsichtsarbeit in der Zweiten Juristischen Staatsprüfung VBlBW. 1982, S. 26
Meyer-Ladewig, Jens	Einstweiliger Rechtsschutz im Entwurf einer Verwaltungsprozeßordnung DVBl. 1982, S. 117
Münch, Ingo v. Kunig, Philip (Hrsg.)	Grundgesetz-Kommentar Bd. 1 4. Aufl. München 1992 (zitiert: Bearbeiter in v.Münch)

Münzberg, Wolfgang	Verhalten und Erfolg als Grundlagen der Rechtswidrigkeit und der Haftung Frankfurt a.M. 1966
Murswiek, Dietrich	Die staatliche Verantwortung für die Risiken der Technik Schriften zum Umweltrecht Bd. 3 Berlin 1985
Nawiasky, Hans	Allgemeine Rechtslehre als System der rechtlichen Grundbegriffe 2. Aufl. Einsiedeln 1948
Nieder, Michael	Die Widerklage mit Drittbeteiligung ZZP 85 (1972), S. 437
Niederelz, Udo	Die Rechtswidrigkeit des Gläubiger- und des Gerichtsvollzieherverhaltens in der Zwangsvollstreckung unter besonderer Berücksichtigung der Verhaltensunrechtslehre Diss. jur. Bonn 1974 (zitiert: Die Rechtswidrigkeit des Gläubigerverhaltens)
Obermayer, Klaus	Bemerkungen zur einstweiligen Anordnung im Verwaltungsprozeß, in Gedächtnisschrift für Hans Peters Berlin 1967, S. 875
ders.	Verwaltungsverfahrensgesetz Kommentar 2. Aufl. Neuwied 1990
Ossenbühl, Fritz (Hrsg.)	Eigentumsgarantie und Umweltschutz Heidelberg 1990
Ossenbühl, Fritz	Verwaltungsrecht als Vorgabe für Zivil- und Strafrecht DVBl. 1990, S. 963

ders.	Der öffentlich-rechtliche Erstattungsanspruch NVwZ 1991, S. 513
ders.	Staatshaftungsrecht 4. Aufl. München 1991
Palandt, Otto (Begr.)	Bürgerliches Gesetzbuch Kommentar 56. Aufl. München 1997
Papier, Hans Jürgen	Einstweiliger Rechtsschutz in öffentlich-rechtlichen Streitigkeiten JA 1979, S. 646
ders.	Die Stellung der Verwaltungsgerichtsbarkeit im demokratischen Rechtsstaat Berlin 1979
Pecher, Hans Peter	Die Schadensersatzansprüche aus ungerechtfertigter Vollstreckung Schriften zum Prozeßrecht Bd. 8 Berlin 1967
Peine, Franz Joseph	Öffentliches und Privates Nachbarrecht JuS 1987, S. 169
Pestalozza, Christian	Verfassungsprozeßrecht 3. Aufl. München 1991
Picker, Eduard	Der privatrechtliche Rechtsschutz gegen baurechtswidriges Bauen als Beispiel für die Realisierung von Schutzgesetzen AcP 176 (1976), S. 28
ders.	Positive Forderungsverletzung und c.i.c. - Zur Problematik der Haftung "zwischen" Vertrag und Delikt AcP 183 (1983), S. 369
Pietzcker, Jost	Mitverantwortung des Staates, Verantwortung des Bürgers JZ 1985, S. 28

Preu, Peter	Die historische Genese der öffentlich-rechtlichen Bau- und Gewerbenachbarklage Schriften zum Öffentlichen Recht Bd. 581 Berlin 1990
ders.	Subjektivrechtliche Grundlagen des öffentlich-rechtlichen Drittschutzes Schriften zum Öffentlichen Recht Bd. 619 Berlin 1992 (zitiert: Subjektivrechtliche Grundlagen)
Quaritsch, Helmut	Die einstweiligen Anordnung im Verwaltungsprozeß VerwArch. 51 (1960), S. 210
Rauschning, Dieter	Staatsaufgabe Umweltschutz VVDStRL 38 (1980), S. 167
Redeker, Konrad	Nachbarklage - Öffentlich-rechtlich oder privatrechtlich NJW 1959, S. 749
ders.	Das baurechtliche Gebot der Rücksichtnahme DVBl. 1984, S. 870
Redeker, Konrad Redeker, Martin Oertzen, Dieter v.	Verwaltungsgerichtsordnung Kommentar 12. Aufl. Stuttgart 1997
Reimer, Jürgen	Zur Abänderbarkeit verwaltungsgerichtlicher Entscheidungen im Verfahren des Vorläufigen Rechtsschutzes VBlBW. 1981, S. 91
Renck, Ludwig	Ernstliche Zweifel an der Rechtmäßigkeit des angefochtenen Verwaltungsaktes NVwZ 1992, S. 338
Robbers, Gerhard	Sicherheit als Menschenrecht Baden-Baden 1987

Rosenberg, Leo Gaul, Hans Friedhelm Schilken, Eberhard	Zwangsvollstreckungsrecht 10. Aufl. München 1987
Rosenberg, Leo Schwab, Karl Heinz Gottwald, Peter	Zivilprozeßrecht 15. Aufl. München 1993
Sach, Karsten	Genehmigung als Schutzschild ? Schriften zum Umweltrecht Bd. 44 Berlin 1994
Schapp, Jan	Das subjektive Recht im Prozeß der Rechtsgewinnung Schriften zur Rechtstheorie Bd. 58 Berlin 1977
ders.	Das Verhältnis von privatem und öffentlichem Nachbarrecht Schriften zum Bürgerlichen Recht Bd. 43 Berlin 1978
Schenke, Wolf Rüdiger	Rechtsschutz bei normativem Unrecht Schriften zum Öfentlichen Recht Bd. 357 Berlin 1979
ders.	Die Konkurrentenklage im Beamtenrecht, in Festschrift für Otto Mühl Stuttgart 1981, S. 571
ders.	Probleme des vorläufigen Rechtsschutzes gem. § 80 V VwGO DVBl. 1986, S. 9
ders.	Der Folgenbeseitigungsanspruch bei Verwaltungsakten mit Drittwirkung DVBl. 1990, S. 328
ders.	Verwaltungsprozeßrecht 4. Aufl. Heidelberg 1996

Schick, Walter	Die "Konkurrentenklage" des europäischen Beamtenrechts - Vorbild für das deutsche Recht ? DVBl. 1975, S. 741
Schiemann, Gottfried	Das allgemeine Schädigungsverbot: "alterum non laedere" JuS 1989, S. 345
Schlaich, Klaus	Das Bundesverfassungsgericht 3. Aufl. München 1994
Schlosser, Peter	Zivilprozeßrecht II München 1984
Schmaltz, Hans Karsten	Probleme des vorläufigen Rechtsschutzes im Baunachbarrecht DVBl. 1992, S. 230
Schmidt, Jörg	Probleme des Verwaltungsprozeßrechts VBlBW. 1983, S. 131
Schmidt, Reimer	Die Obliegenheiten Karlsruhe 1953
Schmidt-Aßmann, Eberhard	Das allgemeine Verwaltungsrecht als Ordnungsidee und System Heidelberg 1982
ders.	Der öffentlich-rechtliche Schutz des Grundeigentums in der neueren Rechtsentwicklung DVBl. 1987, S. 216
Schmitt Glaeser, Walter	Verwaltungsprozeßrecht 14. Aufl. Stuttgart 1997
Schmitt-Preuß, Matthias	Kollidierende Privatinteressen im Verwaltungsrecht Schriften zum Öffentlichen Recht Bd. 627 Berlin 1992 (zitiert: Kollidierende Privatinteressen)

Schoch, Friedrich — Vorläufiger Rechtsschutz und Risikoverteilung im Verwaltungsrecht
Heidelberg 1988
(zitiert: Vorläufiger Rechtsschutz)

ders. — Der vorläufige Rechtsschutz im 4. VwGOÄndG
NVwZ 1991, S. 1121

Schönke, Adolf
Schröder, Horst (Hrsg.) — Strafgesetzbuch
Kommentar
24. Aufl. München 1991
(zitiert: Bearbeiter in Schönke/Schröder)

Schulz-Süchtig, Rolf-Eckart — Dogmatische Untersuchungen zur Frage eines Schadensersatzanspruches bei ungerechtfertigter Inanspruchnahme eines gerichtlichen Verfahrens
Diss. jur. Hamburg 1971

Schur, Wolfgang — Anspruch, absolutes Recht und Rechtsverhältnis im öffentlichen Recht entwickelt aus dem Zivilrecht
Schriften zur Rechtstheorie Bd. 167
Berlin 1993

Schwabe, Jürgen — Die sogenannte Drittwirkung der Grundrechte
München 1971

ders. — Probleme der Grundrechtdogmatik
Darmstadt 1977

ders. — Grundrechtlich begründete Pflichten des Staates zum Schutz vor staatlichen Bau- und Anlagegenehmigungen
NVwZ 1983, S. 523

Schwerdtfeger, Gunther — Baurechtlicher Drittschutz und Parlamentsvorbehalt
NVwZ 1983, S. 199

Seibert, Max	Die Bindungswirkung von Verwaltungsakten Baden-Baden 1989
Staudinger, Julius v. (Begr.)	Kommentar zum Bürgerlichen Gesetzbuch 2. Buch Recht der Schuldverhältnisse 12. Aufl. Berlin 1986 (zitiert: Staudinger / Bearbeiter)
Stein, Friedrich Jonas, Martin (Hrsg.)	Zivilprozeßordnung Kommentar, Bd. 1 21. Aufl. Tübingen 1993, Bd. 6 21. Aufl. Tübingen 1995, Bd. 7,1 21. Aufl. Tübingen 1996 (zitiert: Bearbeiter in Stein / Jonas)
Stelkens, Paul Bonk, Heinz Joachim Sachs, Michael Leonhardt, Klaus	Verwaltungsverfahrensgesetz Kommentar 4. Aufl. München 1993 (zitiert: Bearbeiter in Stelkens / Bonk)
Stern, Klaus	Verwaltungsprozessuale Probleme in der öffentlich-rechtlichen Arbeit 4. Aufl. München 1978
ders.	Das Staatsrecht der Bundesrepublik Deutschland Bd. II München 1980 (zitiert: Staatsrecht)
Stober, Rolf	Zur Bedeutung des Einwendungsausschlusses im atom- und immissionsschutzrechtlichen Genehmigungsverfahren AöR 106 (1981), S. 41
ders.	Rechtsschutz im Wirtschaftsverwaltungs- und Umweltrecht Stuttgart 1993
Stoll, Hans	Besprechung: Horn, Hans Rudolf, Untersuchungen zur Struktur der Rechtswidrigkeit AcP 163 (1963), S. 281

Stolz, Thomas	Einstweiliger Rechtsschutz und Schadensersatzpflicht Köln 1989
Straub, Hans Georg	Die Rechtswegabgrenzung in der Rechtsprechung des Bundesgerichtshofes Diss. jur. Erlangen 1988
Thomas, Heinz Putzo, Hans	Zivilprozeßordnung Kommentar 20. Aufl. München 1997
Timmermann, Franz Hubert	Der baurechtliche Nachbarschutz Schriften zum Öffentlichen Recht Bd. 91 Berlin 1969 (zitiert: Nachbarschutz)
Ule, Carl Hermann	Verwaltungsprozeßrecht 9. Aufl. München 1987
Wahl, Rainer	Der Nachbarschutz im Baurecht JuS 1984, S. 465
Walker, Wolf-Dietrich Brox, Hans	Zwangsvollstreckungsrecht 5. Aufl. Köln 1996
Weides, Peter	Noch einmal: Das stillgelegte Atomkraftwerk - Ursachen und Folgen des Fehlens einer immissionsschutzrechtlichen Parallelgenehmigung zu den atomrechtlichen (Teil-) Genehmigungen der Errichtung eines Kernkraftwerkes NVwZ 1987, S. 200
Weyreuther, Felix	Empfiehlt es sich, die Folgen rechtswidrigen Verwaltungshandelns gesetzlich zu regeln ? Gutachten B zum 47. DJT (1968)
ders.	Verwaltungskontrolle durch Verbände ? Düsseldorf 1975

Wieseler, Willi — Der vorläufige Rechtsschutz gegen Verwaltungsakte
Schriften zum Öffentlichen Recht Bd. 54
Berlin 1967

Wieser, Eberhard — Zur "Widerklage" eine Dritten gegen einen Dritten
ZZP 86 (1973), S. 36

Wolff, Hans j.
Bachof, Otto
Stober, Rolf — Verwaltungsrecht I
10. Aufl. München 1994

Wolfrum, Rüdiger — Durchsetzung von Umweltbelangen im Verwaltungsverfahren am Beispiel der Bauleitplanung
DÖV 1981, S. 606

Zippelius, Reinhold — Einführung in die juristische Methodenlehre
3. Aufl. München 1980
(zitiert: Methodenlehre)

Zitelmann, Ernst — Lücken im Recht, in Zivilrechtliche Abhandlungen verschiedener Autoren, Bd. 6
Leipzig 1903

Zöller, Richard (Begr.) — Zivilprozeßordnung
Kommentar
20. Aufl. Köln 1996
(zitiert: Zöller-Bearbeiter)

Bezüglich der verwendeten Abkürzungen wird verwiesen auf: Kirchner, Hildebert, Abkürzungsverzeichnis der Rechtssprache, 4. Aufl. Berlin 1993

Printed by
CPI books GmbH, Leck

Kolibri 360 GmbH
Ferdinand-Jühlke-Straße 7
99095 Erfurt, Deutschland
produktsicherheit@kolibri360.de